Befristungs- und Optionsvereinbarungen im professionellen Mannschaftssport

Europäische Hochschulschriften

European University Studies

Publications Universitaires Européennes

Reihe II Rechtswissenschaft

Series II Law

Série II Droit

Band/Volume **5438**

Aegidius Vogt

Befristungs- und Optionsvereinbarungen im professionellen Mannschaftssport

Unter besonderer Berücksichtigung des Berufsfußballs

PL ACADEMIC RESEARCH

Bibliografische Information der Deutschen Nationalbibliothek
Die Deutsche Nationalbibliothek verzeichnet diese Publikation in der Deutschen Nationalbibliografie; detaillierte bibliografische Daten sind im Internet über http://dnb.d-nb.de abrufbar.

Zugl.: Gießen, Univ., Diss., 2011

D 26
ISSN 0531-7312
ISBN 978-3-631-60806-7

PL Academic Research ist ein Imprint der Peter Lang GmbH.
Peter Lang – Frankfurt am Main · Berlin · Bruxelles · New York · Oxford · Warszawa · Wien

www.peterlang.de

Vorwort

Diese Untersuchung wurde vom Fachbereich Rechtswissenschaft der Justus-Liebig-Universität Gießen im Wintersemester 2010/2011 als Dissertation angenommen. Rechtsprechung und Literatur wurden bis Dezember 2012 berücksichtigt.

Herrn Professor Dr. Martin Gutzeit gilt mein besonderer Dank sowohl für die Heranführung an das Thema der Arbeit als auch für die hervorragende wissenschaftliche Förderung und Betreuung des Vorhabens.

Weiter möchte ich Herrn Professor Dr. Wolf-Dietrich Walker für die Erstellung des Zweitgutachtens sowie für wertvolle Hinweise und Anregungen danken.

Daneben gebührt auch Herrn Professor Dr. Klaus Vieweg Dank, der es mir ermöglichte, an der 9. Interuniversitären Tagung Sportrecht als Referent teilzunehmen und dort im Kreise renommierter Sportrechtler interessante und weiterführende Diskussionen führen zu können.

Mein inniger Dank geht an meine lieben Eltern, Jonanna Maxi Mayer und Gerold Vogt, die mich stets auf meinen Wegen unterstützt und gefördert haben.

München, im Dezember 2012 — Aegidius Vogt

Inhaltsübersicht

Inhaltsverzeichnis

Einleitung

Der Sport im Allgemeinen – Breitensport wie Spitzensport – ist ein unverzichtbares Element unserer Gesellschaft.[1] Dem Spitzen- bzw. Profisport kommt im Wirtschafts- und Gesellschaftsleben eine ganz besondere Bedeutung zu. Er hat sich in den letzten Jahrzehnten kontinuierlich zu einem eigenen Wirtschaftszweig entwickelt. Die Erträge und die Anzahl der im Profisport bestehenden Arbeitsplätze geben davon Auskunft.

So erwirtschafteten die neben der 1. Fußball-Bundesliga maßgeblichen vier weiteren deutschen Profiligen, die 2. Fußball-Bundesliga, die Eishockey- (DEL), die Handball- (HBL) und die Basketball-Bundesliga (BBL), in der Saison 2009/2010 Gesamterlöse von etwa 516 Millionen Euro – exklusive Transfererlöse.[2] Umsatzstärkste dieser Ligen ist die 2. Fußball-Bundesliga mit geschätzten 290,2 Millionen Euro, gefolgt von der DEL mit 87,4 Millionen Euro, der HBL mit 79,5 Millionen Euro und der BBL mit 59,4 Millionen Euro.[3] In der Fußball-Bundesliga Saison 2010/2011 wurde der bislang höchste Umsatz verzeichnet. Zum siebten Mal in Folge wird ein Umsatzrekord – jetzt in Höhe von 2,23 Milliarden Euro – verbucht, wobei allein auf die Klubs der 1. Bundesliga 1,94 Milliarden Euro entfallen.[4]

Nach eigenen Angaben aus dem Jahre 2009 stellten die Fußball-Bundesliga, die Basketball-Bundesliga, die Deutsche Eishockey-Liga und die Handball-Bundesliga allein mehr als 40.000 Arbeitsplätze.[5] Nach neueren Zahlen sind dem Betrieb der 1. und 2. Fußball Bundesliga über 40.000 Arbeitsplätze direkt und

---

1 11. Sportbericht der Bundesregierung, BT-Drucks. 16/3750, S. 9.

2 Pressemitteilung zur Deloitte-Analyse „Finanzreport deutscher Profiligen“ v. 15.11.2010, abrufbar unter http://www.deloitte.com/view/de_DE/de/presse/pressemitteilungen/3dcd55b215f4c210VgnVCM1000001a56f00aRCRD.htm (10.12.2012).

3 Pressemitteilung zur Deloitte-Analyse „Finanzreport deutscher Profiligen“ v. 15.11.2010, abrufbar unter http://www.deloitte.com/view/de_DE/de/presse/pressemitteilungen/3dcd55b215f4c210VgnVCM1000001a56f00aRCRD.htm (10.12.2012).

4 DFL Bundesliga Report 2012, S. 3, abrufbar unter http://www.bundesliga.de/de/liga/news/2011/0000203413.php (10.12.2012).

5 Siehe die Berichte unter http://www.handelsblatt.com/magazin/sonstiges/initiative-profisport-deutschland-sportligen-gruenden-superverband;2489835 (10.12.2012) und http://www.welt.de/die-welt/sport/article5364692/Gipfeltreffen-des-Profisports.html (10.12.2012).

indirekt zuzuordnen.[6] Eine weitere Studie nennt sogar rund 110.000 Arbeitsplätze, die mit dem professionellen Fußball in Deutschland im Zusammenhang stehen sollen, was bereinigt um Teilzeitkräfte und Aushilfen etwa 70.000 Vollzeitbeschäftigungen entsprechen soll.[7]

Beeindruckend sind auch die Personalkosten. In der 1. Fußball-Bundesliga kalkulierten die 18 Elitevereine für die Saison 2006/2007 mit knapp 423 Millionen Euro für ihre Lizenzspieler-Abteilungen.[8] Die Tendenz ist weiter steigend. In der Spielzeit 2010/2011 betrugen die Personalkosten für den Spielbetrieb insgesamt schon rund 781 Millionen Euro.[9] Allein beim FC Bayern München betrugen die Personalkosten in der Saison 2007/2008 153 Millionen Euro; in der Saison zuvor waren es noch etwas mehr als 106 Millionen Euro gewesen – ein Anstieg um rund 44 Prozent.[10] Für die Saison 2010/2011 vermeldete der FC Bayern München Kosten von mehr als 165 Millionen Euro für sein Personal.[11] Beim FC Schalke 04 betrugen die Personalkosten im Geschäftsjahr 2011 knapp 100 Millionen Euro[12], während Borussia Dortmund in diesem Zeitraum über 75 Millionen für sein Personal ausgab.[13]

Die besondere wirtschaftliche und gesamtgesellschaftliche Bedeutung des Berufsfußballs bringen auch andere Zahlen zum Ausdruck. So haben die 36 Akteure der 1. und 2. Fußball-Bundesliga in der Saison 2010/11 insgesamt knapp 719 Millionen Euro an Steuern und Abgaben abgeführt (891 Millionen Euro betriebliche und personenbezogene Steuern und Abgaben abzüglich erstatteter Umsatzsteuer).[14] Als größter Einzelposten unter den Steuern und Abgaben flossen dem Fiskus knapp 375 Millionen Euro an Lohnsteuer aus dem Profifußball zu.[15]

---

6 DFL Bundesliga Report 2012, S. 20, abrufbar unter http://www.bundesliga.de/de/liga/news/2011/0000203413.php (10.12.2012).

7 Mc Kinsey-Studie „Wirtschaftsfaktor Bundesliga", Zusammenfassung vom 31. März 2010, S. 4.

8 Siehe den Bericht unter http://www.fussball24.de/fussball/1/7/38/35373-bundesliga-senkt-personalkosten (10.12.2012).

9 DFL Bundesliga Report 2012, S. 27, abrufbar unter http://www.bundesliga.de/de/liga/news/2011/0000203413.php (10.12.2012).

10 Siehe den Bericht unter http://www.merkur-online.de/sport/fc-bayern/bayern-wieder-rekordumsatz-personalkosten-explodiert-19166.html (10.12.2012).

11 FC Bayern München AG, Presseerklärung vom 15.11.2012.

12 FC Schalke 04 e.V., Informationen zum Geschäftsjahr 2011 auf Konzernebene, S. 11.

13 Borussia Dortmund GmbH & Co. KGaA., Geschäftsbericht 2011/2012, S. 37.

14 DFL Bundesliga Report 2012, S. 18, abrufbar unter http://www.bundesliga.de/de/liga/news/2011/0000203413.php (10.12.2012).

15 DFL Bundesliga Report 2012, S. 18, abrufbar unter http://www.bundesliga.de/de/liga/news/2011/0000203413.php (10.12.2012).

Zum anderen vermag gerade auch der Profisport einen wichtigen Beitrag zur gesellschaftlichen Wertedebatte zu leisten.[16] Erfolgreiche Sportler haben insbesondere für Kinder und Jugendliche oftmals Vorbildfunktion und stehen für Leistungswillen, Ausdauer, Fairness und Teamgeist. Zudem steigern Erfolge bei internationalen Wettkämpfen auch das Ansehen Deutschlands in der (Sport-) Welt. Diese skizzierte zunehmende Bedeutung des Profisports im Wirtschafts- und Gesellschaftsbereich zieht zwangsläufig eine zunehmende Verrechtlichung nach sich. Mit dem Stellenwert des Profisports wächst damit auch die Bedeutung des Sportrechts.[17]

Die Arbeitsverhältnisse der Sportler weisen im Vergleich zu „normalen" Arbeitsverhältnissen eine Reihe von Besonderheiten auf, die das Sportarbeitsrecht immer wieder vor Herausforderungen stellt.[18] Solche Besonderheiten ergeben sich vor allem in rechtstatsächlicher Hinsicht. So gilt es die begrenzte Lebensarbeitszeit der Sportler, die spezielle Wettbewerbssituation im Profisport sowie die erhebliche Fluktuation in den Mannschaften zu berücksichtigen. Weiter spielen – vor allem im professionellen Mannschaftssport – die Medien, Sponsoren sowie erhebliche wirtschaftliche Interessen eine überdurchschnittlich große Rolle. Auch hierauf muss das Sportarbeitsrecht angemessen reagieren. Es ist daher nicht verwunderlich, dass der Sportleistungsvertrag[19] zwischen Profisportler[20] und Verein[21] in all seinen Facetten im Schrifttum immer wieder diskutiert wird. Gestritten wird oft über ganz grundsätzliche Fragen – etwa über Statusfragen. In regelmäßigen Abständen wird der Arbeitnehmerstatus des Profisportlers mit ganz unterschiedlichen Argumentationslinien in Abrede gestellt.[22] Dahinter steckt letztlich das Rechtsempfinden, dass hoch- und höchstbezahlte Profisport-

---

16 11. Sportbericht der Bundesregierung, BT-Drucks. 16/3750, S. 9.

17 Zum Begriff des Sportrechts PHB SportR-*Pfister*, Einführung, Rn. 6.

18 So schon *Otte*, S. 148, nachdem die Arbeitsverhältnisse im professionellen Mannschaftssport der Natur der zu erbringenden Leistungen nach zu atypisch sind, als dass sie mit den herkömmlichen vom Arbeitsrecht zur Verfügung gestellten Mitteln gelöst werden könnten.

19 Siehe zu dieser Begrifflichkeit nur PHB SportR-*Fritzweiler*, 3/5, 7 ff.

20 Der Begriff des Profisportlers bzw. Sportlers wird im Folgenden sowohl für die Spieler(innen) als auch für die Trainer(innen) in Mannschaftssportarten verwandt, soweit keine Unterscheidungen erforderlich sind.

21 Als Verein ist im Folgenden nicht nur der Verein im gesellschaftsrechtlichen Sinne zu verstehen. Mit dem Begriff Verein werden zur besseren Lesbarkeit untechnisch alle gesellschaftsrechtlichen Formen angesprochen. Wenn es auf die genaue rechtliche Einordnung der Gesellschaftsform ankommt, wird besonders darauf hingewiesen. Zur besseren Lesbarkeit wird statt Verein auch der Begriff Klub verwendet.

22 Vgl. aus jüngster Zeit gegen den Arbeitnehmerstatus der Profisportler: *Beckmann/Beckmann*, SpuRt 2011, S. 236 f.; *Schimke/Menke*, SpuRt 2007, S. 182 (182 f.); *Beckmann*, in: Festschrift zum 25-jährigen Bestehen der Arbeitsgemeinschaft Arbeitsrecht im Deutschen Anwaltsverein, S. 1145 ff.; *Fischer*, SpuRt 2004, S. 251 f.

ler nicht den Schutz des Arbeitsrechts brauchen, da sie aufgrund einer vermeintlichen Machtstellung[23], die ihnen ihre finanzielle Ausstattung vermitteln soll, dem arbeitgebenden Verein typischerweise auf einer Augenhöhe begegnen. Soweit es deshalb an einer strukturellen Unterlegenheit der Leistungssportler in ihrer Rolle als Arbeitnehmer fehle, brauche es auch nicht den Schutz des Arbeitsrechts.

Die nachfolgende Untersuchung beschäftigt sich nicht mit solchen Statusfragen, sondern geht mit der ganz herrschenden Meinung[24] in Rechtsprechung und Schrifttum von der Arbeitnehmereigenschaft der Profi- (Mannschafts-) Sportler aus. Als bedeutsamste Mannschaftssportarten sind hier vor allem Fußball, Handball, Basketball und Eishockey zu nennen. Dem (Profi-) Fußball kommt aufgrund der enormen Umsätze aber eine Art Leitfunktion zu. Die monetären Interessen führen dazu, dass vor allem im Profifußball aufmerksamkeitswirksame Streitigkeiten ausgetragen werden. Im Fokus der Arbeit steht ausschließlich die arbeitsrechtliche Zulässigkeit von – in der Praxis vielfach üblichen – Befristungs- und Optionsvereinbarungen.

Im ersten Teil der Arbeit wird die Zulässigkeit von befristeten Arbeitsverträgen mit Trainern und Spielern untersucht. So sehr gerade in jüngerer Zeit die Befristung von Trainerverträgen verschiedentlich thematisiert wurde[25], so ungeklärt ist umgekehrt die Rechtslage hinsichtlich der Befristung von Spielerverträgen.[26] Angesprochen werden auch auflösende Bedingungen vor allem in Arbeitsverträgen mit Spielern.

Der zweite Teil der Arbeit untersucht die Zulässigkeit und Grenzen sog. Optionsvereinbarungen in Arbeitsverträgen mit Spielern. Solche in der sportrechtlichen Praxis vielfach vorkommenden Vereinbarungen vermitteln einer (oder beiden) Vertragspartei(en) das Recht, die Laufzeit eines Sportarbeitsvertrages durch einseitige Erklärung für einen bestimmten Zeitraum zu verlängern. Gelegentlich

---

23 Es ist weit verbreitet, dass sich Profisportler vor und bei Vertragsschluss rechtlich beraten lassen und wegen dem oftmals starken Interesse des jeweiligen Vereins an einer Verpflichtung des Profisportlers eine erhebliche Verhandlungsmacht haben. Diese ist nicht grundsätzlich als vorhanden zu unterstellen, sondern steigt naturgemäß mit dem Status des Sportlers. Insbesondere jene Profisportler, die am Beginn ihrer Karriere stehen, werden in der Regel noch keine starke Verhandlungsposition aufweisen können.

24 Vgl. nur die ausführliche Darstellung von *Kirschenhofer*, S. 40 f. (52); jüngst *Köhler*, S. 53 ff., 70; Adolphsen/Nolte/Lehner/Gerlinger/*Wüterich/Breucker*, SportR, Rn. 545.

25 *Borggräfe*, Der Sporttrainervertrag, 2006; *Busch*, Das Arbeitsverhältnis des Fußballtrainers, 2006; *Heising*, Der Bestandsschutz des Trainervertrages im Spitzensport, 2006; *Karsch*, Der Fußballbundesligaverein als Wirtschaftsunternehmen und Arbeitgeber, 2006; *Küpperfahrenberg*, Die arbeitsrechtliche Stellung von Spielern und Trainern im Lizenzfußball, 2004; *Zindel*, Die Befristung von Arbeitsverhältnissen mit Trainern im Spitzensport, 2006.

26 Dazu jüngst *Blang*, Befristung von Arbeitsverträgen mit Lizenzspielern und Trainern, 2009.

wird die Verlängerung des Vertrages auch von bestimmten „äußeren Umständen“ – wie etwa dem Einsatz eines Spielers bei Pflichtspielen u. a. m. – abhängig gemacht.

1. Teil: Befristungen und Bedingungen

I. Einführung

Im professionellen Mannschaftssport, insbesondere im Profifußball, werden Arbeitsverträge mit Trainern und Spielern regelmäßig befristet abgeschlossen.[27] Selten bleibt es bei einer Befristung: Oftmals werden befristet abgeschlossene Verträge nach Fristablauf erneut befristet (sog. Kettenbefristungen)[28]. Zusätzlich enthalten die meisten Verträge auflösende Bedingungen. Sowohl Befristungen als auch auflösende Bedingungen im Arbeitsvertrag müssen den Vorgaben des Gesetzes über Teilzeitarbeit und befristete Arbeitsverhältnisse (Teilzeit- und Befristungsgesetz – TzBfG) vom 21. Dezember 2000[29] genügen.

Vor Geltung des TzBfG hat das BAG Befristungen und Bedingungen in Arbeitsverträgen bekanntlich nur dann zugelassen, wenn sie sachlich gerechtfertigt waren.[30] Damit sollte verhindert werden, dass die gesetzlichen Kündigungsschutzvorschriften unterlaufen werden (sog. Umgehungsrechtsprechung). Der Gesetzgeber hat diese Rechtsprechungspraxis mit den Regelungen in § 14 TzBfG weitgehend übernommen.[31] Insofern haben die Aussagen in Rechtsprechung und Schrifttum, die sich auf Sachverhalte vor Inkrafttreten des TzBfG beziehen, weiterhin Bedeutung. Allerdings besteht nach Einführung des TzBfG ein erheblicher Unterschied zur vorherigen Rechtslage: Der Befristungsschutz wurde vom Kündigungsschutz entkoppelt. Während früher unter der Voraussetzung einer objektiven Gesetzesumgehung Konstellationen denkbar waren, in denen es keinen sachlichen Befristungsgrund brauchte, weil es keine entsprechenden Kündigungsschutzvorschriften gab, ist heute eine Befristung ohne Sachgrund nur noch nach Maßgabe des § 14 Abs. 2, 2a und 3 TzBfG möglich.[32]

---

27 Für Profifußballer bringen dies schon die Musterverträge des DFB (Stand 07/2012, abrufbar unter www.dfb.de/index.php?id=11235, 06.12.2012) sowie der DFL (abgedruckt in PHB SportR, Anhang C.) zum Ausdruck, die lediglich einen befristeten Arbeitsvertrag vorsehen. Vgl. auch *Partikel*, B. I. 2. (Spieler), B. I. 4. (Trainer); *Hümmerich*, § 1, Rn. 250 (Spieler), Rn. 251 (Trainer).

28 Siehe dazu die Ausführungen unter 1. Teil, VIII.

29 BGBl. 2000 I, S. 1966 ff. mit späteren Änderungen.

30 Siehe zur Rechtsentwicklung ErfK/*Müller-Glöge*, § 14 TzBfG, Rn. 1-3.

31 BT-Drucks. 14/4374, S. 13,18.

32 Vgl. DLW/*Dörner*, D/Rn. 2188.

Zur Befristung von Arbeitsverträgen mit Trainern sind bereits einzelne höchstrichterliche Urteile ergangen[33]; höchstrichterliche Judikate zur Befristung von Spielerverträgen fehlen hingegen. Auch instanzgerichtliche Rechtsprechung zur Befristung von Spielerverträgen findet sich nur spärlich.[34] Diese Gewichtung spiegelt sich auch im Schrifttum wieder: Während die Befristung von Trainerverträgen schon verschiedentlich untersucht wurde, sind Befristungen von Spielverträgen nur sehr vereinzelt thematisiert worden, obgleich gerade diese Frage von erheblicher praktischer Relevanz ist. Im Hinblick auf unterschiedliche Rechtfertigungsmöglichkeiten von Befristungen nach Maßgabe des TzBfG, ist auch im Folgenden zwischen befristeten Arbeitsverhältnissen der Trainer[35] und denen der Spieler[36] zu differenzieren.

Besieht man die Vorgaben des TzBfG, so sind auf unbestimmte Zeit abgeschlossene Arbeitsverhältnisse der Normalfall; befristete Arbeitsverhältnisse sind der rechtfertigungsbedürftige Sonderfall. Unbefristete Arbeitsverhältnisse sind sozialpolitisch erwünscht. Das sagt die Gesetzesbegründung des TzBfG[37] ganz klar und das hat auch in der Formulierung des § 14 Abs. 1 Satz 1 TzBfG seinen Niederschlag gefunden („...zulässig, wenn...“).[38]

Die Regelung des § 14 TzBfG bestimmt, unter welchen Voraussetzungen befristete Arbeitsverträge abgeschlossen werden dürfen. Eine Befristung bedarf nach § 14 Abs. 1 TzBfG grundsätzlich eines sachlichen Grundes. Nach den Absätzen 2 bis 3 kann ein Arbeitsverhältnis aber auch ausnahmsweise und unter engen Voraussetzungen ohne sachlichen Grund befristet werden. Darüber hinaus existieren für bestimmte Bereiche befristungsrechtliche Sondervorschriften[39], die für das Sportarbeitsrecht aber grundsätzlich ohne Bedeutung sind.

---

33 BAG, Urteil v. 19.06.1986 – 2 AZR 570/85 , SpuRt 1996, S. 21 ff.; BAG, Urteil v. 29.10.1998 – 7 AZR 436/97, EzA BGB § 620 Nr. 158 = DB 1999, S. 853 f. = SpuRt 1999, S. 253 f.; BAG, Urteil v. 15.04.1999 – 7 AZR 437/97, EzA BGB § 620 Nr. 164 = SpuRt 1999, S. 254 f.

34 Vgl. aus jüngster Zeit den Beschluss des ArbG Nürnberg vom 04.06.2007 – 3 GA 32/07, SpuRt 2007, S. 213 f., im Verfahren des einstweiligen Rechtsschutzes zwischen dem Fußballspieler André Mijatovic und der Spielvereinigung Greuther Fürth GmbH & Co. KGaA. Das (klärende) Hauptsacheverfahren wurde nicht mehr durchgeführt, weil der Spieler letztendlich doch gegen Zahlung einer Ablösesumme zu einem anderen Verein wechselte.

35 Unter 1. Teil, III.

36 Unter 1. Teil, IV.

37 BT-Drucks. 14/4374, S. 12.

38 Vgl. auch Boecken/Joussen/*Boecken*, TzBfG, § 14, Rn. 9.

39 § 21 Berufsbildungsgesetz (BBiG); § 21 Bundeselterngeld- und Elternzeitgesetz (BEEG); Gesetz über befristete Arbeitsverträge mit Ärzten in der Weiterbildung (ÄArbVtrG); Gesetz über befristete Arbeitsverträge in der Wissenschaft (WissZeitVG); § 6 Gesetz über die Pflegezeit (PflegeZG).

II. Sachgrundlose Befristung von Sportarbeitsverhältnissen

1. Neueinstellung (§ 14 Abs. 2 TzBfG)

Das TzBfG erlaubt den sachgrundlosen Abschluss befristeter Arbeitsverträge bis zu einer Dauer von zwei Jahren – dies allerdings nur dann, wenn es sich um eine Neueinstellung handelt (vgl. § 14 Abs. 2 Sätze 1 und 2 TzBfG). Sofern der Trainer oder Spieler bereits zuvor bei dem ihn einstellenden Verein beschäftigt war, scheidet eine sachgrundlose Befristung nach § 14 Abs. 2 TzBfG von vornherein aus. Eine aktuelle Entscheidung des BAG konkretisiert diese gesetzliche Regelung jetzt allerdings. Das Gericht hält an dem in § 14 Abs. 2 Satz 2 TzBfG ausdrücklich normiertem, absolutem Verbot einer „Zuvor-Beschäftigung“ nicht mehr fest, wenn die frühere Beschäftigung mehr als drei Jahre zurückliegt.[40] Dies folge nach Meinung des BAG aus einer verfassungskonformen Auslegung der Norm, die nur den Missbrauch befristeter Arbeitsverträge sowie Befristungsketten verhindern solle. Diese Gefahr bestehe nach einem lange Zeit zurückliegenden früheren Beschäftigungsverhältnis typischerweise aber nicht mehr, wobei sich der Zeitraum von drei Jahren an der gesetzgeberischen Wertung orientiere, die in der regelmäßigen zivilrechtlichen Verjährungsfrist zum Ausdruck komme. Es wird sich zeigen, ob das BAG seine stark kritisierte Auffassung in Zukunft beibehält, ist diese Rechtsprechung doch offensichtlich contra legem.

In der sportrechtlichen Praxis scheitern – zumindest bis dato – viele sachgrundlose Befristungen bereits an dem Neueinstellungserfordernis, weil aufgrund der überschaubaren Anzahl interessanter Sportarbeitgeber eine Vorbeschäftigung oftmals vorliegt. Das trifft in besonderer Weise auf Trainer zu, für die ob der längeren Lebensarbeitszeit relativ weniger Arbeitsplätze als für Spieler zur Verfügung stehen.[41]

Sollte es sich um eine Neueinstellung handeln, kann der Vertrag nur bis zur Höchstdauer von 2 Jahren befristet werden. Bis zu dieser Gesamtdauer ist auch die höchstens dreimalige Verlängerung eines befristeten Vertrags zulässig, § 14 Abs. 2 Satz 1, 2. HS TzBfG. Eine Verlängerung in diesem Sinne ist aber nur dann gegeben, wenn sich der Verlängerungsvertrag nahtlos, also ohne jegliche rechtliche Unterbrechung – und sei es nur ein Tag – an die vorangegangene Befristung anschließt.[42] Das heißt, dass der Verlängerungsvertrag zwingend vor

---

40 BAG, Urteil v. 06.04.2011 – 7 AZR 716/09, NZA 2011, S. 905 f.

41 Als Beispiel sei hier nur der Fußballtrainer Ottmar Hitzfeld genannt, der die Mannschaft des FC Bayern München bereits in der Zeit vom 01.07.1998 bis zum 30.06.2004 trainierte und in der Zeit vom 01.02.2007 bis zum 30.6.2008 erneut als Trainer engagiert wurde. Nichts anderes gilt dann, wenn der Trainer eines Vereines zuvor bereits Spieler desselben Vereines war.

42 KR/*Lipke*, § 14 TzBfG, Rn 393; Meinel/Heyn/Herms, TzBfG, § 14, Rn 165.

oder mit Ablauf des ursprünglichen Vertrags abgeschlossen werden muss. Schwierigkeiten können zudem entstehen, wenn mit der Verlängerung inhaltliche Vertragsänderungen – typischerweise etwa hinsichtlich der Gehaltshöhe – verbunden sind. Nach der Rechtsprechung des BAG kann grundsätzlich nicht mehr von einer Verlängerung im Sinne von § 14 Abs. 2 Satz 1, 2. HS TzBfG gesprochen werden, wenn neben der Verlängerung des Beendigungszeitpunkts Vertragsinhalte wie beispielsweise Arbeitszeit oder Vergütung verändert werden.[43] In solchen Fällen handele es sich um den Neuabschluss eines befristeten Arbeitsvertrags. Als Konsequenz bedürfe es für die Zulässigkeit der Befristung nun eines Sachgrundes. Der Begriff Verlängerung bezeichne das zeitliche Hinausschieben des Beendigungszeitpunkts des Arbeitsvertrags. Würden zugleich andere Vertragsbedingungen geändert, handele es sich nicht mehr um eine Verlängerung des Arbeitsvertrags, sondern um eine Vertragsänderung. Aus diesem Grund liege eine Verlängerung im Sinne des § 14 Abs. 2 Satz 1, 2. HS TzBfG nach dem Gesetzeswortlaut auch dann nicht vor, wenn mit dem Arbeitnehmer beim Abschluss der Vereinbarung über das Hinausschieben des Vertragsendes gegenüber dem Ausgangsvertrag günstigere Arbeitsbedingungen vereinbart würden. Darüber hinaus sei das Regel-Ausnahme-Verhältnis zwischen dem Abschluss eines unbefristeten Arbeitsvertrags, einer Befristung mit Sachgrund und der sachgrundlosen Befristung zu beachten. Der Gesetzgeber habe die sachgrundlose Befristung und die nach § 14 Abs. 2 Satz 1, 2. HS TzBfG von engen Voraussetzungen abhängige Fortsetzung eines solchen Vertrags nicht als Instrument der Flexibilisierung von Arbeitsbedingungen, sondern als Beschäftigungsbrücke für die Übernahme des befristet beschäftigten Arbeitnehmers in ein unbefristetes Arbeitsverhältnis ausgestaltet.[44] Dies verbiete es nicht nur aus systematischen Gründen, die Zulässigkeit von Vertragsänderungen bei einer Vereinbarung nach § 14 Abs. 2 Satz 1, 2. HS TzBfG von einem Günstigkeitsvergleich zwischen dem Ausgangsvertrag und der in Aussicht gestellten Vereinbarung über die zeitlich begrenzte Fortsetzung des befristeten Arbeitsverhältnisses abhängig zu machen. Nach dem gesetzgeberischen Willen sei nicht die Fortsetzung des sachgrundlos befristeten Arbeitsverhältnisses zu geänderten Bedingungen, sondern die Übernahme in ein unbefristetes Arbeitsverhältnis die sowohl sozialpolitisch wie auch für den Arbeitnehmer wünschenswerte Vertragsgestaltung, die bei Statthaftigkeit eines Günstigkeitsvergleichs den Vergleichsmaßstab für die gegenüber dem Ausgangsvertrag geänderten Vertragsbedingungen bilden würde.

43 BAG, Urteil v. 16.01.2008 – 7 AZR 603/06, NJW 2008, S. 2140 (2141); BAG, Urteil v. 23.08.2006 – 7 AZR 12/06, NZA 2007, S. 204 (205).

44 BAG, Urteil v. 16.01.2008 – 7 AZR 603/06, NJW 2008, S. 2140 (2141).

Zulässig sind dagegen (einvernehmliche) Änderungen noch während des laufenden Arbeitsverhältnisses und danach im verlängerten Arbeitsverhältnis.[45] Allein die Vertragsverlängerung selbst darf nicht zum Anlass von Vertragsänderungen genommen werden. Zulässig sind ferner solche Änderungen, die von den Parteien auch im Rahmen eines unbefristeten Arbeitsverhältnisses vereinbart worden wären, nämlich jene, auf die der Arbeitnehmer einen Anspruch hat und die zur Dokumentation des Vertragsinhalts schriftlich niedergelegt werden.[46]

Diese Rechtsprechung wird in Teilen des Schrifttums abgelehnt.[47] Kritisiert wird vor allem deren mangelnde Praxistauglichkeit. So soll der bei Verlängerungen ansonsten strikt zu beachtende Änderungsschutz zurücktreten, soweit die einzelne Arbeitsbedingung für den Arbeitnehmer eindeutig günstiger ist, beispielsweise bei der Vereinbarung eines höheren Lohns bei ansonsten unveränderten Bedingungen.[48] Alles andere widerspräche dem Sinn und Zweck des Befristungsschutzes, namentlich der Verbesserung der befristeten Arbeitsverhältnisse.[49] Es sei nicht einzusehen, warum Lohnerhöhungen vor und nach der Verlängerung möglich seien, nicht aber im Vertragsverlängerungsvertrag selbst.[50] Dennoch hat sich die Praxis an der gefestigten höchstrichterlichen Rechtsprechung zu orientieren. Die Vertragsparteien sollten es also tunlichst vermeiden, im Verlängerungsvertrag selbst oder im engen zeitlichen Zusammenhang damit irgendwelche inhaltlichen Änderungen zu vereinbaren.

2. Altersbefristung (§ 14 Abs. 3 TzBfG)

Nach § 14 Abs. 3 Satz 1 TzBfG ist die kalendermäßige Befristung eines Arbeitsvertrages ohne Sachgrund bis zu einer Dauer von fünf Jahren zulässig, wenn der Arbeitnehmer bei Beginn des befristeten Arbeitsverhältnisses das 52. Lebensjahr vollendet hat und unmittelbar vor Beginn des befristeten Arbeitsverhältnisses mindestens vier Monate beschäftigungslos im Sinne des § 138 Abs. 1 Nr. 1 SGB III gewesen ist, Transferkurzarbeitergeld bezogen, oder an einer öffentlich geförderten Beschäftigungsmaßnahme teilgenommen hat. Da die Regelung an das Lebensalter anknüpft, ist diese Befristungsart weniger für Spieler, dagegen aber in besonderem Maße für Trainer von Interesse. Im Rahmen dieser Befristungsmöglichkeit stehen zwei Punkte in Frage: Ist die sachgrundlose Altersbefristung

---

45 BAG, Urteil v. 16.01.2008 – 7 AZR 603/06, NJW 2008, S. 2140 (2141).

46 BAG, Urteil v. 16.01.2008 – 7 AZR 603/06, NJW 2008, S. 2140 (2141).

47 Vgl. dazu die Übersicht bei KR/*Lipke*, § 14 TzBfG, Rn 400 ff.

48 KR/*Lipke*, § 14 TzBfG, Rn 405; APS/*Backhaus*, § 14 TzBfG, Rn 372 ff.

49 *Bauer*, Anm. zum Urteil des BAG v. 23.08.2006, NZA 2007, S. 208 f.

50 *Preis*, NZA 2005, S. 714 (716).

in der jetzigen Ausgestaltung überhaupt europarechtskonform und steht die Ausübung einer vorausgehenden geringfügigen Beschäftigung dieser Befristungsmöglichkeit entgegen?

a) Europarechtliche Vorgaben

Auch nach der viel kritisierten[51] Mangold-Entscheidung des EuGH vom 22.11. 2005[52] herrscht immer noch weitgehend Rechtsunsicherheit hinsichtlich der Zulässigkeit einer sachgrundlosen Altersbefristung.

Im Streit stand die seinerzeitige Vorschrift des § 14 Abs. 3 TzBfG, nach der eine sachgrundlose Befristung von Arbeitsverträgen bereits zulässig war, wenn der Arbeitnehmer bei Beginn des befristeten Arbeitsverhältnisses das 58. (bzw. bis Ende 2006 das 52.) Lebensjahr vollendet hatte und zu einem eventuell vorher bestehenden Arbeitsvertrag mit demselben Arbeitgeber kein enger sachlicher Zusammenhang bestand.

§ 14 Abs. 3 TzBfG a.F. hatte folgenden Wortlaut:

> *„Die Befristung eines Arbeitsvertrages bedarf keines sachlichen Grundes, wenn der Arbeitnehmer bei Beginn des befristeten Arbeitsverhältnisses das 58. Lebensjahr vollendet hat. Die Befristung ist nicht zulässig, wenn zu einem vorhergehenden unbefristeten Arbeitsvertrag mit demselben Arbeitgeber ein enger sachlicher Zusammenhang besteht. Ein solcher enger sachlicher Zusammenhang ist insbesondere anzunehmen, wenn zwischen den Arbeitsverträgen ein Zeitraum von weniger als sechs Monaten liegt. Bis zum 31. Dezember 2006 ist Satz 1 mit der Maßgabe anzuwenden, dass an die Stelle des 58. Lebensjahres das 52. Lebensjahres tritt."*

Der EuGH hatte § 14 Abs. 3 Satz 4 TzBfG a.F. wegen unzulässiger Diskriminierung wegen des Alters für unanwendbar erklärt. Er sah in der Vorschrift einen Verstoß gegen Gemeinschaftsrecht – insbesondere gegen Art. 6 der EG-Richtlinie 2000/78[53]. Nach Art. 6 Abs. 1 der EG-Richtlinie 2000/78 können die Mitgliedstaaten vorsehen, dass Ungleichbehandlungen wegen des Alters keine Diskriminierung darstellen, sofern sie objektiv und angemessen sind und im Rahmen des nationalen Rechts durch ein legitimes Ziel, worunter insbesondere rechtmäßige Ziele aus den Bereichen Beschäftigungspolitik, Arbeitsmarkt und berufliche Bildung zu verstehen sind, gerechtfertigt sind und die Mittel zur Erreichung dieses Ziels angemessen und erforderlich sind. Derartige Ungleichbehandlungen können gemäß Art. 6 Abs. 1 der Richtlinie insbesondere einschlie-

---

51 Siehe nur *Preis*, NZA 2006, S. 401 f.

52 EuGH, Urteil v. 22.11.2005 – C-144/04 (Mangold), AP Richtlinie 2000/78/EG Nr. 1 = NZA 2005, S. 1345 f.

53 Richtlinie 2000/78/EG des Rates vom 27. November 2000 zur Festlegung eines allgemeinen Rahmens für die Verwirklichung der Gleichbehandlung in Beschäftigung und Beruf, ABl. L 303 vom 02.12.2000.

ßen (i) die Festlegung besonderer Bedingungen für den Zugang zur Beschäftigung und zur beruflichen Bildung sowie besonderer Beschäftigungs- und Arbeitsbedingungen, einschließlich der Bedingungen für Entlassung und Entlohnung, um die berufliche Eingliederung von Jugendlichen, älteren Arbeitnehmern und Personen mit Fürsorgepflichten zu fördern oder ihren Schutz sicherzustellen (ii) die Festlegung von Mindestanforderungen an das Alter, die Berufserfahrung oder das Dienstalter für den Zugang zur Beschäftigung oder für bestimmte mit der Beschäftigung verbundene Vorteile oder (iii) die Festsetzung eines Höchstalters für die Einstellung aufgrund der spezifischen Ausbildungsanforderungen eines bestimmten Arbeitsplatzes oder aufgrund der Notwendigkeit einer angemessenen Beschäftigungszeit vor dem Eintritt in den Ruhestand.

Nach Ansicht des EuGH war zunächst klar, dass § 14 Abs. 3 Satz 4 TzBfG a.F. bezweckte, die berufliche Eingliederung arbeitsloser älterer Arbeitnehmer zu fördern, weil diese erhebliche Schwierigkeiten haben, wieder einen Arbeitsplatz zu finden.[54] Ein derartiges Ziel sei – wie in Art. 6 Abs. 1 lit. a) der Richtlinie vorgesehen – grundsätzlich als eine objektive und angemessene Rechtfertigung einer von den Mitgliedstaaten vorgesehenen Ungleichbehandlung wegen des Alters anzusehen. Der EuGH war allerdings der Auffassung, dass die Regelung des § 14 Abs. 3 Satz 4 TzBfG a.F. nicht angemessen und erforderlich war, um dieses legitime Ziel zu erreichen. Ältere Arbeitnehmer würden dadurch diskriminiert, dass ihnen der Befristungsschutz vollständig vorenthalten würde. Der EuGH kritisierte dabei vor allem, dass § 14 Abs. 3 Satz 4 TzBfG a.F. weder die Struktur des jeweiligen Arbeitsmarktes, noch die persönliche Situation des Betroffenen berücksichtigte, sondern lediglich auf das Alter als einziges Kriterium abstelle. Die Regelung lasse es zu, allen Arbeitnehmern ab dem Alter von 58. bzw. 52. Lebensjahren nur noch sachgrundlos befristete Arbeitsverhältnisse anzubieten. Diese Arbeitnehmergruppe müsse also befürchten, dauerhaft von unbefristeten oder zumindest mit Sachgrund befristeten Arbeitsverhältnissen ausgeschlossen zu werden.

Da die Umsetzungsfrist der Richtlinie seinerzeit allerdings noch nicht abgelaufen war, stützte der EuGH die Europarechtswidrigkeit der alten Befristungsregelung auch auf eine Verletzung des Grundsatzes der Gleichbehandlung. Er leitete das damit einhergehende Verbot der Altersdiskriminierung aus diesem allgemeinen Grundsatz des Gemeinschaftsrechts ab, der seinen Ursprung in den gemeinsamen Verfassungstraditionen der Mitgliedstaaten habe. Als allgemeiner, dem primären Gemeinschaftsrecht zuzuordnender Grundsatz sei dieser unabhängig von noch laufenden Umsetzungsfristen von Richtlinien in nationales Recht

54 EuGH, Urteil v. 22.11.2005 – C-144/04 (Mangold), AP Richtlinie 2000/78/EG Nr. 1 = NZA 2005, S. 1345 (1347).

wirksam und zu beachten.[55] Das BAG hat sich der Entscheidung des EuGH angeschlossen und eine auf § 14 Abs. 3 TzBfG a.F. gestützte sachgrundlose Befristung für unwirksam erklärt.[56] Die vor dem BAG unterlegene Arbeitgeberin hatte gegen dieses Urteil Verfassungsbeschwerde beim Bundesverfassungsgericht (BVerfG) eingelegt, die jüngst zurückgewiesen wurde[57]. Nach Auffassung des BVerfG hat das BAG seine Entscheidung zu Recht auf die Mangold-Entscheidung des EuGH gestützt. Die Entscheidung der Verfassungshüter hat zwar keinen Einfluss auf die Neuregelung des § 14 Abs. 3 TzBfG, da mittlerweile die Umsetzungsfrist der Richtlinie 2000/78/EG ohnehin abgelaufen ist und sich die erleichterte Altersbefristung folglich daran messen lassen muss; ein Rückgriff auf den vom EuGH kreierten europarechtlichen Gleichbehandlungsgrundsatz ist nicht (mehr) nötig. Die Brisanz des Verfahrens lag in der Frage, ob das BAG das Mangold-Urteil des EuGH als verbindlich ansehen musste oder ob dieses wegen der eigenmächtigen Schaffung eines europäischen Grundrechts eine unzulässige Rechtsfortbildung durch den EuGH darstellt und als „ausbrechender Rechtsakt" im Sinne der Maastricht- und Lissabon-Rechtsprechung des BVerfG anzusehen ist. [58] Wie das BVerfG jetzt festgestellt hat, stellt das Mangold-Urteil des EuGH im Ergebnis keine verfassungsrechtlich zu beanstandende Kompetenzüberschreitung dar. Die Entscheidung wird absehbar auf erhebliche Resonanz stoßen. Jedenfalls setzt sie im Kompetenzkonflikt zwischen BVerfG und EuGH Maßstäbe.

Mit der Neufassung des Abs. 3 durch Art. 1 des Gesetzes zur Verbesserung der Beschäftigungschancen älterer Menschen vom 19.04.2007[59] hat der Gesetzgeber versucht, den Vorgaben des EuGH in der Mangold-Entscheidung Rechnung zu tragen. Vor allem die persönliche Situation älterer Arbeitnehmer sollte ausweislich der Gesetzesbegründung[60] näher in den Blick genommen werden. Im Gegensatz zur Altfassung wird nunmehr nicht die gesamte Lebenszeit ab dem 52. Lebensjahr für beliebig viele und beliebig lange Befristungen freigegeben. Es wird auch nicht mehr an das Alter als alleiniges Kriterium angeknüpft. Vielmehr setzt eine sachgrundlose Altersbefristung jetzt voraus, dass der Arbeitnehmer vor Beginn des befristeten Arbeitsverhältnisses mindestens vier Monate beschäfti-

55 EuGH, Urteil v. 22.11.2005 – C-144/04 (Mangold), AP Richtlinie 2000/78/EG Nr. 1 = NZA 2005, S. 1345 (1348).

56 BAG, Urteil v. 26.04.06 – 7 AZR 500/04 (Honeywell), AP TzBfG § 14 Nr. 23 = NZA 2006, S. 1162 ff.; vgl. dazu auch die Erläuterungen zum Urteil von *Dörner*, NZA 2007, S. 57 ff.

57 BVerfG, Beschluss v. 06.07.2010 – 2 BvR 2661/06, BeckRS 2010, 52067.

58 Vgl. dazu *Gerken, Rieble, Roth, Stein, Streinz*, „"Mangold" als ausbrechender Rechtsakt", München 2009.

59 BGBl. 2007 I, S. 538 ff.

60 BT-Drucks. 16/3793, S. 14 f.

gungslos war oder als Bezieher von Transferkurzarbeitergeld oder Teilnehmer an einer öffentlich geförderten Beschäftigungsmaßnahme nach dem SGB II oder SGB III vergleichbare Schwierigkeiten hat, auf dem ersten Arbeitsmarkt einen Arbeitsplatz zu finden. Dieses zusätzliche Tatbestandsmerkmal wurde eingefügt, um den Vorgaben der Gleichbehandlungsrichtlinie (2000/78/EG) zu genügen. Diese lässt – wie eben dargestellt – eine Ungleichbehandlung zu, wenn sie objektiv und angemessen und im Rahmen des nationalen Rechts durch ein legitimes Ziel gerechtfertigt ist. Zudem wurde die Höchstbefristungsdauer von 5 Jahren neu eingeführt. Damit wurde auf die Vorgaben der Befristungsrichtlinie (1999/70/EG)[61] Rücksicht genommen, die eine Beschränkung der Möglichkeit befristeter Arbeitsverhältnisse mittels einem Sachgrunderfordernis, der Bestimmung einer Höchstdauer aufeinander folgender Arbeitsverhältnisse oder der Begrenzung der Zahl der Verlängerungen verlangt.

Freilich ist es noch unklar, ob die Neufassung des Abs. 3 nunmehr vor dem EuGH Bestand haben wird. Insoweit gehen die Meinungen im Schrifttum auseinander.[62] Weite Teile der Literatur sind der Ansicht, dass die Neuregelung im Einklang mit den europarechtlichen Vorgaben, insbesondere der Gleichbehandlungsrichtlinie (2000/78/EG) und der Befristungsrichtlinie (1999/70/EG), steht und die Vorgaben des EuGH in Sachen Mangold hinreichend umgesetzt worden sind.[63] Die Neuregelung sei vor allem deshalb gerechtfertigt, weil sie nicht mehr ausschließlich an das Alter des Arbeitnehmers anknüpfe, sondern auch dessen persönliche Arbeitsmarktsituation berücksichtige.[64] Von anderer Seite wird der neue § 14 Abs. 3 TzBfG als europarechtswidrig eingestuft.[65] Im Fokus der Kritik steht vor allem die Vereinbarkeit mit der Gleichbehandlungsrichtlinie. Die durch die Möglichkeit der sachgrundlosen Befristung eintretende schlechtere Behandlung von Arbeitnehmern über 52 Jahren gegenüber jüngeren Arbeitnehmern sei nicht gerechtfertigt. Die Neuregelung sei weder geeignet noch erforderlich und angemessen, um das legitime Ziel der beruflichen Wiedereingliederung beschäftigungsloser Personen zu erreichen. Kritisiert wird, dass ältere Arbeitnehmer

---

61 ABlEG Nr. L 175 vom 10.07.1999, S. 43 f.; die Richtlinie ist abrufbar unter http://eur-lex.europa.eu/LexUriServ/LexUriServ.do?uri=OJ:L:1999:175:0043:0048:DE:PDF; die Rahmenvereinbarung findet sich im Anhang zur Richtlinie auf S. 45 ff.

62 Siehe dazu nur die Aufzählung bei BeckOK ArbR/*Bayreuther*, § 14 TzBfG, Rn. 124 m.z.w.N. (Stand: 01.09.2012).

63 Vgl. KR/*Lipke*, § 14 TzBfG, Rn 486; ErfK/*Müller-Glöge*, § 14 TzBfG, Rn 110a; APS/*Backhaus*, § 14 TzBfG, Rn 422 ff.; *Sievers*, § 14 TzBfG, Rn 520; *Bader*, NZA 2007, S. 713 (714); *Bauer*, NZA 2007, S. 544 (545); *Schiefer/Köster/Korte*, DB 2007, S. 1081 (1086); *Temming*, NZA 2007, S. 1193 (1200).

64 ErfK/*Müller-Glöge*, § 14 TzBfG, Rn 110a.

65 KDZ/*Däubler*, § 14 TzBfG, Rn 179 ff.; *Kohte*, AuR 2007, S. 168 (169); skeptisch äußern sich auch *Bader*, NZA 2007, S. 713 (715) und *Bayreuther*, BB 2007, S. 1113 (1113 f.).

nicht – wie vom Gesetzgeber unterstellt – generell von nachhaltiger Arbeitslosigkeit betroffen sind. Eine sachgrundlose Befristungsmöglichkeit sei als generelles Mittel der Eingliederung auch nicht erforderlich; eine Eingliederung am Arbeitsmarkt auch durch unbefristete Arbeitsverhältnisse und die vorhandenen Befristungsmöglichkeiten des § 14 Abs. 2 TzBfG (sachgrundlose Befristung bei Neueinstellung) und § 14 Abs. 1 Satz 2 Nr. 5 TzBfG (Erprobung) möglich. Die Neuregelung sei zuletzt auch unverhältnismäßig, da sie keine effektive Sicherung der Missstände enthalte. Diese Zweifel dürften indes leicht überzogen sein. Wie der EuGH in seiner Entscheidung ausdrücklich festgestellt hat, steht den Mitgliedstaaten bei der Wahl der Maßnahmen zur Erreichung ihrer Ziele ein weiter Ermessensspielraum zu.[66] Geht der Gesetzgeber anhand empirischer Datengrundlagen davon aus, dass die Beschäftigungslosigkeit der älteren Arbeitnehmer im Allgemeinen schwieriger ist als die der jüngeren Arbeitnehmer, ist die gewählte Altersgrenze nicht zu beanstanden. Selbiges gilt für die typisierende Berücksichtigung der persönlichen Situation auf dem Arbeitsmarkt. Zwar stimmt der Einwand, dass mit der geltenden Regelung nicht zwischen qualifizierten und unqualifizierten Arbeitnehmern unterschieden wird.[67] Vom Gesetzgeber kann jedoch nicht verlangt werden, für jeden Einzelfall eine passende Regelung zu finden. Erachtet er eine viermonatige Beschäftigungslosigkeit bzw. eine vergleichbare Situation als ausreichend, um die prekäre persönliche Arbeitsmarktsituation anzuerkennen, liegt das im Rahmen seiner Einschätzungsprärogative. Die Neuregelung der sachgrundlosen Altersbefristung wird den europarechtlichen Vorgaben daher wohl gerecht. Es ist nicht damit zu rechnen, dass der EuGH § 14 Abs. 3 TzBfG für europarechtswidrig erklärt.

b) Befristungsfeindlichkeit geringfügiger Beschäftigung

Während eine sachgrundlose Altersbefristung bei Spielern kaum relevant werden wird, kommt sie bei Trainern durchaus in Betracht. Die sportliche Lebensarbeitszeit endet bei der Mehrzahl der Spieler spätestens mit Mitte Dreißig. Der lange Zeit älteste Feldspieler der Fußball-Bundesliga war mit 38 Jahren Michael Tarnat (* 27.10.1969), der bis zum Ende der Saison 2008/2009 bei Hannover 96 spielte. Selbst die wenigen Ausnahmen, die den Berufssport länger betreiben, zumeist Torhüter, wie etwa Oliver Kahn (* 15.06.1969; bis zum Saisonende 2007/2008 beim FC Bayern München tätig) oder Jens Lehmann (* 10.11.1969; bis zum Saisonende 2009/2010 beim VFB Stuttgart tätig), erreichen nicht annä-

66 EuGH, Urteil v. 22.11.2005 – C-144/04 (Mangold), AP Richtlinie 2000/78/EG Nr. 1 = NZA 2005, S. 1345 (1347).

67 Vgl. KDZ/*Däubler*, § 14 TzBfG, Rn 179a.

hernd die Altersgrenze von 52 Jahren. Ganz anders sieht es bei den Trainern der Fußball-Bundesliga aus. Als Beispiel sei hier der Trainer Hans Meyer (* 08.08.1951) genannt, der bis zum 11.02.2008 den 1. FC Nürnberg trainierte und bis dahin mit 65 Jahren der älteste Trainer der Fußball-Bundesliga war. Jupp Heynckes (* 09.05.1945), seit Juli 2011 Trainer beim FC Bayern München, gehört neben Otto Rehagel (* 09.08.1938), bis Juni 2012 Trainer bei Hertha BSC Berlin, zu den derzeit ältesten Trainern der Fußball-Bundesliga.

Einschlägig wird bei Trainern vor allem die 3. Alternative der mindestens viermonatigen Beschäftigungslosigkeit im Sinne von § 14 Abs. 3 Satz 1 TzBfG i.V.m. § 138 Abs. 1 Nr. 1 SGB III (früher § 119 Abs. 1 Nr. 1 SGB III) sein. Nicht selten legen Trainer – gerade in fortgeschrittenem Alter – längere Schaffenspausen ein. Das würde sie eigentlich für eine erleichterte Altersbefristung geradezu privilegieren. Betätigt sich der Trainer aber in geringem zeitlichem Umfang auch während dieser Schaffenspause, könnte dies der Möglichkeit einer erleichterten Altersbefristung gem. § 14 Abs. 3 TzBfG entgegenstehen. Hier ist insbesondere auch an selbständige Tätigkeiten des Trainers als Autor, Berater oder Scout zu denken. Ausschlaggebend ist also, was genau unter der Beschäftigungslosigkeit als zweite Voraussetzung der erleichterten Befristung zu verstehen ist. Beschäftigungslos i. S. v. § 138 Abs. 1 Nr. 1 SGB III ist nach dem Gesetzeswortlaut, wer nicht in einem Beschäftigungsverhältnis steht. Beschäftigungslosigkeit ist gemäß § 138 Abs. 1 Nr. 1 i. V. m. Abs. 3 SGB III dann gegeben, wenn keine Erwerbstätigkeiten im Umfang von 15 Wochenstunden und mehr ausgeübt werden, wobei neben Beschäftigungen im engeren Sinne[68] auch selbständige Tätigkeiten und Tätigkeiten als mithelfende Familienangehörige als Beschäftigungen anzusehen sind.[69] Demnach könnte ein Trainer, auch wenn er Nebentätigkeiten im Umfang von bis zu 15 Wochenstunden nachgeht – beispielsweise als Berater –, sachgrundlos befristet werden. Zu beachten ist aber, dass § 14 Abs. 3 TzBfG nur auf § 138 Abs. 1 Nr. 1 SGB III, nicht aber auf § 138 Abs. 3 SGB III (früher § 119 Abs. 3 SGB III) verweist und dieser folglich nicht zur Anwendung kommt.[70] Für eine Einbeziehung von § 138 Abs. 3 SGB III in

68 Der Begriff der Beschäftigung wird im Allgemeinen in Anlehnung an § 7 Abs. 1 SGB IV als nichtselbständige Arbeit, insbesondere in einem Arbeitsverhältnis, verstanden, die durch eine persönliche Abhängigkeit des Arbeitnehmers von einem Arbeitgeber gekennzeichnet ist, *Söhngen* in Eicher/Schlegel, SGB III, § 119, Rn. 38 (68. Ergänzung/August 2006).

69 *Söhngen*, in: Eicher/Schlegel, SGB III, § 119, Rn. 37 (68. Ergänzung/August 2006).

70 Darauf weist die Gesetzesbegründung ausdrücklich hin, vgl. BT-Drucks. 16/3793, S. 22; ferner ErfK/*Müller-Glöge*, § 14 TzBfG, Rn 111a; APS/*Backhaus*, § 14 TzBfG, Rn 428 ff.; *Sievers*, § 14 TzBfG, Rn 527; Meinel/Heyn/Herms, § 14, Rn 193; *Bader*, NZA 2007, 713 (715); *Grimm/Brock*, ArbRB 2007, 154 (156); *Kleinebrink*, MDR 2007, 762 (763); *Schiefer/Köster/Korte*, DB 2007, S. 1085.

den Anwendungsbereich des § 14 Abs. 3 TzBfG wird angeführt, dass es im Kern darum geht, eine Benachteiligung derjenigen Arbeitssuchenden zu vermeiden, die alle Möglichkeiten nutzen, ihre Beschäftigungslosigkeit zu beenden und auch kurzfristige Arbeiten annehmen.[71] Dieser engagierten Personengruppe soll es nicht schwieriger gemacht werden als denjenigen, die sich nicht übermäßig um eine Beschäftigung bemühen. Diese Wertung ist zwar nachvollziehbar und eine Nichtberücksichtigung geringfügiger Beschäftigung i.S.v. § 138 Abs. 3 SGB III aus den genannten Erwägungen wünschenswert. Das hilft aber nicht über die Tatsache hinweg, dass § 14 Abs. 3 Satz 1 TzBfG ausdrücklich nur auf § 138 Abs. 1 Nr. 1 SGB III verweist. Beschäftigungslosigkeit als Voraussetzung für die Befristung des Arbeitsvertrages nach § 14 Abs. 3 TzBfG liegt also nur dann vor, wenn keine Beschäftigung, selbständige Tätigkeit oder Tätigkeit als mithelfender Familienangehöriger ausgeübt wird, auch wenn sich diese lediglich in einem Umfang von 15 Wochenstunden oder weniger bewegen. Damit ist jede noch so geringfügige Beschäftigung befristungsschädlich. Wird von den Parteien eine sachgrundlose Altersbefristung angestrebt, sollte also im Vorfeld zwingend geklärt werden, ob der Trainer innerhalb der letzten vier Monate Tätigkeiten nachgegangen ist, die einer Altersbefristung entgegenstehen. Ist eine sachgrundlose Befristung aus diesem Grunde nicht möglich, kann gegebenenfalls immerhin auf eine Sachgrundbefristung zurückgegriffen werden.

c) Altersbefristung und AGG

Am 18.08.2006 ist das Allgemeine Gleichbehandlungsgesetz (AGG) vom 14.08.2006 in Kraft getreten.[72] Das AGG schützt hinsichtlich des Merkmals Alter vor jeder ungerechtfertigten Benachteiligung aufgrund eines höheren oder geringeren Lebensalters, schützt also nicht nur ältere Menschen.[73] Das Gesetz verbietet jedoch nicht das Anknüpfen an ein bestimmtes Alter, sondern eine ungünstigere Behandlung wegen des Alters.[74] Von Interesse ist hier, ob eine Befristung, die nach den erleichterten Vorgaben des § 14 Abs. 3 TzBfG gerechtfertigt ist, eine ungerechtfertigte Benachteiligung aufgrund eines höheren Lebensalters i. S. d. AGG darstellen kann.

Es liegt die Vermutung nahe, dass der AGG-Gesetzgeber § 14 Abs. 3 TzBfG bei der Schaffung des AGG gar nicht berücksichtigt hat.[75] Daher ist zunächst zu klären, in welchem Verhältnis die nach dem TzBfG mögliche Altersbefristung

71 KR/*Lipke*, § 14 TzBfG, Rn 493a; *Lipke*, FS Otto, 2008, S. 289 (294); *Bauer*, NZA 2007, S. 544.
72 BGBl. 2006 I, S. 1897 ff.
73 BeckOK ArbR/*Roloff*, § 1 AGG, Rn. 8 (Stand: 01.09.2012).
74 BeckOK ArbR/*Roloff*, § 1 AGG, Rn. 8 (Stand: 01.09.2012).
75 *Kast*/*Herrmann*, BB 2007, S. 1841 (1843); *Preis*, NZA 2006, S. 401 (409).

zum Verbot der Altersdiskriminierung des AGG steht bzw. wie die im Kern gegenläufigen Regelungen miteinander in Einklang zu bringen sind. Darüber kann § 32 AGG Aufschluss geben, nachdem die allgemeinen Bestimmungen gelten, soweit im AGG nichts Abweichendes bestimmt ist. Ausweislich der Gesetzesbegründung macht die Schlussbestimmung in § 32 AGG deutlich, dass die allgemeinen, für das jeweilige Beschäftigungsverhältnis geltenden Gesetze unberührt bleiben.[76] Als allgemeine Bestimmungen werden vom Gesetzgeber beispielhaft, und folglich nicht abschließend, unter anderem das BGB, das HGB und das KSchG angeführt.[77] Das AGG stellt eine weitgehende Zusammenfassung der Vorschriften über den Schutz vor Benachteiligungen im Arbeits- und Zivilrecht dar.[78] § 32 AGG stellt jedoch klar, dass das AGG die sonstigen, für Beschäftigungs- und zivilrechtliche Vertragsverhältnisse geltenden, Bestimmungen nicht verdrängt.[79] Das AGG ist also nicht als lex specialis zu § 14 Abs. 3 TzBfG zu verstehen. Allerdings müssen bei der Anwendung des § 14 Abs. 3 TzBfG die Vorgaben des AGG gleichfalls berücksichtigt werden.[80]

Eine nach § 14 Abs. 3 TzBfG zunächst gerechtfertigte altersabhängige Befristung kann zugleich gegen das Verbot der Diskriminierung wegen Alters gem. § 1 AGG verstoßen, da die jeweilige befristungsrechtlich zulässige Altersbefristung ganz grundsätzlich die Befristung von Arbeitsverhältnissen älterer Arbeitnehmer gegenüber jüngeren Arbeitnehmer vereinfacht. Darin ist generell eine Benachteiligung älterer Arbeitnehmer zu sehen. Diese unterschiedliche Behandlung wegen des Alters dürfte aber nach § 10 Satz 3 Nr. 1 AGG gerechtfertigt sein.[81] Demnach ist u.a. die Festlegung besonderer Bedingungen für die Beendigung des Beschäftigungsverhältnisses – und damit auch die erleichterte Befristung von Arbeitsverhältnissen älterer Arbeitnehmer – gerechtfertigt, wenn es darum geht, die berufliche Eingliederung älterer Beschäftigter zu fördern. Der EuGH hat diese Zielsetzung, die berufliche Eingliederung arbeitsloser älterer Arbeitnehmer zu fördern, in seiner Mangold-Entscheidung ausdrücklich als legitimes Ziel anerkannt.[82] Danach war es lediglich erforderlich, die überschießende

76 BT-Drucks. 16/1780, S. 53.

77 BT-Drucks. 16/1780, S. 53.

78 Bauer/Göpfert/Krieger, § 32 AGG, Rn. 4.

79 Adomeit/Mohr, § 32 AGG, Rn. 3; Bauer/Göpfert/Krieger, § 32 AGG, Rn. 4.

80 Bauer/Göpfert/Krieger, § 32 AGG, Rn. 5.

81 Vgl. HK-ArbR/*Berg*, § 10 AGG, Rn. 12; Bauer/Göpfert/Krieger, § 10, Rn. 26; differenzierend aber i.E. so wohl auch *Wendeling-Schröder*, NZA 2007, S. 1399 f., welche die Legitimität einer derartigen Differenzierung bejaht und wesentlich auf die Prüfung der Verhältnismäßigkeit der Mittel abstellt; für die neue Fassung des § 14 Abs. 3 TzBfG i.E. bejahend auch *Kamanabrou*, RdA 2006, S. 321 (332).

82 EuGH, Urteil v. 22.11.2005 – C-144/04 (Mangold), AP Richtlinie 2000/78/EG Nr. 1 = NZA 2005, S. 1345 (1347).

Tendenz des § 14 Abs. 3 TzBfG a.F., der noch lediglich am Alter anknüpfte, zu korrigieren und die Befristungsmöglichkeit auf ältere Arbeitslose oder von Arbeitslosigkeit bedrohte ältere Arbeitnehmer zu beschränken.[83] Dies ist durch die Neufassung des § 14 Abs. 3 TzBfG erfolgt. Der Gesetzgeber geht in der Gesetzesbegründung zur Neufassung des § 14 Abs. 3 TzBfG ausdrücklich auf die Vereinbarkeit der Regelung mit der Richtlinie 2000/78/EG (sog. Gleichbehandlungs-Rahmenrichtlinie) ein, deren Umsetzung im AGG erfolgt ist.[84] Ausweislich der Gesetzesbegründung soll diese Vorschrift dazu dienen, Beschäftigungsfähigkeit und Beschäftigungschancen älterer Menschen zu fördern.[85] Diesbezüglich ist dem Gesetzgeber regelmäßig ein breiter Einschätzungs- und Gestaltungsspielraum (sog. Einschätzungsprärogative / gesetzgeberisches Ermessen) zuzugestehen.[86] Ob das angestrebte Ziel durch die gesetzliche Regelung erreicht werden kann, ist demnach zwar einer Kritik zugänglich, nicht aber überprüfbar. Letztlich verstößt eine nach § 14 Abs. 3 TzBfG gerechtfertigte Befristung nicht gegen das AGG. Die ihr inhärente Altersdiskriminierung ist nach § 10 Satz 3 Nr. 1 AGG gerechtfertigt, da die Alterbefristung die berufliche Eingliederung älterer Beschäftigter fördert.

Aus der gleichen Zielsetzung ergibt sich eine Rechtfertigung zudem aus § 5 AGG. Nach § 5 AGG ist eine unterschiedliche Behandlung zulässig, wenn durch geeignete und angemessene Maßnahmen bestehende Nachteile wegen eines in § 1 AGG genannten Grundes verhindert oder ausgeglichen werden sollen. Im Bereich des Arbeitsrechts reicht es für einen Nachteil aus, dass die Person oder die Personengruppe schlechtere Chancen als andere Personen oder Gruppen hat, einen Arbeitsplatz zu finden.[87] In Betracht kommen vor allem auch Maßnahmen zur Förderung der Beschäftigung älterer Arbeitnehmer.[88] Die Verhältnismäßigkeit dürfte gegeben sein, da kein gleich effektives milderes Mittel zur besseren Eingliederung älterer beschäftigungsloser Arbeitnehmer ersichtlich ist. Auch an der Angemessenheit bestehen unter Berücksichtigung der betroffenen Interessen aus dem Blickwinkel des AGG keine Bedenken. Unter dem Hinweis auf einen ambivalenten Charakter der sachgrundlosen Befristungsmöglichkeit und der Altersgrenzen soll eine Rechtfertigung allerdings nicht alleine auf § 5 AGG gestützt werden können, sondern die besonderen Rechtfertigungsgründe der §§ 8 –

---

83 Vgl. *Kamanabrou*, RdA 2006, S. 321 (332).

84 BT-Drucks. 16/3793, S. 8.

85 BT-Drucks. 16/3793, S. 7 f.

86 So schon der EuGH, Urteil v. 22.11.2005 – C-144/04 (Mangold), AP Richtlinie 2000/78/EG Nr. 1 = NZA 2005, S. 1345 (1347); Grundlegend *Schulze-Fielitz*, in: Dreier, Grundgesetz-Kommentar, Art. 20 (Rechtsstaat), Rn. 190ff.; vgl. auch *Sievers*, RdA 2004, S. 291 (301).

87 Bauer/Göpfert/Krieger, § 5 AGG, Rn. 9; HK-ArbR/*Bufalica*, § 5 AGG, Rn. 3.

88 HK-ArbR/*Bufalica*, § 5 AGG, Rn. 8.

10 AGG vorgehen.[89] Zumindest der Wortlaut des § 5 AGG stützt diese Einschränkung nicht. Schließlich soll eine unterschiedliche Behandlung durch positive Maßnahmen „*ungeachtet der in den §§ 8 bis 10 sowie in § 20 benannten Gründe*“ zulässig sein können. Selbst wenn man aber von einem diesbezüglichen Vorrang der §§ 8-10 AGG ausgehen sollte, würde dies im Ergebnis nichts an der Rechtfertigung der Altersdiskriminierung ändern, die wie aufgezeigt ohnehin auf § 10 Satz 3 Nr. 1 AGG gestützt werden kann.

Das AGG steht einer sachgrundlosen Altersbefristung gemäß § 14 Abs. 3 TzBfG nach alledem nicht entgegen. Eine auf § 14 Abs. 3 TzBfG gestützte Befristungsvereinbarung verstößt nicht gegen das AGG.

d) Zwischenergebnis

Die Möglichkeit der Altersbefristung gem. § 14 Abs. 3 TzBfG ist für Spieler praktisch nicht relevant. Dagegen ist diese Vorschrift für Arbeitsverhältnisse mit Trainern von Interesse. Sie sind oftmals weit über das relevante Alter von 52 Jahren hinaus beruflich aktiv und ob ihrer langjährigen Erfahrung auch durchweg von den Vereinen nachgefragt.[90] Damit ist die erste Voraussetzung für die Möglichkeit einer sachgrundlosen Altersbefristung häufig gegeben. Im Rahmen der als zweiten Voraussetzung erforderlichen viermonatigen Beschäftigungslosigkeit ist dagegen Vorsicht geboten. Denn im Trainergeschäft ist es nicht unüblich, dass die Trainer in Phasen, in denen sie nicht von einem Klub verpflichtet sind, andere Tätigkeiten wahrnehmen, etwa als Berater oder Scout. Wird eine Beschäftigung im weiteren Sinne, und sei es nur für wenige Stunden pro Woche, ausgeübt, ist das Tatbestandsmerkmal der Beschäftigungslosigkeit nicht erfüllt und eine erleichterte Alterbefristung ausgeschlossen. Es ist daher im Einzellfall genau zu prüfen, ob der betreffende Trainer in der Übergangszeit tatsächlich beschäftigungslos i. S. v. § 138 Abs. 1 Nr. 1 SGB III war.

Eine Befristungsvereinbarung nach § 14 Abs. 3 TzBfG verstößt nicht gegen das AGG. Die erleichterte Altersbefristung stellt zwar zunächst eine grundsätzlich unzulässige Benachteiligung wegen des Alters dar, weil die Befristung von Arbeitsverträgen mit älteren Arbeitnehmern im Gegensatz zur Befristungsmöglichkeit bei jüngeren Arbeitnehmern erleichtert wird. Diese Ungleichbehandlung ist aber wiederum wegen des durch die Regelung verfolgten Ziels der Förderung der Beschäftigungsfähigkeit und der Beschäftigungschancen älterer Menschen gerechtfertigt. Im Ergebnis kann mithin festgehalten werden, dass bei Verträgen

---

89 BeckOK ArbR/*Roloff*, § 5 AGG, Rn. 3 (Stand: 01.09.2012).

90 Siehe dazu die Beispiele unter 1. Teil, II.2.b).

mit Trainern eine Altersbefristung nach § 14 Abs. 3 TzBfG grundsätzlich in Betracht gezogen werden kann.

3. Ergebnis zu II.

Die Befristung von Arbeitsverhältnissen mit Profisportlern im professionellen Mannschaftssport ist bei Neueinstellungen gemäß § 14 Abs. 2 TzBfG bis zu einer Gesamtdauer von 2 Jahren sachgrundlos zulässig. Vor allem Trainerverträge können zudem sachgrundlos wegen Alters § 14 Abs. 3 TzBfG bis zu einer Gesamtdauer von 5 Jahren befristet werden, wenn die Trainer bei Beginn des befristeten Arbeitsverhältnisses das 52. Lebensjahr vollendet haben und sie unmittelbar vor Beginn des Arbeitsverhältnisses mindestens vier Monate keinerlei Beschäftigungen nachgegangen sind. Für Spieler wird die Altersbefristung aufgrund der hohen Altersgrenze regelmäßig nicht relevant.

III. Sachgrundbefristung von Arbeitsverhältnissen mit Trainern[91]

Ist eine sachgrundlose Befristung nach dem soeben Gesagten nicht möglich, so kommt allein eine Sachgrundbefristung in Betracht. Fraglich ist, auf welchen Sachgrund sich eine Befristung von Trainerverträgen typischerweise stützen lässt.

1. Vertretung (§ 14 Abs. 1 Satz 2 Nr. 3 TzBfG)

a) Vorübergehender Bedarf

§ 14 Abs 1 Satz 2 Nr. 3 TzBfG gestattet die vorübergehende Vertretung eines anderen Arbeitnehmers. Davon umfasst ist etwa die Vertretung erkrankter, beurlaubter oder aus anderen Gründen vorübergehend an der Arbeitsleistung verhinderter Arbeitnehmer.[92] Entscheidend ist, dass der Arbeitnehmer irgendwann wieder an seinen Arbeitsplatz zurückkehrt. Weiß der Arbeitgeber bereits bei Abschluss des befristeten Vertrages, dass der zu vertretende Arbeitnehmer nicht

91 Die folgenden Ausführungen betreffen lediglich „Cheftrainer“, nicht Trainerassistenten (sog. Co-Trainer) o.ä.

92 ErfK/*Müller-Glöge*, § 14 TzBfG, Rn. 34.

mehr an seinen Arbeitsplatz zurückkehren wird, so fehlt es am vorübergehenden Arbeitskräftebedarf.[93] Es sind durchaus Fallkonstellationen denkbar, in denen ein Klub einen zeitlich absehbaren Bedarf an einem (Ersatz-) Trainer hat. Beispielsweise kann ein Trainer nicht nur wegen Krankheit sondern auch aufgrund einer Verbandssperre vorübergehend an der Teilnahme am Spielbetrieb gehindert sein.[94] Dann kann ein Ersatztrainer auf Grundlage des § 14 Abs. 1 Satz 2 Nr. 3 TzBfG befristet eingestellt werden. Freilich wird in solchen Situationen – soweit vorhanden – meist der Co-Trainer die Aufgaben des Cheftrainers wahrnehmen. Schließlich kennt er die Spieler und das sportliche Grundkonzept, das bei einer vorübergehenden Verhinderung des Cheftrainers ja nicht verändert werden soll.

b) Überbrückungsbefristung

Ganz anders stellt es sich dar, wenn sich der Verein – wie so oft – schon während der laufenden Spielzeit (wegen Erfolglosigkeit) von seinem Trainer einvernehmlich durch Abschluss eines Aufhebungsvertrages vorzeitig trennt. Mit einer solch endgültigen Trennung geht auch die Änderung des (aus Vereinssicht fehlgeschlagenen) sportlichen Grundkonzepts einher, das regelmäßig vom ehemaligen Trainer erarbeitet und umgesetzt wurde. Dann ist die Übernahme der Aufgaben durch den bisherigen Co-Trainer meist nicht gewollt. Gewünscht ist vielmehr ein Neuanfang. Gerade im Falle des Abstiegskampfs oder der angestrebten Qualifikation für den europäischen Wettbewerb trennen sich die Klubs bei Erfolglosigkeit teils schnell von ihren Trainern. Dann werden oftmals kurzfristig Trainer engagiert, die in solchen Situationen für ihre Motivationskraft und die Fähigkeit, die Mannschaft zu Leistungssteigerung anzutreiben, bekannt sind und denen das Ziel des Klassenerhalts oder der Qualifikation zugetraut wird. Strebt der Verein mit diesem Trainer keine weitere Zusammenarbeit nach Ablauf der verbleibenden Spielzeit an, könnte eine Befristung dieses Arbeitsvertrags nach § 14 Abs. 1 Satz 2 TzBfG bis zur Arbeitsaufnahme durch den neuen Trainer möglicherweise in Betracht kommen.[95]

Eine derartige Überbrückungsbefristung wird unter Hinweis auf ein Urteil des BAG für zulässig erachtet.[96] Für die Zulässigkeit der Befristung sei lediglich Voraussetzung, dass mit dem für die neue Spielzeit auserwählten Trainer schon ein Arbeitsverhältnis vereinbart wurde. In dem Urteil führt das BAG zu derartigen Überbrückungsmaßnahmen indes nur aus, dass es bisher offen gelassen hat,

---

93 KR/*Lipke*, § 14 TzBfG, Rn. 141.

94 *Wüterich*/*Breucker*, Rn. 420.

95 So *Heising*, S. 111.

96 So *Heising*, S. 111.

unter welchen Voraussetzungen ein berechtigtes Arbeitgeberinteresse als Sachgrund zu berücksichtigen ist, wenn der Arbeitgeber eine befristete Einstellung vornimmt, um den Zeitraum bis zur Arbeitsaufnahme eines anderen Arbeitnehmers zu überbrücken.[97] Die bisherige Rechtsprechung des BAG hat eine Befristung zur Überbrückung nur dann als sachlich gerechtfertigt befunden, wenn der befristet eingestellte Arbeitnehmer bis zu dem Zeitpunkt beschäftigt werden soll, in dem ein Auszubildender des Arbeitgebers seine Berufsausbildung beendet und der Arbeitgeber dessen Übernahme in ein Arbeitsverhältnis zugesagt oder zumindest konkret beabsichtigt hat.[98] Das BAG erkennt insoweit ein berechtigtes Interesse des Arbeitgebers an einer vorübergehenden Beschäftigung des befristet eingestellten Arbeitnehmers an, weil er Auszubildende unter erheblichem Aufwand für seine Zwecke ausbildet und für sie bei Ende der Berufsausbildung auch eine Beschäftigungsmöglichkeit zur Verfügung stellt. Das Gericht stellt lediglich klar, dass ein solches Arbeitgeberinteresse in anders gelagerten Fällen *zumindest* eine vertragliche Bindung mit dem für eine endgültige Stellenbesetzung vorgesehenen Bewerber bereits im Zeitpunkt des befristeten Vertragsabschlusses voraussetzt.[99] Für zulässig befunden wurden Überbrückungsmaßnahmen im Allgemeinen indes nicht. Die oben beschriebene Situation bei zur Überbrückung beschäftigten Trainern lässt sich in keiner Weise mit der Interessenlage bei der beabsichtigten späteren Einstellung von eigenen Auszubildenden vergleichen. Die Trainerstelle wird nicht für jemanden freigehalten, in dessen Qualifikation der Verein für eine zukünftige Zusammenarbeit investiert hätte. Gegen die Zulässigkeit einer Überbrückungsbefristung spricht zudem der Wortlaut von § 14 Abs. 1 Satz 2 Nr. 3 TzBfG, nachdem der Arbeitnehmer *zur Vertretung* eines anderen Arbeitnehmers beschäftigt werden darf. Der sachliche Rechtfertigungsgrund einer Befristungsabrede zur Vertretung liegt gerade darin, dass der Arbeitgeber bereits zu einem *vorübergehend ausfallenden* Mitarbeiter in einem Rechtsverhältnis steht und mit der Rückkehr dieses Mitarbeiters zu rechnen ist.[100] Es besteht also zumindest erhebliche Rechtsunsicherheit hinsichtlich der Zulässigkeit von Überbrückungsbefristungen, weshalb von deren Gebrauch abzuraten ist.

---

97 BAG, Urteil v. 01.12.1999 – 7 AZR 449/98, BB 2000, S. 1525 f.

98 BAG, Urteil v. 06.11.1996 – 7 AZR 909/95, BB 1997, S. 1797 (1798); BAG, Urteil v. 21.04.1993 – 7 AZR 388/92, AP § 620 BGB Befristeter Arbeitsvertrag Nr. 148.

99 BAG, Urteil v. 01.12.1999 – 7 AZR 449/98, BB 2000, S. 1525 (1526).

100 Vgl. KR/*Lipke*, § 14 TzBfG, Rn. 136 m.z.w.N.

2. Erprobung (§ 14 Abs. 1 Satz 2 Nr. 5 TzBfG)

Die Befristung des Arbeitsvertrages kann auch zur Erprobung erfolgen. Dieser Befristungsgrund wird auch als der „Prototyp“ des in der Person des Arbeitnehmers liegenden Befristungsgrundes bezeichnet.[101] Der Arbeitgeber soll die Möglichkeit haben, die Eignung des Arbeitnehmers zu testen. Allerdings setzt dieser Sachgrund voraus, dass der Arbeitgeber eine längerfristige, nur im Wege der Kündigung zu beseitigende arbeitsvertragliche Bindung im Falle der Bewährung beabsichtigt.[102] Das ist nicht der Fall, wenn der Arbeitgeber von vornherein nicht beabsichtigt, einen Arbeitsplatz dauerhaft mit dem Arbeitnehmer zu besetzen.[103] Der Abschluss eines unbefristeten Arbeitsvertrages im Anschluss an die erfolgreiche Erprobung ist aber nicht zwingend.[104] Vielmehr ist es auch möglich, an eine Erprobungsbefristung ein aus einem anderen Sachgrund befristetes Arbeitsverhältnis anschließen zu lassen.[105]

Beachtet man diese Vorgaben, scheitert eine Erprobungsbefristung bei Trainerverträgen in der überwiegenden Mehrzahl der Fälle. Die arbeitgebenden Klubs beabsichtigen in aller Regel trotz zufrieden stellender Arbeitsleistung des Trainers gerade nicht, ein Arbeitsverhältnis auf unbestimmte Zeit einzugehen. Weiter scheidet dieser Sachgrund auch dann aus, wenn sich der Arbeitgeber schon zu einem früheren Zeitpunkt ausreichend über die für das konkrete Arbeitsverhältnis nötige Befähigung des Arbeitnehmers klar werden konnte.[106] Das mag insbesondere dann der Fall sein, wenn der Trainer schon früher bei dem Verein in dieser Funktion tätig war. Lag die frühere Tätigkeit hingegen lange Zeit zurück, kann eine neuerliche Erprobung in Betracht kommen, da sich Trainingsstil und Trainingsmethoden eines Trainers im Laufe der Jahre auch ändern können. Dann besteht ein berechtigtes Interesse des Klubs, sich von der Geeignetheit des Trainers erneut zu überzeugen. Hier wird man aber einen erheblichen Zeitraum zwischen der früheren Tätigkeit und einer erneuten Einstellung ansetzen müssen, der nicht unter 10 Jahren liegen sollte. Überzogen wäre es indes, wenn man hinsichtlich bekannter und prominenter Trainer ein Erprobungsbe-

101 *Dörner*, Rn. 183.

102 APS/*Backhaus*, § 14 TzBfG, Rn. 257; KDZ/*Däubler*, § 14 TzBfG, Rn. 83 f.; KR/*Lipke*, § 14 TzBfG, Rn. 213.

103 BAG, Urteil v. 12.09.1996 – 7 AZR 64/96, AP BGB § 620 Befristeter Arbeitsvertrag Nr. 183; APS/*Backhaus*, § 14 TzBfG, Rn. 257; MHH/*Meinel*, § 14 TzBfG, Rn. 130, *Sievers*, § 14 TzBfG, Rn. 269.

104 KR/*Lipke*, § 14 TzBfG, Rn. 213.

105 BAG, Urteil v. 04.07.2001 – 2 AZR 88/00, EzA § 620 BGB Kündigung Nr. 4; ErfK/*Müller-Glöge*, § 14 TzBfG, Rn. 49; KR/*Lipke*, § 14 TzBfG, Rn. 213; *Sievers*, § 14 TzBfG, 2. Aufl. 2007, Rn. 198.

106 Vgl. KR/*Lipke*, § 14 TzBfG, Rn. 213; APS/*Backhaus*, § 14 TzBfG, Rn. 258 m.w.N.

dürfnis des aufnehmenden Vereines deshalb per se verneinen würde, weil deren Trainingsmethoden u.a.m. insbesondere über die Medien transparent und allgemein bekannt seien. Zwar mag es zutreffen, dass der aufnehmende Verein aufgrund von Medienberichten eine konkrete Erwartung an die Fähigkeiten des Trainers haben wird; es darf dem künftigen Arbeitgeber deswegen aber nicht verwehrt werden, die über dritte Quellen gespeiste Erwartungshaltung aufgrund eigener Erfahrung mit dem Trainer noch zu erhärten.

In zeitlicher Hinsicht dürfte die Erprobungsbefristung von Trainern freilich nur eine Befristungsdauer von längstens 6 Monaten erlauben. Das entspricht der im Bestandsschutzrecht üblichen Frist, die dem Arbeitgeber regelmäßig zur Erprobung seines Arbeitnehmers eingeräumt wird (vgl. § 1 Abs. 1 KSchG und § 622 Abs. 3 BGB).[107] Zwar wird gelegentlich in der Rechtsprechung auch eine längere Erprobungszeit zugelassen.[108] Bei Trainern dürften diese Ausnahmen indes nur selten greifen. So hat die Rechtsprechung zwar Ausnahmen zugelassen, wenn der Arbeitgeber die Eignung und Leistung des Arbeitnehmers wegen der besonderen Anforderungen des Arbeitsplatzes innerhalb von sechs Monaten nicht genügend beurteilen kann. Etwa war das BAG im Fall der Erprobungsbefristung einer Ressortleiterin im öffentlich-rechtlichen Fernsehen der Ansicht, dass auch eine Probezeit von einem Jahr denkbar sei, da der Ressortleiter das Fernsehprogramm jeweils für ein Jahr zu entwerfen und zu verantworten hatte.[109] Auch bei Lehrern hat das BAG bereits Abweichungen von der 6-Monatsfrist zugelassen. Bei einem nach seinen Leistungsnachweisen unterdurchschnittlich qualifizierten Lehrer hat es vor seiner Anstellung als Beamter eine Erprobungsbefristung für die Dauer eines Schuljahrs für angemessen erachtet.[110] Diese Erprobungszeit liege nahe, weil im Laufe eines Schuljahres, das eine abgeschlossene Einheit im Schulbetrieb bilde, unterschiedliche Aufgaben anfallen und ein Gesamtüberblick über diesen Zeitraum eine zuverlässige Leistungsbewertung ermögliche. Es ist zweifelhaft, ob sich diese Rechtsprechung auf Trainer übertragen lässt. Bei Trainern wird sich nach sechs Monaten, also meist zur Hälfte der Spielsaison, schon abzeichnen, ob sie den Anforderungen des Spielbetriebs genügen. Hier ist auch zu berücksichtigen, wie viel Zeit Trainer und Mannschaft miteinander verbringen. Neben unzähligen Trainingseinheiten hat der arbeitgebende Verein die Chance, Eignung und Leistung des Trainers bei etlichen Punktespielen und darüber hinaus gehenden Einsätzen der Mannschaft zu überprüfen.

107 ErfK/*Müller-Glöge*, § 14 TzBfG, Rn. 49.

108 Siehe dazu die Aufzählung bei APS/*Backhaus*, § 14 TzBfG, Rn. 259 ff.

109 Vgl. BAG, Urteil v. 15.03.1978 – 5 AZR 831/76, AP § 620 BGB Befristeter Arbeitsvertrag Nr. 45.

110 BAG, Urteil v. 31.08.1994 – 7 AZR 983/93, EzA § 620 BGB Nr. 127.

Rechtssicher kann hier keine über den Zeitraum von 6 Monaten hinausreichende Befristungsdauer vereinbart werden.

Eine Befristung, die sich auf den Sachgrund der Erprobung nach § 14 Abs. 1 Satz 2 Nr. 5 TzBfG stützt, kommt bei Trainerverträgen nach alldem nur selten in Betracht.[111]

3. Wunsch des Trainers (§ 14 Abs. 1 Satz 2 Nr. 6 TzBfG)

Ein weiterer denkbarer Rechtfertigungsgrund für den Abschluss eines befristeten Arbeitsvertrages könnte ein ernsthafter Wunsch des Arbeitnehmers an der Befristung sein, § 14 Abs. 1 Satz 2 Nr. 6 TzBfG.[112] Danach können in der Person des Arbeitnehmers liegende Gründe die Befristung rechtfertigen. Voraussetzung ist ein eigener, ernsthafter Wunsch des Arbeitnehmers, sich nur für eine bestimmte Zeit zu binden. Ein echter Wunsch des Arbeitnehmers ist indes nur dann anzunehmen, wenn er bei Vertragsabschluss in seiner Entscheidungsfreiheit nicht beeinträchtigt war und nicht nur ein Angebot des Arbeitgebers angenommen, sondern von sich aus den Abschluss eines befristeten Vertrages angestrebt hat.[113] Der Arbeitnehmer braucht in diesem Fall ebenso wenig einen Schutz vor der Beendigung des Arbeitsverhältnisses durch Fristablauf wie der Arbeitnehmer, der eine Eigenkündigung ausspricht.[114] Gerade bei etablierten und damit tendenziell unabhängigen Trainern stellt sich die Frage, ob es für eine wirksame Befristung nicht ausreichen kann und muss, wenn er sich aus freien Stücken für ein befristetes Arbeitsverhältnis entscheidet. Es wird die Meinung vertreten, dass bei fehlender intellektueller und wirtschaftlicher Unterlegenheit des Arbeitnehmers dessen freie Entscheidung für eine befristete Beschäftigung ausreichend sein muss.[115] Dann gebe es nämlich keinen Schutzauftrag für den Staat, den Arbeitnehmer vor der Übermacht des Arbeitgebers zu schützen; eine richterliche Kontrolle der Befristung erübrige sich damit. Dieser Vorschlag ist von der Rechtsprechung des BAG bislang nicht aufgegriffen worden.[116]

Für einen Trainer kann es durchaus sinnvoll sein, lediglich befristete Arbeitsverträge abzuschließen. Auf diese Weise ist es ihm möglich, eine durch den

---

111 So i.E. auch *Bruns*, NZA 2008, S. 1269 (1273).

112 Vgl. nur ErfK/*Müller-Glöge*, § 14 TzBfG, Rn. 61 f.; KR/*Lipke*, § 14 TzBfG, Rn. 243 f.

113 H.M., vgl. nur BAG, Urteil v. 26.04.1985 – 7 AZR 316/84, EzA § 620 BGB Nr. 74; ErfK/*Müller-Glöge*, § 14 TzBfG, Rn. 61.

114 *Dörner*, Der befristete Arbeitsvertrag, 2004, Rn. 243.

115 *Gamillscheg*, Anm. zum Urteil des BAG v. 26.08.1998 – 7 AZR 349/97, EzA § 620 BGB Nr. 154.

116 ErfK/*Müller-Glöge*, § 14 TzBfG, Rn. 63 unter Hinweis auf *Gamillscheg*.

sportlichen Erfolg der Mannschaft herbeigeführte Erhöhung seines Marktwertes in besser dotierte Verträge umzumünzen. Sei es durch eine Vertragsverlängerung mit dem bisherigen Verein oder durch einen Wechsel zu einem anderen Klub. Diese Variante wird regelmäßig nur bei den erfolgreicheren Trainern anzutreffen sein, was den Rechtfertigungsgrund aber nicht beeinträchtigt. Nicht zu vergessen kann ein Wechsel für den Trainer den positiven Effekt haben, dass er bei seiner neuen Tätigkeit andere Verhältnisse und Spieler vorfindet, die ihn zum kritischen Überprüfen seiner bisherigen Tätigkeit und zu neuem Denken und Handeln veranlassen, was sich vorteilhaft auf seine Fortentwicklung auswirkt.[117] In jedem Fall ist der Wunsch individuell festzustellen.[118] Indes darf nicht vergessen werden, dass der Trainer diese Interessen ebenso – wenn nicht gar besser – durchsetzen kann, wenn er in einem unbefristeten Arbeitsverhältnis steht. Ein befristeter Arbeitsvertrag, bei dem die Möglichkeit zur ordentlichen Kündigung regelmäßig nicht vereinbart ist[119], bindet ihn weitaus mehr, als ein unbefristeter Vertrag, der – soweit nicht anders vereinbart – in verhältnismäßig kurzer Frist gekündigt werden kann.[120] Dennoch ist die Befristung zuzulassen, wenn sie auf dem ernsthaften Wunsch des Trainers beruht.

Eine andere Frage ist das Problem der Beweisbarkeit des ernsthaft geäußerten Wunsches nach einer Befristung, falls es zu einem Rechtstreit kommen sollte. Grundsätzlich obliegt es dem Arbeitgeber zu beweisen, dass die Befristung durch einen Sachgrund gerechtfertigt ist.[121] Diesem Problem könnte etwa durch die schriftliche Fixierung des Wunsches und deren Beifügung zum Arbeitsvertrag begegnet werden.[122]

4. Weitere Sachgründe nach § 14 Abs. 1 Satz 2 TzBfG

Der Vollständigkeit halber soll an dieser Stelle kurz auf die bislang nicht behandelten normierten Sachgründe des § 14 Abs. 1 Satz 2 TzBfG eingegangen werden, die im Bereich des professionellen Mannschaftssports keine oder nur eine untergeordnete Rolle spielen. Namentlich handelt es sich dabei um die Befristung im Anschluss an eine Ausbildung oder ein Studium (sog. Erstanstellungsbefristung, § 14 Abs. 1 Satz 2 Nr. 2 TzBfG), die Befristung aus Haushaltsmitteln

117 ArbG Berlin, Urteil v. 14.05.1979 – 34 Ca 71/79, DB 1980, S. 111 (112).
118 ErfK/*Müller-Glöge*, § 14 TzBfG, Rn. 62.
119 Vgl. § 15 Abs. 3 TzBfG.
120 Vgl. § 622 BGB.
121 ErfK/*Müller-Glöge*, § 17 TzBfG, Rn. 13,14; KDZ/*Däubler*, § 14 TzBfG, Rn. 101, 192c, d.
122 Vgl. KR/*Lipke*, § 14 TzBfG, Rn. 246; *Hoß*/*Lohr*, MDR 1998, S. 313 (318, 324).

(§ 14 Abs. 1 Satz 2 Nr. 7 TzBfG) und die Befristung aufgrund eines gerichtlichen Vergleichs (§ 14 Abs. 1 Satz 2 Nr. 8 TzBfG).

Die Erstanstellungsbefristung im Anschluss an eine Ausbildung oder ein Studium nach § 14 Abs. 1 Satz 2 Nr. 2 TzBfG käme schon nur für die begrenzte Anzahl von Trainern in Betracht, die völlig neu in den Beruf einsteigen. Reine Umschulungen und Fortbildungen erfüllen den Tatbestand der Ausbildung nämlich nicht.[123] Dagegen ist es nicht erforderlich, dass die Ausbildung bei dem erstanstellenden Verein absolviert wurde.[124] Da nach § 14 Abs. 2 TzBfG bei Neueinstellungen eine sachgrundlose Befristung bis zur Dauer von 2 Jahren ohnehin möglich ist, selbst wenn die Ausbildung bei dem erstanstellenden Verein erfolgte[125], mangelt es der Erstanstellungsbefristung an praktischer Relevanz. Sie hat also nur Bedeutung für Befristungen von mehr als 2 Jahren Dauer oder einem bereits früher bestehenden Arbeitsverhältnis derselben Parteien vor dem Berufsausbildungsverhältnis.[126]

Die Befristung aus Haushaltsmitteln (§ 14 Abs. 1 Satz 2 Nr. 7 TzBfG) stellt einen Sondertatbestand für den öffentlichen Dienst dar[127] und kann allenfalls bei Bundes- und Landestrainern eine Rolle spielen.[128] Spätestens seit dem Vorlagebeschluss des BAG vom 27.10.2010[129] ist jedoch auch hier Vorsicht geboten. Das Gericht wollte mit dem Vorabentscheidungsersuchen vom EuGH klären lassen, ob es unter Berücksichtigung des allgemeinen Gleichheitssatzes mit der europäischen Rahmenvereinbarung über befristete Arbeitsverträge[130] vereinbar ist, wenn für den öffentlichen Dienst mit § 14 Abs. 1 Satz 2 Nr. 7 TzBfG im Gegensatz zur Privatwirtschaft ein zusätzlicher Befristungsgrund vorgesehen ist. Obschon die Entscheidung des EuGH obsolet wurde, da die Verfahrensbeteiligten des Ausgangsverfahrens den Rechtsstreit für erledigt erklärt haben, sind die erheblichen Zweifel des BAG an der Europarechtskonformität der Befristungsmöglichkeit nach § 14 Abs. 1 Satz 2 Nr. 7 TzBfG offenkundig.

Auch die Befristung aufgrund eines gerichtlichen Vergleichs (§ 14 Abs. 1 Satz 2 Nr. 8 TzBfG) ist ohne praktische Relevanz.[131] Ein gerichtlicher Vergleich

---

123 APS/*Backhaus*, § 14 TzBfG, Rn. 85; ErfK/*Müller-Glöge*, § 14 TzBfG, Rn. 31.

124 Vgl. ErfK/*Müller-Glöge*, § 14 TzBfG, Rn. 31.

125 Nach der Gesetzesbegründung ist ein Berufsausbildungsverhältnis kein Ausbildungsverhältnis i.S.v. § 14 Abs. 2 Satz 2 TzBfG, BT-Drucks. 14/4374, S. 20.

126 ErfK/*Müller-Glöge*, § 14 TzBfG, Rn. 29; *Dörner*, Rn. 249.

127 APS/*Backhaus*, § 14 TzBfG, Rn. 99.

128 So auch *Blang*, S. 183; damit ist die Drittmittelfinanzierung bzw. Projektbefristung thematisch eng verbunden, siehe dazu die Ausführungen im Anschluss unter 1. Teil, III.5.

129 BAG, Beschluss v. 27.10.2010 – 7 AZR 485/09 (A), NZA-RR 2011, 272 f.

130 Siehe die Richtlinie 1999/70/EG, ABlEG Nr. L 175 vom 10.07.1999, S. 43 f.; die Rahmenvereinbarung findet sich im Anhang zur Richtlinie auf S. 45 ff.

131 Ebenso *Blang*, S. 184.

wird als Sachgrund anerkannt, da die Mitwirkung eines Gerichts ausreichende Gewähr für die Wahrung der Schutzinteressen des Arbeitnehmers bietet.[132]

5. Drittmittelfinanzierung / Projektbefristung (§ 14 Abs. 1 Satz 1 TzBfG)

Eine Sachgrundbefristung von Trainern kann theoretisch auch unter dem Aspekt der Drittmittelfinanzierung bzw. der Projektbefristung in Betracht kommen.

Nach der ständigen Rechtsprechung des BAG zu der vor In-Kraft-Treten des TzBfG bestehenden Rechtslage zur Drittmittelfinanzierung, deren Grundsätze auch nach In-Kraft-Treten des TzBfG gelten[133], liegt bei drittmittelfinanzierten Arbeitsverhältnissen ein sachlicher Grund für die Befristung des Arbeitsvertrags vor, wenn eine Haushaltsstelle von vornherein nur für eine bestimmte Zeit bewilligt wurde und sie anschließend fortfallen sollte.[134] Die Ungewissheit über die in Zukunft zur Verfügung stehenden Mittel ist als Sachgrund aber noch nicht ausreichend.[135] Nur wenn die Stelle von vornherein lediglich für eine genau bestimmte Zeitdauer bewilligt ist und sie anschließend wegfallen soll, ist die Befristung sachlich gerechtfertigt.[136] In diesem Fall ist davon auszugehen, dass sowohl der Drittmittelgeber als auch der Arbeitgeber sich gerade mit den Verhältnissen dieser Stelle befasst und ihre Entscheidung über den Wegfall des konkreten Arbeitsplatzes aus sachlichen Erwägungen getroffen haben.[137]

Mit der Drittmittelfinanzierung ist thematisch eng die sog. Projektbefristung verbunden. Paradebeispiel für eine Projektbefristung ist die Mitwirkung des Arbeitnehmers an einem zeitlich begrenzten Forschungsvorhaben. Nach der Rechtsprechung des BAG kann ein projektbedingt erhöhter Personalbedarf die projektbezogene Befristung des Arbeitsvertrags rechtfertigen.[138] Voraussetzung ist, dass zum Zeitpunkt des Vertragsschlusses mit hinreichender Sicherheit zu erwarten ist, dass für die Beschäftigung des Arbeitnehmers über das vereinbarte

---

132 APS/*Backhaus*, § 14 TzBfG, Rn. 105.

133 BAG, Urteil v. 15.02.2006 – 7 AZR 241/05, ZTR 2006, S. 509 (510).

134 Vgl. nur BAG, Urteil v. 15.02.2006 – 7 AZR 241/05, ZTR 2006, S. 509 (510); BAG, Urteil v. 07.04.2004 – 7 AZR 441/03, AP TzBfG § 17 Nr. 4.

135 BAG, Urteil v. 15.02.2006 – 7 AZR 241/05, ZTR 2006, S. 509 (510); BAG, Urteil v. 07.04.2004 – 7 AZR 441/03, AP TzBfG § 17 Nr. 4.

136 BAG, Urteil v. 15.02.2006 – 7 AZR 241/05, ZTR 2006, S. 509 (510); BAG, Urteil v. 07.04.2004 – 7 AZR 441/03, AP TzBfG § 17 Nr. 4.

137 BAG, Urteil v. 15.02.2006 – 7 AZR 241/05, ZTR 2006, S. 509 (510); BAG, Urteil v. 07.04.2004 – 7 AZR 441/03, AP TzBfG § 17 Nr. 4.

138 BAG, Urteil v. 15.02.2006 – 7 AZR 241/05, ZTR 2006, S. 509 (510); Urteil v. 07.04.2004 – 7 AZR 441/03, AP TzBfG § 17 Nr. 4.

Vertragsende hinaus kein Bedarf besteht. Hierzu muss der Arbeitgeber eine Prognose erstellen, der konkrete Anhaltspunkte zugrunde liegen. Zudem darf die Aufgabe nicht dauerhaft anfallen sondern nur für die Laufzeit des befristeten Arbeitsvertrags.

Der Gesichtspunkt der Drittmittelfinanzierung wird bei der Befristung von Trainerverträgen im Zusammenhang mit einer öffentlichen Sportförderung immer wieder fruchtbar gemacht – erst jüngst in einem Verfahren vor dem LAG Rheinland-Pfalz[139]: Der Arbeitgeber eines Verbandstrainers für Sportfechten, dessen Arbeitsplatz für einen Zeitraum von zwei Jahren durch den Landessportbund gefördert war, stützte den befristeten Arbeitsvertrag unter anderem auf den Sachgrund der Drittmittelfinanzierung. Der Verband vertrat die Ansicht, dass die Befristung unter anderem aufgrund der Drittmittelfinanzierung der Stelle gerechtfertigt sei. Er habe entschieden, dass die mit dem Arbeitsvertrag des Trainers verbundenen Aufgaben (Talentsichtung und Talentförderung) nur durchgeführt werden sollten, soweit eine Förderung durch den Landessportbund bewilligt wurde. Da der Landessportbund entschieden habe, eine Förderung nur für die Dauer von zwei Jahren zu gewähren, habe der Arbeitgeber bei Abschluss des Arbeitsvertrages mit dem Trainer davon ausgehen müssen, dass nach dem 31.12.2006 keine Beschäftigungsmöglichkeit mehr für den Trainer bestehe, weil über diesen Zeitpunkt keine Gelder für eine zusätzliche Talentsichtung mehr zur Verfügung stehen würden. Es seien keine Anhaltspunkte dafür ersichtlich, dass der Arbeitgeber bei Vertragsschluss am 03.05.2005 von einer weiteren Förderung durch den Landessportbund habe sicher ausgehen können. Bei einem zeitlich begrenzten drittmittelfinanzierten Trainingsvorhaben – so führte der Arbeitgeber weiter aus – lasse sich die zeitliche Begrenztheit der zu erledigenden Arbeitsaufgaben nicht ohne weiteres von der Finanzierung des Vorhabens durch Drittmittel trennen. Aus der Entscheidung des Arbeitgebers, ein bestimmtes Vorhaben nur durchzuführen, solange dafür Drittmittel zur Verfügung stünden, ergebe sich, dass die mit dem Vorhaben verbundenen Arbeitsaufgaben nur für die Dauer der Förderung durch Dritte und damit zeitlich begrenzt zu erledigen seien.

Dieser Argumentation des Verbands folgte das LAG nicht. Nach Auffassung des Gerichts kann die Befristung eines Arbeitsvertrages nach näherer Maßgabe der höchstrichterlichen Rechtsprechung aus dem Gesichtspunkt der Drittmittelfinanzierung im Sinne des § 14 Abs. 1 S. 1 TzBfG an sich zwar zulässig sein, wenn sich sowohl der Drittmittelgeber als auch der Arbeitgeber gerade mit der konkreten Stelle des befristet beschäftigten Arbeitnehmers befasst und sie ihre Entscheidung über den Wegfall des konkreten Arbeitsplatzes aus sachlichen Er-

---

139 LAG Rheinland-Pfalz, Urteil v. 08.04.2008 – 3 Sa 758/07, BeckRS 2008, 54356.

wägungen getroffen haben. Hinreichend sichere konkrete Anhaltspunkte für einen Wegfall der Trainerstelle mit Ablauf der Befristung hätten vorliegend bei Abschluss der Befristungsvereinbarung aber nicht bestanden. Es habe sich damals (auch) nicht so verhalten, dass für die Trainerstelle des Klägers mit weiteren Drittmitteln für die Zeit nach der Befristung nicht gerechnet werden konnte. In diesem Zusammenhang sei zu berücksichtigen, dass der Trainer – nach dem eigenen Vortrag des Verbands – (auch) mit der individuellen Betreuung von talentierten Nachwuchssportlern befasst gewesen sei. Die Betreuung von – zu Spitzensportlern heranzubildenden – Hoffnungsträgern sei aber keineswegs nur vorübergehend. Sie betrage vielmehr nach eigener Auskunft des Verbands im Schnitt 10 bis 15 Jahre. Im Übrigen habe der Trainer unstreitig weitere Aufgaben im Bereich der Talentsichtung, Talentbindung, Wettkampfplanung und Wettkampfbetreuung zu erfüllen gehabt. Der Trainer sollte demgemäß seine Tätigkeit als Verbandstrainer im Rahmen von Daueraufgaben entfalten, die sich der Verband selbst bestimmungsgemäß gestellt habe. Im Hinblick auf den Charakter dieser Daueraufgabe des Verbands, in deren Rahmen der Trainer seine Tätigkeit als Verbandstrainer entfaltete, fehlten hinreichend sichere konkrete Anhaltspunkte für einen endgültigen Wegfall der Stelle zum Befristungsende. Sollte der Verband gleichwohl eine entsprechende Prognose bei Vertragsschluss gestellt haben, so sei diese Prognose durch die weitere Entwicklung nicht bestätigt worden. Der Verband beschäftigte über das Befristungsende hinaus einen Verbandstrainer. Der Trainer sei auch nicht im Rahmen eines zeitlich begrenzten Projekts beschäftigt gewesen. Im Zeitpunkt des Vertragsschlusses sei nicht zu erwarten gewesen, dass die dem Trainer obliegenden Aufgaben nicht dauerhaft anfallen würden. Dahin gestellt bleiben könne, ob dies um so mehr (auch) deswegen gelte, weil – in ähnlicher Weise, wie es sich bei der Aufgabe, in deren Rahmen der Verband einen Verbandstrainer beschäftigt – um eine Daueraufgabe des Verbands handle, die Förderung von Sportverbänden bzw. von Vereinen, wie dem des Verbands, eine Daueraufgabe des Drittmittelgebers darstelle. Es sei gerichtsbekannt, dass Sportbünde mit einer staatlichen Sportförderung rechnen könnten.

Aus den dargestellten Erfordernissen der Rechtsprechung für eine Befristung des Arbeitsvertrags aufgrund einer Drittmittelfinanzierung wird ersichtlich, dass dieser Befristungsgrund bei Trainern im professionellen Mannschaftssport regelmäßig nicht fruchtbar gemacht werden kann. Die Anwendbarkeit scheitert schon daran, dass eine Trainerstelle in diesem Bereich nicht mit Drittmitteln im eigentlichen Sinne gefördert oder vollständig getragen wird. Sponsoren und ähnliche Geldgeber sind keinesfalls als Drittmittelgeber einzustufen. Auch wird eine Trainerstelle im professionellen Mannschaftssport – egal ob Chef-, Co- oder Torwarttrainer – nicht einfach wegfallen. Ebenso wird eine Projektbefristung im professionellen Mannschaftssport kaum jemals in Betracht kommen. Es ist offensichtlich, dass es in diesem Bereich keine zeitlich begrenzten Aufgaben für Trainer gibt.[140] Zu denken wäre allenfalls an die „überraschende" Teilnahme an (internationalen) Turnieren nach einer erfolgreichen Qualifizierung der Mannschaft. Allerdings wird auch hier keine zusätzliche Tätigkeit erforderlich, die nicht schon im regulären Spielbetrieb von Trainern wahrgenommen wird. Es entsteht kein nur vorübergehender Bedarf an Arbeitskraft.

Im Ergebnis lässt sich festhalten, dass eine Drittmittelfinanzierung oder eine Projektbefristung regelmäßig nicht als Sachgrund für befristete Trainerverträge herangezogen werden können.

6. Höhe des Gehalts

Weiter ließe sich erwägen, ob nicht die Höhe des Gehalts selbst als Sachgrund dienen kann, der eine Befristung rechtfertigt.

Je nach Art des Mannschaftssports werden Trainern teilweise weit überdurchschnittlich hohe Gehälter gezahlt.[141] Die Rechtfertigung für eine Befristung könnte darin gesehen werden, dass hohe Gehälter geeignet sind, soziale Risiken bei Vertragsende in Grenzen zu halten.[142] Zu beachten ist aber, dass der Befristungsschutz ebenso wie der Kündigungsschutz, mit Ausnahme von § 14 Abs. 2 KSchG, nicht „abkaufbar" ist.[143] Ansonsten könnten die zwingenden gesetzlichen Schutzbestimmungen zugunsten der Arbeitnehmer allzu leicht umgangen werden.

Gegen eine Anerkennung der Gehaltshöhe als Sachgrund sprechen auch rein praktische Erwägungen. Zieht man die Gehaltshöhe als Rechtfertigungsgrund heran, stellt sich die Frage, ab welcher Höhe das Gehalt eine Befristung rechtfertigen kann. Diese Schwierigkeit zeigt sich in ähnlicher Weise aktuell bei der sog. Ballack-Klausel[144] im Rahmen des Vorschlags für ein einheitliches Arbeitsgesetz, nach der ein Arbeitnehmer ab einer gewissen Höhe des Einkommens auf einen Teil seiner Arbeitnehmerschutzrechte verzichten können soll.[145] Nicht zu-

---

140 Siehe zur Zulässigkeit befristeter Trainerverträge bei periodisch wiederkehrenden Sportereignissen (Olympiaden, Europa- und Weltmeisterschaften) *Schrader*, FA 2006, S. 232 f.

141 KDZ/*Däubler*, KSchR, § 14 TzBfG, Rn. 80, spricht von einer „Prekariatsprämie".

142 *Bepler*, in: Sportler, Arbeit und Statuten, S. 43 (60).

143 APS/*Backhaus*, § 14 TzBfG, Rn. 298.

144 § 148 Abs. 2 des Diskussionsentwurfes eines Arbeitsvertragsgesetzes (Stand November 2007), abgedruckt in NZA-Beilage 1/2007 (zu Heft 21/2007).

145 Siehe dazu *Hromadka*, NZA 2007, S. 838 (839 f.), sowie die ULA-Nachrichten des Deutschen Führungskräfteverbands, Nr. 2 2008, S. 9. Allgemein zum Stand eines Arbeitsvertragsgesetzes jüngst *Wank*, RdA 2009, S. 122 f. und *Wroblewski*, NZA 2008, S. 622 ff.

letzt ist der Aspekt der Gehaltshöhe auch keine Eigenart der Arbeitsleistung im Sinne des § 14 Abs. 1 Satz 2 Nr. 4 TzBfG. Diese bestimmt sich nach dem Charakter der Arbeit und nicht aus deren Folge. Eine „eigenartige" Arbeitsvergütung rechtfertigt eine Sachgrundbefristung nicht.

Die Höhe des Gehalts ist demnach für sich genommen kein tauglicher Sachgrund, der eine Befristung von Trainerverträgen zu rechtfertigen vermag.

7. Branchenüblichkeit

Teilweise wird noch auf die Branchenüblichkeit als ausreichender Sachgrund für eine Befristung abgestellt.[146] Wie das BAG jedoch mehrfach klar festgestellt hat, ist eine branchenübliche Befristung kein Rechtfertigungsgrund, sondern lediglich Indiz für eine rechtfertigende Befristung.[147] Unklar bleibt nach dem Urteil des BAG v. 29.10.1998, ob es der Üblichkeit auch in Zukunft noch indizielle Bedeutung beimessen will („allenfalls"). Es besteht jedoch kein Grund, eine Branchenüblichkeit völlig unberücksichtigt zu lassen. Denn durch die Einstufung dieses Aspekts lediglich als Indiz, wird einem Missbrauch ausreichend vorgebeugt. Andererseits muss ganz allgemein Vertragsgestaltungen, die sich für die Vertragsparteien im Laufe der Zeit als praktikabel herausgestellt haben und deshalb seit langem vereinbart werden, zumindest ansatzweise Bedeutung zukommen können. Damit soll indes nicht davon abgewichen werden, dass eine grundsätzlich verbotene Abweichung von einer Regel nicht nur deshalb gebilligt werden kann, weil sie üblich ist.[148] Ansonsten könnten gesetzliche Regelungen nur allzu leicht durch die Vertragspraxis der Parteien unterwandert werden. Die Arbeitgeberseite müsste ihre Interessen nur breitflächig durchsetzen, um eine arbeitsgerichtliche Inhaltskontrolle von Befristungen auszuschließen.[149] Die Üblichkeit des Abschlusses befristeter Arbeitsverträge kann jedoch als eines von mehreren Prüfungskriterien für einen Sachgrund[150] oder im Rahmen einer (richterlichen) Vertragskontrolle neben anderen Gesichtspunkten Berücksichtigung finden. Ein selbständiger Sachgrund ist die Branchenüblichkeit nicht.

---

146 So etwa HWK/*Schmalenberg*, § 14 TzBfG, Rn. 39.

147 BAG, Urteil v. 16.10.1987 – 7 AZR 614/86, AP BGB § 620 Hochschule Nr. 5; BAG, Urteil v. 29.10.1998 – 7 AZR 463/97, EzA BGB § 620 Nr. 158 = DB 1999, S. 853 f. = SpuRt 1999, S. 253 f.

148 APS/*Backhaus*, § 14 TzBfG, Rn. 38.

149 *Dieterich*, NZA 2000, S. 857 (859).

150 Siehe dazu unter 1. Teil, V.2.c).

8. Faktische Unkündbarkeit

Die Rechtfertigung einer Befristung könnte sich aus der faktischen Unkündbarkeit der Trainer bei Anwendung des KSchG ergeben.[151] Dieser Gesichtspunkt wird von etlichen Stimmen in der Literatur thematisiert. Ob man als denkbaren Kündigungsgrund nun auf Verschleißerscheinungen oder auf die Erfolglosigkeit abstellt, ist letztlich unerheblich. Ausschlaggebend ist allein die Tatsache, dass der Klub in jedem Fall auf erhebliche Beweisschwierigkeiten stößt, wenn er sich unter Anwendung des KSchG gegen den Willen des Trainers von diesem trennen will. Auf den Punkt gebracht bringt sowohl der Weg der Befristung als auch der Weg der Kündigung nach dem KSchG erhebliche Schwierigkeiten für beide Vertragsparteien mit sich.[152] So wird richtigerweise festgestellt, dass die Befristung (aufgrund drohenden Verschleißes) dem Arbeitgeber überschießende Macht in die Hand gibt, weil er sich von seinem Arbeitnehmer – wegen der bei Vertragsschluss vorzunehmenden Prognose des Sachgrunds – bei Vertragsablauf auch trennen kann, obwohl eventuell kein Verschleiß gegeben ist. Natürlich gilt diese Erkenntnis auch für andere Sachgründe. Demgegenüber belastet den Sportarbeitgeber die andere verbleibende Alternative einer personenbedingten Kündigung mit schwer lösbaren Beweisproblemen. Dieser Aspekt erfordere es deshalb, befristete Arbeitsverhältnisse mit Trainern wegen möglichen Verschleißes weiterhin abschließen zu können. Genau sowenig, wie der Sport unbegründete Sonderrechte beanspruchen könne, dürften dogmatische Probleme des Arbeitsrechts auf seinem Rücken ausgetragen werden.[153]

Andere halten es ebenfalls für faktisch unmöglich, den Trainervertrag wegen Erfolglosigkeit nach dem KSchG zu kündigen und schaffen daraus einen Ungewissheitstatbestand, der als Sachgrund ausreichen soll.[154] Diese Bezeichnung sei besser als die des Verschleißtatbestands, der zu einer Fehlentwicklung bei der Rechtsanwendung geführt habe. Letztlich ist es jedoch nicht ausschlaggebend, mit welchem Etikett dieses Problem versehen wird.

Lehnt man einen Sachgrund für die Befristung von Arbeitsverträgen mit Trainern völlig ab, führt dies jedenfalls zu unbefriedigenden und für die Praxis schwer handhabbaren Ergebnissen. Der Verein wäre dann faktisch nicht in der Lage, sich trotz Erfolglosigkeit der Mannschaft von seinem Trainer zu trennen, wenn dieser nicht freiwillig geht. Im Ergebnis bliebe dem Verein nur die verhaltens-, und vor allem die personenbedingte Kündigung als Mittel der Auflösung

151 Siehe zur Möglichkeit der außerordentlichen Kündigung des (Fußball-) Trainervertrags bei befristeten Verträgen *Birkefeld/Zeißig*, in: Prisma des Sportrechts, S. 196 ff.

152 *Fenn*, JZ 2000, S. 347 (352).

153 *Fenn*, JZ 2000, S. 347 (352).

154 *Beathalter*, in: Sportler, Arbeit und Statuten, S. 27 (41).

des Arbeitsverhältnisses. Jedoch würde die Begründung mit einem Mangel der persönlichen Eignung auf praktisch unüberwindliche Beweisschwierigkeiten stoßen. Ein solcher Kündigungsprozess wäre wohl aussichtslos.[155] Der Arbeitgeber müsste beispielsweise darlegen und beweisen, welche hypothetischen Trainingserfolge möglich gewesen wären, die auch zu bestimmten (besseren) sportlichen Leistungen der Mannschaft geführt hätten. Darüber hinaus müsste der Verein dartun, dass das Ausbleiben des Erfolgs trotz intensivem und fachgerechtem Training auf nachlassender Motivationskraft des Trainers beruht. In diesen Überlegungen ist noch nicht die in der Praxis vielfach zu beobachtende Erkenntnis enthalten, dass „neue Besen gut kehren". Gerade im Abstiegskampf ist ein Verein oftmals existenziell darauf angewiesen, schnell einen Trainerwechsel herbeiführen zu können, um aus der Mannschaft in den verbleibenden Spielen noch mal alles heraus zu holen und so im besten Fall noch die Klasse zu retten.

Die dargestellten Probleme, die sich bei Anwendung des KSchG ergeben können, sprechen insgesamt für die Einschätzung, eine Befristungsmöglichkeit für nötig zu erachten.[156] Freilich folgt daraus nicht automatisch die Zulässigkeit der Befristung. Es darf auch nicht außer Acht bleiben, dass die Sachgrundbefristung – trotz ihrer Entkopplung vom Kündigungsschutz durch das TzBfG – eine Umgehung des KSchG gerade unterbinden – und nicht umgekehrt fehlende Kündigungsmöglichkeiten kompensieren soll.

Dagegen ist nicht zu übersehen, dass sich die faktische ordentliche Unkündbarkeit von Trainern auch auf Grundrechtspositionen des Vereins auswirkt. Wenn der Verein faktisch nicht mehr in der Lage ist, sich von dem Trainer zu trennen, kann der Verein sein grundrechtlich geschütztes Recht auf berufliche Betätigung gegebenenfalls nicht mehr oder nur sehr eingeschränkt wahrnehmen. Es stellt sich die Frage, ob deshalb nicht sogar verfassungsrechtlich eine Lösbarkeit geboten ist.

Zunächst können sich die Klubs – unabhängig davon, ob sie nun als Kapitalgesellschaften oder Vereine organisiert sind – gemäß Art. 19 Abs. 3 GG in ihrer Eigenschaft als inländische juristische Personen des Privatrechts grundsätzlich auch auf Grundrechte berufen.[157] Das gilt vor allem für das Grundrecht der Berufs- bzw. Unternehmensfreiheit[158], soweit es sich um Tätigkeiten handelt, die

155 *Dieterich*, NZA 2000, S. 857 (859).

156 *Blang*, S. 192, sieht die aufgrund der Komplexität der Trainertätigkeit mangelnde Nachweisbarkeit bereits als ausreichenden Sachgrund für eine Befristung an.

157 Vgl. Jarass/Pieroth/*Jarass*, Art. 19 GG, Rn. 17.

158 Siehe zum Begriff der Unternehmerfreiheit *Dieterich*, AuR 2007, S. 65 (66).

Erwerbszwecken dienen.[159] Geschützt ist allgemeiner aber auch die wirtschaftliche Betätigungsfreiheit aus Art. 2 Abs. 1 GG.[160] Die Klubs im professionellen Mannschaftssport sind allesamt Wirtschaftsunternehmen, deren Tätigkeit neben der Förderung des Sports im Allgemeinen im Zuge der Kommerzialisierung des Profisports mittlerweile fast ausschließlich Erwerbszwecken dient. Das Grundrecht der Berufsfreiheit schützt u.a. das Interesse der Klubs, nur Mitarbeiter zu beschäftigen, die ihren Vorstellungen entsprechen.[161] Es umfasst für Klubs insbesondere auch das Recht, möglichst wirtschaftlich zu agieren. Dazu gehört auch die Möglichkeit Gewinn zu erzielen. Dieses Ziel ist legitim und steht nicht weniger unter dem Schutz der Verfassung wie das Interesse des Arbeitnehmers an seinem Arbeitsplatz.[162] An dieser Stelle muss aber nicht zwingend auf den wirtschaftlichen Erfolg im Sinne einer Gewinnerzielung abgestellt werden. Völlig ausreichend ist dabei schon das (minimale) Interesse der Klubs, die jeweilige Spielklasse zu halten.

Gerade im professionellen Mannschaftssport ist die prominente Position des Trainers eine Besonderheit und daher von herausragender Bedeutung. In der Praxis des Sportbetriebs lässt sich immer wieder feststellen, wie sehr das Wohl und Wehe eines Vereins von dessen Trainer bzw. einer raschen Wechselmöglichkeit in dieser Position abhängig ist. Mit seiner Fähigkeit, die Mannschaft zu höchst- oder zumindest akzeptablen Leistungen zu bringen, steht und fällt oftmals der wirtschaftliche Erfolg und manchmal sogar die wirtschaftliche Existenz des Klubs. Die faktische Unkündbarkeit des Trainers kann also grundsätzlich so weit führen, dass das Grundrecht aus Art. 12 GG für den arbeitgebenden Klub faktisch nicht mehr greift, wenn der „Mannschaftsmotor nicht mehr rund läuft“. Daher liegt es nahe, aus verfassungsrechtlichen Erwägungen eine Lösungsmöglichkeit für den Klub einzufordern. Dem grundrechtlich geschützten Interesse der Vereine an einer möglichst erfolgreichen und damit wirtschaftlichen Teilnahme am Spielbetrieb steht das Bestandsschutzinteresse der Trainer, das ebenfalls den Schutz der Verfassung genießt, gegenüber.[163] Diese kollidierenden Grundrechtspositionen sind in ihrer Wechselwirkung zu erfassen und so zu begrenzen, dass sie für alle Beteiligten möglichst weitgehend wirksam werden (sog. praktische

159 Siehe zuletzt BGH, Urteil v. 8. 11. 2005 – KZR 37/03, NJW 2006, S. 377 (S. 380); Schmidt-Bleibtreu/Hofmann/Hopfauf/*Hofmann*, Art. 12 GG, Rn. 7; Jarass/Pieroth/*Jarass*, Art. 12 GG, Rn. 10a.

160 BVerfG, Beschluss v. 27. 1. 1998 – 1 BvL 15-87, NJW 1998, S. 1475 (1476).

161 BVerfG, Beschluss v. 27. 1. 1998 – 1 BvL 15-87, NJW 1998, S. 1475 (1476).

162 *Gamillscheg*, S. 19.

163 Vgl. BVerfG, Beschluss v. 27. 1. 1998 – 1 BvL 15-87, NJW 1998, S. 1475 (1476).

Konkordanz).[164] Dem Gesetzgeber, der diese Interessen aus seiner Schutzpflicht[165] heraus zu einem gerechten Ausgleich bringen muss, ist dabei ein weiter Gestaltungsfreiraum eingeräumt. Die Einschätzung der für die Konfliktlage maßgeblichen ökonomischen und sozialen Rahmenbedingungen liegt in seiner politischen Verantwortung. Dasselbe gilt für die Bewertung der Interessenlage, das heißt die Gewichtung der einander entgegenstehenden Belange und die Bestimmung ihrer Schutzbedürftigkeit. Eine Verletzung grundrechtlicher Schutzpflichten kann in einer solchen Lage nur festgestellt werden, wenn eine Grundrechtsposition den Interessen des anderen Vertragspartners in einer Weise untergeordnet wird, dass in Anbetracht der Bedeutung und Tragweite des betroffenen Grundrechts von einem angemessenen Ausgleich nicht mehr gesprochen werden kann.[166] Im Rahmen befristeter Arbeitsverhältnisse wurde vom Gesetzgeber bereits eine Abwägung der gegenläufigen Interessen von Arbeitgebern und Arbeitnehmern getroffen.[167] Als deren Folge sind befristete Arbeitsverträge nur zulässig, wenn ein hinreichender Sachgrund für die Befristung gegeben ist. Die Schwierigkeit besteht hier aber gerade in der Frage, ob die faktische Unkündbarkeit der Trainer einen hinreichenden Sachgrund i.S.v. § 14 Abs. 1 TzBfG darstellen kann. Ein bloßer Rückgriff auf die bereits erfolgte gesetzgeberische Abwägung der widerstreitenden Interessen durch das TzBfG führt deshalb nicht weiter. Vielmehr lässt sich aus der dargestellten besonderen Position des Trainers im (wirtschaftlichen) Gefüge des Klubs die Auffassung vertreten, dass bei der Beantwortung der Frage, ob ein Sachgrund für die Befristung von Trainerverträgen zu bejahen ist, die Tatsache der faktischen Unkündbarkeit des Trainers bei Anwendung des KSchG aus verfassungsrechtlichen Gesichtspunkten in besonderem Maße berücksichtigt werden muss, um die Klubs in der Ausübung ihres Grundrechts auf Berufsfreiheit nicht übermäßig einzuschränken. Das entgegenstehende Bestandsschutzinteresse der Trainer erlaubt es hingegen nicht, eine Befristung allein aus diesem Grunde zuzulassen. Schließlich gibt es für die Vereine immer noch die Möglichkeit, sich auch bei Anwendung des KSchG durch den Abschluss eines Aufhebungsvertrags von dem Trainer zu trennen. Es ist also keineswegs so, dass es sich um ein ansonsten unlösbares Arbeitsverhältnis handelt. In der Praxis werden befristete Trainerverträge sehr oft durch den Abschluss von Aufhebungsverträgen beendet. Dieses Instrument wird rege genutzt, um sich sofort von einem Trainer trennen zu können. Allerdings spielt der Grad der

164 *Hesse*, Grundzüge des Verfassungsrechts, Rn. 317 f.; HK-ArbR/*Lakies*, Art. 12 GG, Rn. 52 m.w.N.; MünchKommBGB/*Müller-Glöge*, § 611 BGB, Rn. 324.

165 ErfK/*Schmidt*, Art. 12 GG, Rn. 4.

166 BVerfG, Beschluss v. 07.02.1990 – 1 BvR 26/84; NZA 1990, S. 389 (390); BVerfG, Beschluss v. 27. 1. 1998 – 1 BvL 15-87, NJW 1998, S. 1475 (1476).

167 Vgl. HK-ArbR/*Lakies*, Art. 12 GG, Rn. 60.

mutmaßlichen Lösungsmöglichkeit – faktisch keine bei Anwendung des KSchG und zumindest zeitlich absehbar bei einem befristeten Vertrag – bei der Höhe der regelmäßig zu zahlenden Abfindungszahlungen eine gewichtige Rolle. Deshalb ist es auch nicht interessengerecht, die Vereine lediglich auf die Möglichkeit des Abschlusses von Aufhebungsverträgen zu verweisen. Nach alledem hat die faktische Unkündbarkeit alleine nicht das nötige Gewicht, eine Befristung zu rechtfertigen.

Abschließend lässt sich festhalten, dass dem Aspekt der faktischen Unkündbarkeit bei der Abwägung der widerstreitenden Interessen ein besonderes Gewicht zukommt, was im Zusammenspiel mit weiteren Besonderheiten des professionellen Mannschaftssports gegebenenfalls zur Zulässigkeit von befristeten Trainerverträgen führen kann.

9. Abfindungszahlung (leitender Angestellter)

Vor Inkrafttreten des TzBfG war streitig, ob das Arbeitsverhältnis eines leitenden Angestellten ohne sachlichen Grund wirksam befristet werden konnte, wenn dieser bei Ausscheiden aus dem Arbeitsverhältnis einen finanziellen Ausgleich erhielt, der einer Abfindung nach den §§ 9, 10 KSchG zumindest gleichwertig war.[168] Nachdem das TzBfG für alle Arbeitnehmer gilt und hinsichtlich leitender Angestellter keine besondere Regelung vorsieht, ist diese Ausnahme nicht mehr aufrecht zu erhalten.[169] Das TzBfG gilt uneingeschränkt auch für die Befristung von Arbeitsverhältnissen leitender Angestellter.[170] Das heißt, dass auch hier ein Sachgrunderfordernis besteht.

Teilweise wird der Ansatz vertreten, für leitende Angestellte im Sinne des § 14 Abs. 2 KSchG könne ein Sachgrund für die Befristung auch darin liegen, dass im Dienstvertrag für den Fall des Ausscheidens auf Grund der Befristung bereits eine, der Abfindung nach §§ 9, 10 KSchG gleichwertige, Entschädigung vereinbart ist.[171] Da es sich um ein konkretes tätigkeitsbezogenes Merkmal

---

168 APS/*Biebl*, § 14 KSchG, Rn. 32.

169 APS/*Backhaus*, § 14 TzBfG, Rn. 19; KR/*Lipke*, § 14 TzBfG, Rn. 52; *Hromadka*, BB 2001, S. 621 (622).

170 KR/*Rost*, § 14 KSchG, Rn. 63; KR/*Lipke*, § 14 TzBfG, Rn. 52; v. Hoyningen-Huene/Linck, KSchG, § 14, Rn. 31.

171 MünchKommBGB/*Hesse*, § 14 TzBfG, Rn. 11; APS/*Backhaus*, § 14 TzBfG, Rn. 19; Staudinger/*Preis*, § 620, Rn. 71; MünchHbArbR/*Wank*, § 95, Rn. 38; *Lange*, S.111; i.E. auch *Stückemann/Flesch*, FA 2002, S. 101 (104); a.A. ErfK/*Müller-Glöge*, § 14 TzBfG, Rn. 79; KDZ/*Däubler*, § 14 TzBfG, Rn. 18; KR/*Lipke*, § 14 TzBfG, Rn. 52, die dies mit der Abkehr des TzBfG von dem bis dahin geltenden Umgehungsgedanken begründen; i.E. auch *Horst*/Persch,

handle, sei dies mit der Rechtsprechung des EuGH[172] zum Begriff des sachlichen Grundes im Sinne der, mit der Befristungsrichtlinie 1999/70/EG[173] umgesetzten, Rahmenvereinbarung vereinbar.[174] Trainer lassen sich jedoch schon nicht unter den Begriff des leitenden Angestellten im Sinne von § 14 Abs. 2 KSchG einordnen.[175] Demnach sind Angestellte, die ähnliche Merkmale wie Geschäftsführer und Betriebsleiter aufweisen und darüber hinaus noch die Berechtigung zur selbständigen Einstellung oder Entlassung haben, als leitende Angestellte anzusehen. Trainer sind weder Geschäftsführer noch Betriebsleiter. Sie könnten diesen höchstens als „ähnlich leitende Angestellte" gleichgestellt sein, da sie innerhalb des Vereins Führungsaufgaben wahrnehmen und Vorgesetzte einer nicht ganz geringen Zahl von Arbeitnehmern (Mannschaft) sind.[176] Jedenfalls sind sie regelmäßig nicht zur Einstellung oder Entlassung von Spielern berechtigt, was ein wesentliches Merkmal des (ähnlichen) leitenden Angestellten i. S. d. KSchG ist.[177] Trainer haben sicherlich erheblichen Einfluss auf die Personalentscheidungen des Vereins und veranlassen diese auch teilweise. Die Einstellungs- oder Entlassungsbefugnis müsste dem Trainer aber nicht nur intern, sondern auch und gerade im Außenverhältnis zustehen.[178] Davon kann bei Trainern aber keine Rede sein. Andererseits lohnt hier auch ein Blick auf den Normzweck des § 14 Abs. 2 KSchG. Durch die Abschwächung des allgemeinen Kündigungsschutzes zum bloßen Abfindungsschutz (durch § 14 Abs. 2 Satz 2 KSchG) will der Gesetzgeber dem Umstand Rechnung tragen, dass leitende Stellungen stets Vertrauenspositionen sind, weswegen der Arbeitgeber ein legitimes Bedürfnis habe, ihre Inhaber nicht gegen seinen Willen weiterbeschäftigen zu müssen.[179] Dieser Gedanke ist – abseits der formalen Einordnung als leitende Angestellte i.S.d. § 14 Abs. 2 KSchG – auch auf Trainer im professionellen Mannschaftssport

---

RdA 2006, S. 166 (170); *Vogel*, NZA 2002, S. 313 (318), die auf das Verbot abweichender Vereinbarungen zuungunsten des Arbeitnehmers nach § 22 Abs. 1 TzBfG abstellen.

172 EuGH, Urteil v. 04.07.2006 – C-212/04 (Adeneler), EzA Richtlinie 99/70 EG-Vertrag 1999 Nr. 1 = NJW 2006, S. 2465 ff. = NZA 2006, S. 909 ff.

173 ABlEG Nr. L 175 vom 10.07.1999, S. 43 f.; die Richtlinie ist abrufbar unter http://eur-lex.europa.eu/LexUriServ/LexUriServ.do?uri=OJ:L:1999:175:0043:0048:DE:PDF; die Rahmenvereinbarung findet sich im Anhang zur Richtlinie auf S. 45 ff.

174 APS/*Backhaus*, § 14 TzBfG, Rn. 19.

175 I.E. auch *Blang*, S. 238; ohne an bestimmte Normen anzuknüpfen vertreten sowohl *Imping*, S. 60 f. als auch *Busch*, S. 50 f. die Ansicht, (Chef-) Trainer in den führenden Fußballligen seien als leitende Angestellte einzustufen. Allgemein für Trainer auch Kittner/Zwanziger/*Bachner*, § 134, Rn. 20.

176 Vgl. zu diesen Voraussetzungen APS/*Biebl*, § 14 KSchG, Rn. 19 m.w.N.

177 Vgl. v. Hoyningen-Huene/Linck, § 14, Rn. 25 ff.; APS/*Biebl*, § 14 KSchG, Rn. 16.

178 Vgl. BAG, Urteil v. 18.11.1999 – 2 AZR 903/98, AP KSchG 1969, § 14 Nr. 5; ErfK/*Kiel*, § 14 KSchG, Rn. 14, 15.

179 Löwisch/Spinner, KSchG, § 14 KSchG, Rn. 2.

übertragbar. Ihnen kommt aufgrund ihres entscheidenden Einflusses auf die Mannschaft und deren Erfolg eine herausragende Vertrauensstellung zu. Trainer besetzen eine Schlüsselposition für den sportlichen und damit auch für den wirtschaftlichen Erfolg des arbeitgebenden Klubs. Insofern ist dem Klub ebenfalls ein legitimes Bedürfnis zuzusprechen, den Trainer nicht gegen seinen Willen weiterbeschäftigen zu müssen.

Trainer im Profi-Mannschaftssport sind also keine „normalen" Arbeitnehmer. Sie sind aber auch keine leitenden Angestellten i.S.v. § 14 Abs. 2 KSchG. Zu denken wäre deshalb an eine analoge Anwendung der Vorschriften über leitende Angestellte. Dafür ist eine vergleichbare Interessenlage sowie eine planwidrige Regelungslücke Voraussetzung.[180] Während die Interessenlage, wie dargestellt, vergleichbar ist, fehlt es an einem unbedachten Regelungsdefizit seitens des Gesetzgebers. Dem Gesetzgeber wäre es in Anbetracht der Regelung des § 14 Abs. 2 KSchG und der Diskussion um eine sachgrundlose Befristung leitender Angestellter vor Inkrafttreten des TzBfG ein leichtes gewesen, im Rahmen des TzBfG Sonderregelungen für leitende Angestellte bzw. exponierte Vertrauenspersonen zu schaffen. Es muss daher davon ausgegangen werden, dass eine solche Sonderregelung bewusst nicht in das TzBfG aufgenommen wurde. Nicht zuletzt sind Analogien generell sparsam anzuwenden, um nicht einen gesetzgeberischen Willen zu schaffen, der so nicht existiert.

Der Befristungsschutz kann dem Arbeitnehmer grundsätzlich nicht abgekauft werden.[181] Auf diese Weise ließe sich der Arbeitnehmerschutz allzu leicht umgehen. Mit § 1a KSchG existiert seit jüngerer Zeit aber eine kündigungsschutzrechtliche Regelung, die für den Arbeitnehmer einen Abfindungsanspruch vorsieht, wenn der Arbeitgeber ihn wegen dringender betrieblicher Erfordernisse nach § 1 Abs. 2 Satz 1 KSchG kündigt, und der Arbeitnehmer keine Kündigungsschutzklage erhebt.[182] Die Norm ist zwar auf befristete Arbeitsverträge nicht anwendbar.[183] Aus ihr lässt sich aber ersehen, dass der Gesetzgeber in gewissem Umfang den Abkauf von Arbeitnehmerschutzrechten toleriert. Der Arbeitnehmer ist nicht darauf verwiesen, bestandsschützende Normen auch durchzusetzen; er kann vielmehr auf deren Durchsetzung verzichten und stattdessen eine Entschädigung für den Verlust des Arbeitsplatzes akzeptieren. Freilich bringt die Gesetzesbegründung dies so nicht zum Ausdruck. Durch die Regelung

---

180 Vgl. Palandt/*Sprau*, Einleitung, Rn. 48.

181 Wie § 22 Abs. 1 TzBfG u.a. bestimmt, kann von dem Sachgrunderfordernis des § 14 Abs. 1 TzBfG nicht zuungunsten des Arbeitnehmers abgewichen werden.

182 Die Vorschrift ist durch das Gesetz zu Reformen am Arbeitsmarkt vom 24.12.2003 mit Wirkung zum 01.01.2004 in das KSchG eingefügt worden, BGBl. 2003 I, S. 3002 ff.

183 Das KSchG ist nicht anwendbar, da die ordentliche Kündigung in befristeten Arbeitsverträgen regelmäßig nicht vereinbart ist, vgl. § 15 Abs. 3 TzBfG.

solle eine einfach zu handhabende, moderne und unbürokratische Alternative zum Kündigungsschutzprozess geschaffen werden.[184] Die Existenz von § 1a KSchG reicht daher nicht aus, Abfindungszahlungen in befristeten Trainerverträgen als Befristungsgrund zuzulassen.

Im Ergebnis reicht die Vereinbarung einer Abfindungszahlung nicht als (eigenständiger) Sachgrund aus. Auch das Argument der sozialen Abfederung durch Abfindungszahlungen greift hier ebenso wenig wie bei der Frage, ob die Höhe des Gehalts an sich eine Befristung rechtfertigen kann.[185] Allerdings können die angeführten Aspekte für eine Befristung nicht völlig unbeachtet bleiben und sind an anderer Stelle[186] weiter zu verfolgen und zu berücksichtigen.

10. „Verschleiß" des Trainers

a) Begrifflichkeit und Einordnung

Bei Arbeitsverträgen mit Trainern wird vor allem der Sachgrund des Verschleißes diskutiert. Er greift das von der Rechtsprechung aus der Rundfunkfreiheit des Art. 5 Abs. 1 GG entwickelte Recht der Rundfunkanstalten auf, programmgestaltende Mitarbeiter wegen der Veränderungsmöglichkeit des Programms lediglich für eine bestimmte Zeit zu beschäftigen.[187]

Der Begriff des „Verschleißtatbestandes" stammt ursprünglich von *Wiedemann*[188], der den vom Großen Senat des BAG[189] zur Zulässigkeit befristeter Verträge entwickelten, unbestimmten Rechtsbegriff des „sachlichen Grundes für die Befristung" durch Typologisierung der bis dahin bekannt gewordenen Sachverhalte zu veranschaulichen versuchte. Neben „Ungewissheits- und Ausnahmetatbeständen" wurde eine der entwickelten Fallgruppen dabei als „Verschleißtatbestände" umschrieben. Darunter wurden vor allem Sachverhalte eingeordnet, in denen der Arbeitnehmer durch außerhalb seiner Person liegende Gründe an einem weiteren Arbeitseinsatz gehindert wird, obwohl die von ihm erbrachte

184 BT-Drucks. 15/1204, S. 9, 12.

185 Siehe dazu die Ausführungen unter 1. Teil, III.6.

186 1. Teil, V.2.b).

187 BVerfG, Beschluss v. 13.01.1982 – 1 BvR 848/77, AP GG Art. 5 Rundfunkfreiheit Nr. 1; *Horst/Persch*, RdA 2006, S. 166 (166).

188 *Wiedemann*, in: Festschrift für Heinrich Lange, S. 395 (407 ff.); vgl. dazu auch *Dörner*, ZTR 2001, S. 485 (490).

189 BAG, Beschluss des Großen Senats vom 12.10.1960 – GS 1/59 (3 AZR 65/56), BAGE 10, S. 65 (72) = AP BGB § 620 Befristeter Arbeitsvertrag Nr. 16.

Leistung unverändert bleibt.[190] Exemplarisch dafür wurden die Arbeitsverhältnisse im künstlerischen- und Unterhaltungsgewerbe sowie jene der Rundfunk- und Fernsehanstalten angeführt. Hier verlange der Publikumsgeschmack eine gewisse Abwechslung. Die besondere Art dieser Betriebe müsse darauf Rücksicht nehmen, dass es hier mit gleich bleibenden und standardisierten Leistungen nicht getan sei, das Angebot vielmehr durch Personalwechsel „aufgefrischt“ werden müsse, um attraktiv zu bleiben. Das BAG – und in der Folge das Schrifttum – haben diesen Begriff für befristete Trainerverträge – wenn auch vor einem anderen Hintergrund – übernommen.

Dieser Verschleißtatbestand wird zumeist dem in § 14 Abs. 1 Satz 2 Nr. 4 TzBfG normierten Sachgrund der Eigenart der Arbeitsleistung zugeordnet. Dies liegt daran, dass die höchstrichterliche Rechtsprechung zur Zulässigkeit von befristeten Trainerverträgen und ein Großteil des dazugehörigen Schrifttums aus der Zeit vor dem Inkrafttreten des TzBfG stammt; es existierten noch keine normierten Sachgründe. Einige Stimmen wollen den Sachgrund für Befristungen im Profisport – teils ohne Begründung[191] – auch in § 14 Abs. 1 Satz 2 Nr. 6 TzBfG verorten, wonach in der Person des Arbeitnehmers liegende Gründe die Befristung rechtfertigen können.[192] Dies folge daraus, dass die Regelung in § 14 Abs. 1 Nr. 4 TzBfG der besonderen verfassungsrechtlichen Ausgangsposition bei einigen Arbeitsverhältnissen Rechnung trage; sonstige Sachverhalte – wie die sog. Verschleißtatbestände – seien demzufolge der Regelung in § 14 Abs. 1 Nr. 6 TzBfG zuzuordnen.[193] Ob der Sachgrund einer Befristung nun in § 14 Abs. 1 Satz 2 Nr. 4 TzBfG, in § 14 Abs. 1 Satz 2 Nr. 6 TzBfG oder aber in einem neu kreierten Tatbestand („insbesondere“) erblickt wird, ändert grundsätzlich nichts daran, dass nur ein tauglicher Sachgrund die Befristung rechtfertigen kann. Die Einordnung des Verschleißtatbestands ist insofern nicht ausschlaggebend, als die bloße Zuordnung zu einem normierten Sachgrund die Befristung noch nicht zu rechtfertigen vermag. Sämtliche geschriebenen Sachgründe haben gemein, dass ihnen von der Rechtsprechung zu § 620 BGB entwickelte Sachgründe zugrunde liegen. Auf „neue“ Sachgründe wie den Verschleißtatbestand passt zwangsläufig keiner der Katalogtatbestände wie angegossen. Konsequent ist es daher, nicht normierte bzw. neu entstehende Sachgründe nicht den geschriebenen Sachgründen zuzuordnen, sondern diese als eigenständige Sachgründe zu behandeln.

190 *Wiedemann*, in: Festschrift für Heinrich Lange, S. 395 (408).

191 Staudinger/*Preis*, § 620 BGB, Rn. 134; *Feuerborn*, EzA § 1 AÜG Nr. 10.

192 Staudinger/*Preis*, § 620 BGB, Rn. 134; Hansen/Kelber/Zeißig, Rn. 527; *Feuerborn*, EzA § 1 AÜG Nr. 10.

193 Hansen/Kelber/Zeißig, Rn. 527.

Freilich sind als neue Sachgründe nur solche anzuerkennen, die in ihrem Gewicht den in § 14 Abs. 1 Satz 2 TzBfG benannten gleichkommen.[194]

b) Rechtsprechung des BAG

Das BAG hat sich in drei Entscheidungen zur Zulässigkeit befristeter Trainerverträge geäußert.

aa) Entscheidung des BAG vom 19.06.1986

In seiner Entscheidung vom 19.06.1986[195] hatte der 2. Senat des BAG die grundsätzliche Möglichkeit einer sachlichen Rechtfertigung der Befristung eines Trainervertrages mit der Üblichkeit dieser Befristungen begründet. Der Trainer hatte die Aufgabe, den Fechtnachwuchs zu trainieren, Talente zu sichten und zu fördern sowie Fechtmannschaften heranzubilden. Sein Arbeitsvertrag war zunächst auf zwei Jahre befristet und wurde danach viermal um jeweils zwei weitere Jahre befristet verlängert. Das BAG stellte in seiner Entscheidung auf die besondere Sachlage im Sport ab. Nach der Auffassung verständiger und verantwortungsbewusster Vertragspartner entspreche es der Üblichkeit, Trainerverträge zu befristen. Ausschlaggebend hierfür sei, dass der Trainer die Sportler zu Höchstleistungen führen soll. Der Erfolg des Trainers werde dabei durch viele Unwägbarkeiten bestimmt. Über Erfolg und Misserfolg der Trainertätigkeit würden nicht nur die Trainingsmethoden, sondern auch die Wirkung dessen Persönlichkeit entscheiden. Bei dieser Tätigkeit stelle sich bei immer gleich bleibender Umgebung eine Ermüdung und ein Verschleiß ein. Dies könne die Entwicklung der zu betreuenden Sportler hemmen. Letztlich könnten irrationale Momente über Erfolg und Misserfolg der Trainerarbeit entscheiden. Denn die Effektivität eines Trainers und der daraus resultierende Erfolg der von ihm betreuten Sportler sei nur zum Teil von seinem Ausbildungs- und Wissensstand abhängig. Entscheidend sei allein seine Fähigkeit, Leistungsvermögen und Leistungswillen der Betreuten zu wecken, welche die meisten Sporttrainer nach Ablauf eines unterschiedlich langen Zeitraums verlieren würden. Nach Ansicht des BAG kann das von beiden Parteien des Trainervertrags gewollte Ziel trotz unverminderter eigener Anstrengung und größtem Pflichtbewusstsein also dennoch verfehlt werden. Der Arbeitgeber des Trainers hätte aber außerhalb des Abschlusses von befristeten Verträgen keine Möglichkeit, sich gegen dessen Willen vom Vertrag zu lö-

---

194 Vgl. ErfK/*Müller-Glöge*, § 14 TzBfG, Rn. 5.

195 BAG, Urteil v. 19.06.1986 – 2 AZR 570/85 , SpuRt 1996, S. 21 ff.

sen, da im Normalfall keine Kündigungsgründe für eine ordentliche Kündigung vorliegen würden.

bb) Entscheidung des BAG vom 29.10.1998

Einschränkender urteilte der mittlerweile für Rechtsfragen der Befristung zuständige 7. Senat des BAG in seiner Entscheidung vom 29.10.1998.[196] Ein Tennisverband hatte den Trainer für die Dauer von drei Jahren angestellt. Zu den Aufgaben des Trainers gehörte unter anderem auch die Suche und Betreuung von Spitzensportlern. Nach Auffassung des Verbands habe diesbezüglich die Möglichkeit von Verschleißerscheinungen bestanden. Zudem sei die Befristung von Tennistrainerverträgen üblich und entspreche auch der Auffassung vernünftiger und verantwortungsbewusster Vertragsparteien, weil der Erfolg und Misserfolg eines Trainers auf Unwägbarkeiten beruhen würden, die nicht von guten oder schlechten Leistungen des Trainers, sondern von vielen Faktoren im menschlich-psychischen Bereich abhängig seien. Die Vorinstanzen bejahten unter Bezugnahme auf das Urteil des 2. Senats vom 19.06.1986 das Vorhandensein des Verschleißtatbestandes. Dieser Einschätzung folgte der 7. Senat nicht. Der Fall erforderte nach Ansicht des Gerichts keine abschließende Stellungnahme zu der Frage, unter welchen konkreten Voraussetzungen die Befristung des Arbeitsvertrages eines Sporttrainers wegen der Möglichkeit von Verschleißerscheinungen sachlich gerechtfertigt sein könne und ob insbesondere den Maßstäben des Urteils des 2. Senats vom 19.06.1986 uneingeschränkt zu folgen sei. Das BAG legte aber als vorweg zu klärende Voraussetzung für das Vorliegen eines Verschleißtatbestandes als sachlichen Befristungsgrund fest, dass die vereinbarte Befristung überhaupt geeignet sein muss, der Gefahr eines Verschleißes in der Beziehung zwischen dem Trainer und den zu betreuenden Sportlern wirksam vorzubeugen, was zumindest dann nicht der Fall sei, wenn die Spieler – wie hier – regelmäßig schon während der Befristungsdauer wechselten. Zudem stellte das Urteil klar, dass die Frage der Üblichkeit von Befristungsvereinbarungen für deren Wirksamkeit nicht von eigenständiger konstitutiver, sondern allenfalls von indizieller Bedeutung für eine entsprechende Interessenlage ist.

196 BAG, Urteil v. 29.10.1998 – 7 AZR 436/97, EzA BGB § 620 Nr. 158 = DB 1999, S. 853 f. = SpuRt 1999, S. 253 f.

cc) Entscheidung des BAG vom 15.04.1999

In dem Urteil des BAG vom 15.04.1999[197] bestätigte der 7. Senat seine Rechtsprechung zur Befristung von Trainerverträgen. Der Entscheidung lag der Arbeitsvertrag eines Kanutrainers mit dem Deutschen Sportbund zugrunde. Der Vertrag war zunächst unbefristet und dann als auf vier Jahre befristeter Vertrag abgeschlossen worden, der in der Folgezeit drei mal um jeweils vier Jahre befristet verlängert wurde. Das BAG stellte fest, dass die Befristung eines Arbeitsvertrages mit einem Trainer sachlich gerechtfertigt sein könne, wenn mit der Betreuung von Spitzensportlern oder besonders talentierten Nachwuchssportlern die Gefahr verbunden sei, dass die Fähigkeit des Trainers, die ihm anvertrauten Sportler zu motivieren, regelmäßig nachlasse. Das Gericht konkretisierte, dass nur der drohende Verschleiß der persönlichen Beziehung des Trainers zu den einzelnen Sportlern das Auswechslungsbedürfnis begründen könne, dem die Befristungsabrede Rechnung tragen soll. Dies sei nicht der Fall, wenn – wie im Fall – die Sportler ohnehin in verhältnismäßig kurzen Abständen wechselten. Der allgemeine Verschleiß durch die längere Ausübung desselben Berufs könne die Befristung auch bei Trainern nicht rechtfertigen.

dd) Stellungnahme zur höchstrichterlichen Rechtsprechung

Die Vorgaben des BAG lassen sich stark verkürzt wie folgt zusammenfassen: Der Verschleißtatbestand kann wohl weiterhin eine Befristung des Trainervertrags rechtfertigen. Die Befristung muss aber überhaupt geeignet sein, einem etwaigen Verschleiß vorzubeugen und der Verschleiß muss in der persönlichen Beziehung von Trainer und Sportler drohen. Bedauerlicherweise fehlt in der höchstrichterlichen Rechtsprechung zum Verschleißtatbestand eine klare Linie. Die gegenüber der Entscheidung des 2. Senats einschränkende Rechtsprechung des nunmehr zuständigen 7. Senats des BAG hat gar eine erhebliche Rechtsunsicherheit hervorgerufen, da es das Gericht sowohl in seiner Entscheidung vom 29.10.1998 als auch in seiner Entscheidung vom 15.04.1999 schuldig blieb, sich klar zu äußern, unter welchen Voraussetzungen Trainerverträge denn nun befristet abgeschlossen werden können.[198] Der Rechtsanwender bewegt sich hier weiterhin auf unsicherem Terrain.

---

197 BAG, Urteil v. 15.04.1999 – 7 AZR 437/97, EzA BGB § 620 Nr. 164 = SpuRt 1999, S. 254 f.; siehe dazu auch den Kurzkommentar von *Dalichau*, EWiR 1999, S. 589 f.

198 Vgl. *Zindel*, S. 35.

(1) Berücksichtigung von Drittinteressen

Ungeklärt bleibt nach der höchstrichterlichen Rechtsprechung insbesondere, ob auch außerhalb der Beziehung von Sportlern und Trainer liegende Gründe eine Befristung rechtfertigen können. Hier ist vor allem an die Stimmungslage von Fans und Medien gegenüber dem Trainer zu denken. Auch dieses, in seinen Auswirkungen nicht zu unterschätzende Beziehungsgeflecht, kann einem Verschleiß unterliegen. Sind die Anhänger eines Vereins mit der sportlichen Leistung „ihrer" Mannschaft nicht zufrieden, wird häufig (auch) der Trainer dafür verantwortlich gemacht. Ob dies in jedem Fall objektiv gerechtfertigt ist, wird freilich schwer zu klären sein. Nicht selten ist er lediglich der Sündenbock für ungenügende Mannschaftsleistungen oder Fehler der Vereinsführung. Ähnlich verhält es sich mit den Medien, die einen erheblichen Einfluss auf die Stimmungslage (und -mache) gegenüber den Trainern haben. Folge der Unzufriedenheit Dritter mit dem Trainer kann dann durchaus eine abnehmende Leistungs- und Motivationsfähigkeit des Trainers sein, die dann eine rasche Auswechslung erforderlich machen kann, um die Leistungen der Mannschaft wieder zu steigern.[199] Nicht zu vergessen wirkt sich eine negative Stimmungslage mit dem regelmäßig einhergehenden Leistungsabfall der Mannschaft auch auf das Verhalten der Sponsoren bzw. Werbepartner aus. Diese sind in jeder Hinsicht an einer positiven Wahrnehmung „ihres" Vereins in der Öffentlichkeit interessiert, die sich – abgesehen von dem persönlichen Verhalten der Spieler auf und neben dem Spielfeld – im Wesentlichen aus dem Erfolg der Mannschaft ergibt. Angesichts der erheblichen finanziellen Bedeutung[200] der Sponsoren für die Vereine kann auch von dieser Seite ganz erheblicher Handlungsdruck auf den Klub entstehen. Gleichwohl ist es zweifelhaft, ob Interessen Dritter Einfluss dergestalt auf den Arbeitsvertrag zwischen Trainer und Verein haben dürfen, dass sich dies auf die Zulässigkeit einer Befristung auswirken kann.

Hier lohnt ein vergleichender Blick auf das von der Rechtsprechung anerkannte Institut der sog. Druckkündigung[201], wo Interessen Dritter sogar direkten

199 Näher dazu unter 1. Teil, III.10.c)bb).

200 So hatten die Werbeeinnahmen in der Bundesliga Saison 2010/2011 einen Anteil von knapp 27% an den Gesamterlösen der Bundesliga, DFL Bundesliga Report 2012, S. 8, abrufbar unter http://www.bundesliga.de/de/liga/news/2011/0000203413.php (10.12.2012). Für die Ligen DEL, HBL und BBL waren die Sponsoringerlöse in der Saison 2009/2010 sogar die wichtigste Umsatzquelle, Pressemitteilung zur Deloitte-Analyse „Finanzreport deutscher Profiligen" v. 15.11.2010, abrufbar unter http://www.deloitte.com/view/de_DE/de/presse/pressemitteilungen/3dcd55b215f4c210VgnVCM1000001a56f00aRCRD.htm (10.12.2012).

201 BAG, Urteil v. 31.01.1996 – 2 AZR 158/95, AP § 626 BGB Druckkündigung Nr. 12; BAG, Urteil v. 04.10.1990 – 2 AZR 201/90, AP § 626 BGB Druckkündigung Nr. 12; BAG, Urteil v. 26.01.1962 – 2 AZR 244/61, AP § 626 BGB Druckkündigung Nr. 8.

Einfluss auf das Verhältnis der Arbeitsvertragsparteien nehmen können. Von einer Druckkündigung wird gesprochen, wenn von Dritten unter Androhung von Nachteilen für den Arbeitgeber die Entlassung eines bestimmten Arbeitnehmers verlangt wird.[202] Sie ist nur nach umfassender Abwägung und zur Vermeidung schwerer wirtschaftlicher Nachteile für den Arbeitgeber und nach vorheriger Anhörung des Arbeitnehmers zulässig.[203] Wie oben dargestellt, sind gerade im professionell betriebenen Sport solche Drucksituationen denkbar. Grundsätzlich sind Trainerentlassungen unter dem Aspekt der Druckkündigung ebenso möglich wie bei anderen Arbeitnehmern, soweit die dargestellten Voraussetzungen gegeben sind.[204] Ein schwerer wirtschaftlicher Nachteil droht beispielsweise, wenn sich der Verein erheblichen Einbußen durch den Ausfall von Fernseh-, Werbe- oder Zuschauereinnahmen ausgesetzt sieht. Erheblich sind Einbußen aber nur, wenn sie über die im normalen Betrieb üblichen Schwankungen signifikant hinausgehen. Die Erheblichkeitsschwelle hängt von den Umständen des Einzelfalls ab. Während einerseits nicht erst bei einer Existenzgefährdung von schweren Nachteilen gesprochen werden kann, reichen hierfür die üblichen Einnahmeneinbußen durch zurückgehende Zuschauerzahlen bei sportlichem Misserfolg nicht aus.[205] Droht etwa der Hauptsponsor mit dem Rückzug seines Engagements, falls der Trainer XY weiterhin „im Amt" bleibt, kann das ein schwerer wirtschaftlicher Nachteil für den Klub sein, da die Zahlungen des Hauptsponsors meistens einen der größten Posten auf der Einnahmenseite des Klubs ausmachen wird.

Über das Institut der Druckkündigung lässt sich jedoch kein Sachgrund für eine zulässige Befristung entwickeln, auch wenn unverkennbar gewisse Parallelen zwischen dem Verschleiß als Sachgrund für eine Befristung und der Druckkündigung bestehen. Hier wie dort wirken sich das Verhalten und der Einfluss am Vertrag unbeteiligter Dritter auf dessen Bestand aus. Es kann insbesondere prinzipiell keinen Unterschied machen, von welcher Seite Druck auf den Arbeitgeber ausgeübt wird; von den Sportlern bzw. der Mannschaft, den Fans, den Medien oder den Sponsoren. Ausschlaggebend ist lediglich, ob dem Verein durch angedrohtes oder praktiziertes Verhalten Dritter erhebliche wirtschaftliche Nachteile entstehen und dem Klub ein Festhalten am Trainervertrag nicht mehr zumutbar ist. Der entscheidende Unterschied, der eine Berücksichtigung der Interessen Dritter bei der Befristungsmöglichkeit im Unterschied zur Druckkündigung ausschließt, ist indes der Zeitpunkt, in dem die Interessen Dritter virulent werden

---

202 BeckOK BGB/*Fuchs*, § 626, Rn 41 m.w.N. (Stand: 01.11.2012).
203 BeckOK BGB/*Fuchs*, § 626, Rn 41 m.w.N. (Stand: 01.11.2012).
204 Vgl. *Breucker*, NZA 2008, S. 1046 (1047).
205 *Breucker*, NZA 2008, S. 1046 (1049).

können. Während bei der Druckkündigung das Kind sprichwörtlich schon in den Brunnen gefallen, die bestehende Situation bereits eskaliert ist und das den Verein gegebenenfalls zu einer Vertragsbeendigung zwingt, muss der Befristungsgrund prognostisch bereits bei Vertragsschluss gegeben sein. In diesem Stadium ist es aber regelmäßig noch nicht absehbar, wie Mannschaft, Fans und Medien auf den (neuen) Trainer reagieren.

(2) Anwendbarkeit der Rechtsprechung auf Mannschaftstrainer

Auffällig an den Entscheidungen des BAG zum Verschleiß bei Trainern ist zudem, dass sie ausschließlich Sachverhalte zum Inhalt hatten, in denen die Trainer Einzelsportler betreuten. Insoweit stellt sich die Frage, ob die Ausführungen des BAG auch auf Sachverhalte anzuwenden sind, in denen Trainer Mannschaften betreuen. Zunächst lässt sich festhalten, dass in Mannschaften zwar meist eine stetige Fluktuation der Spieler herrscht. Ebenso lassen sich aber regelmäßig auch Spieler finden, die über lange Jahre hinweg für denselben Verein spielen.[206] Insoweit muss die Mannschaft als Ganzes betrachtet werden.[207] Der Verweildauer einzelner Spieler ist in Mannschaftssportarten deshalb weniger Bedeutung beizumessen. Bezüglich der Voraussetzung eines Verschleißes in der persönlichen Beziehung zwischen Trainer und Sportler muss dafür der Aspekt der Gruppendynamik berücksichtigt werden. Beispielsweise kann es erhebliche Auswirkungen auf die Stimmung im Kader, und damit auf die Motivation vieler Spieler haben, wenn ein (Führungs-) Spieler oder eine Gruppe von Spielern mit dem Trainer unzufrieden ist. Die persönliche Beziehung des Trainers zu einzelnen Sportlern kann auf die gesamte Mannschaft ausstrahlen. Folgt man den vom BAG aufgestellten Grundsätzen erscheint es daher zunächst nahe liegend, auch die Befristung von Trainerverträgen im Mannschaftssport grundsätzlich für möglich zu erachten.[208]

c) Verschleißargumente im Schrifttum

Im Schrifttum werden zahlreiche Gründe für eine Befristung von Trainerverträgen angeführt, die zumeist dem Befristungsgrund des § 14 Abs. 1 Satz 2 Nr. 4 TzBfG (Eigenart der Arbeitsleistung) zugeordnet und überwiegend unter dem

---

206 Als exponierte Beispiele seien hier nur die Spieler Mehmet Scholl vom FC Bayern München, der 15 Jahre (1992 bis 2007) ununterbrochen im Dienste des Vereins stand, sowie Carsten Ramelow von Bayer 04 Leverkusen genannt, der seinem Verein 13 Jahre lang (1996 bis 2008) die Treue hielt.

207 So i.E. auch *Bauer/Pulz*, SpuRt 2001, S. 56 (57).

208 Siehe dazu *Karsch*, S. 171 f. (184); i.E. wohl auch *Latz*, SpuRt 1999, S. 256.

Begriff des Verschleißtatbestandes diskutiert werden.[209] Der „Verschleißtatbestand“ bezieht sich ausweislich der vorhandenen Rechtsprechung hinsichtlich befristeter Trainerverträge ausschließlich auf ein Nachlassen der Motivationskraft gegenüber den zu betreuenden Sportlern. Genauer betrachtet geht es bei diesem Sachgrund also ausschließlich um den Verschleiß der vom Trainer – unter anderem – geforderten Fähigkeit, die ihm anvertrauten Sportler zu Höchstleistungen zu motivieren. Die überwiegend unter dem Begriff Verschleißtatbestand diskutierten Argumente für eine zulässige Befristung von Trainerverträgen beschränken sich aber nicht auf diesen Gesichtspunkt und bedürfen deshalb einer einzelnen Betrachtung. Es gilt herauszufinden, ob die jeweiligen im Schrifttum angebotenen Sachgründe ausreichen, eine Befristung von Trainerverträgen zu rechtfertigen.

aa) Verschleißgefahr im Verhältnis Trainer – Mannschaft

Teilweise wird von einem besonderen Kommunikationsverhältnis zwischen dem Trainer und der zu betreuenden Mannschaft gesprochen, welches geeignet sein soll, im Profisport die Befristung zu rechtfertigen.[210] An anderer Stelle wird auf einen „sportspezifischen Verschleiß“ abgestellt, der im persönlichen Verhältnis zwischen Trainer und Sportler besteht und ein Abwechslungsbedürfnis der Sportler zur Folge haben kann.[211] Dagegen wird richtigerweise angeführt, dass die Aufgaben der Trainer vielfältig sind und sich nicht auf den psychologischen Aspekt des persönlichen (Kommunikations-) Verhältnisses zur Mannschaft bzw. zu einzelnen Spielern reduzieren lassen.[212] Aufgabe der Trainer sei es vielmehr, die Spieler psychisch und physisch zu trainieren („Dualismus der Trainerarbeit“). Der Erfolg eines Trainers hängt nicht allein von seiner Persönlichkeit und der persönlichen Beziehung zu den Spielern ab. Er beruht auch auf seinen Trainingsmethoden und seinem Ausbildungs- und Wissensstand. Dass sowohl psychische wie physische Elemente der Trainertätigkeit einem Verschleiß gegenüber den betreuten Spielern unterliegen können, ist nicht von der Hand zu weisen. Allerdings lässt sich nicht festlegen, ob und gegebenenfalls wann sich derartige Verschleißerscheinungen einstellen. Diese Ungewissheit kann aber nicht auf den Trainer abgewälzt werden. Dabei ist auch ein nicht unerheblicher anderer Aspekt zu beachten: So kommt es für die Bewertung der Zulässigkeit der Befristung auf

---

209 Siehe zum Hintergrund dieser Übung die Ausführungen oben unter 1. Teil, III.10.a).

210 KR/*Lipke*, § 14 TzBfG, Rn. 207; APS/*Backhaus*, § 14 TzBfG, Rn. 297.

211 *Heising*, S. 148 f.

212 *Horst/Persch*, RdA 2006, S. 166 (168), die befristete Trainerverträge i.E. für unzulässig halten.

die Umstände zum Zeitpunkt des Vertragsschlusses an.[213] In dieser Phase wird es dem arbeitgebenden Verein aber sicherlich nicht möglich sein, einen Verschleiß vorherzusehen.[214] Die Verschleißgefahr im Verhältnis Trainer zur Mannschaft allein kann eine Befristung demnach nicht rechtfertigen.

bb) Verschleißgefahr im Verhältnis Trainer – andere Dritte (Fans/Medien)

Richtigerweise wird darauf hingewiesen, dass ein Verschleiß nicht nur im Verhältnis Trainer zur Mannschaft, sondern häufig auch zwischen Trainer und Fans stattfindet.[215] Freilich ist es fraglich, damit eine Befristung rechtfertigen zu wollen. Schließlich erbringt der Trainer seine geschuldete Arbeitsleistung gegenüber dem arbeitgebenden Verein, nicht gegenüber Dritten wie Fans und Medien. Deshalb können Umstände, die außerhalb des Arbeitsverhältnisses liegen, keinen sachlichen Grund für eine Befristung darstellen.[216] Die geschuldete Arbeitsleistung des Trainers ergibt sich primär aus dem Arbeitsvertrag bzw. dem sich daraus ergebenden Umfang des Direktionsrechts des Vereins.[217] Sie wird sich im Wesentlichen auf eine möglichst erfolgreiche Unterweisung und Leitung der zu betreuenden Mannschaft erstrecken. Je öffentlichkeitswirksamer der jeweilige Sport ist, desto mehr wird dem Trainer aber auch die Aufgabe (und Pflicht) einer für den Klub positiven Außendarstellung zukommen.[218] Die Erfüllung dieser Aufgabe könnte unter einer schlechten Einstellung der Fans gegenüber dem Trainer leiden. Ein Verschleiß in der Beziehung der Fans zum Trainer kommt typischerweise dann vor, wenn die Mannschaft nicht so spielt, wie es sich der Zuschauer wünscht. In erster Linie soll die Mannschaft aus Sicht des Fans natürlich erfolgreich sein. In dessen Wahrnehmung sind jedoch auch die Spielweise selbst und schlicht menschliche Eigenschaften des Trainers[219] von Bedeutung. Diese „weichen" Faktoren haben aber keinen Einfluss auf die Zulässigkeit einer Befristung. Denn die Zuneigung der Fans ist keine vertraglich geschuldete Leistung des Trainers. In anderen Bereichen des Arbeitslebens sind weiche Faktoren ebenfalls nicht für die Zulässigkeit einer Befristung maßgeblich. Hier ist es dem Arbeitgeber selbstverständlich nicht gestattet, einen Arbeitsvertrag zunächst mit dem Argument zu befristen, dass erst herausgefunden werden muss, wie der neue

---

213 BAG, Urteil v. 19.10.2005 – 7 AZR 31/05, AP TzBfG § 14 Nr. 19; APS/*Backhaus*, § 14 TzBfG, Rn. 12; ErfK/*Müller-Glöge*, § 14 TzBfG, Rn. 16.

214 So auch *Beckmann/Beckmann*, SpuRt 2011, S. 236 (238).

215 *Stückemann/Flesch*, FA 2002, S. 101 (103).

216 KDZ/*Däubler*, § 14 TzBfG, Rn. 16.

217 Vgl. MünchKommBGB/*Müller-Glöge*, § 611, Rn. 1011.

218 *Borggräfe*, S. 19 f., spricht vom sog. „Medientrainer" bzw. „Erfolgstrainer".

219 Man kann dies auch als „Sympathiefaktor" umschreiben.

Arbeitnehmer mit Kunden und Kollegen harmoniert. Dieses Risiko trägt der Arbeitgeber. Der Bewerbungsprozess und die Möglichkeit der Vereinbarung einer Probezeit geben ihm ausreichend Mittel zur Hand, dieses Risiko zu minimieren. Zudem ist bei der Frage, ob ein Sachgrund für eine Befristung gegeben ist, die Einschätzung des Arbeitgebers bei Vertragsschluss maßgeblich.[220] Zu diesem Zeitpunkt wird der Klub aber nicht hinreichend antizipieren können, wie der Trainer bei den Fans ankommt.

Betrachtet man das Beziehungsgeflecht zwischen Trainern und Medien, muss man zu einem ähnlichen Ergebnis kommen. Die Medien haben durchaus die Möglichkeit, erheblichen Einfluss auf die Stimmungslage gegenüber Trainern und in dessen Folge auch gegenüber den Klubs auszuüben. Leidet die Beziehung zwischen dem Trainer und den Medien – verschleißt diese gewissermaßen – kann sich das auch auf die Meinung der (zahlenden) Fans auswirken. Ständige Kritik seitens der Medien kann einen Trainer zudem mürbe machen, insbesondere wenn sie überzogen oder gar ungerechtfertigt ist. Dies wird sich dann, abhängig vom Naturell des Trainers, auch auf dessen Leistungsfähigkeit auswirken. Eine gesunde Beziehung zwischen Trainer und Medien dürfte daher im Interesse eines jeden Vereins sein. Stimmt die „Chemie" nicht mehr, könnte der Verein ein Interesse daran haben, sich schnellstmöglich von dem ungeliebten Trainer zu trennen. Allerdings sind auch das allesamt Umstände, die letztlich außerhalb des Arbeitsverhältnisses liegen und eine Befristung nicht rechtfertigen können, zumal eine Prognose hinsichtlich der Beziehung der Medien zum Trainer bei Vertragsschluss meist unmöglich ist.

Dieses Ergebnis wird durch den bestehenden Grundsatz unterstrichen, dass die Verfolgung von Drittinteressen eine Befristung des Arbeitsvertrages sachlich grundsätzlich nicht rechtfertigen kann.[221] Dieser Grundsatz beruht auf der Fragestellung, ob allgemeine beschäftigungs- und sozialpolitische Erwägungen geeignet sind, die Befristung eines Arbeitsvertrages aus sozialen Gründen sachlich zu rechtfertigen. Dabei steht vornehmlich in Frage, ob Arbeitsverhältnisse mit der Erwägung befristet werden können, auf diese Weise das knapp vorhandene Gut Arbeit im Laufe der Zeit unter mehreren Interessenten verteilen zu können. Bei der hier zu beantwortenden Frage nach der Berücksichtigungsfähigkeit von Interessen der Fans und Medien stehen zwar keine derartigen sozialen Aspekte im Fokus. Wenn aber schon allgemeine beschäftigungs- und sozialpolitische Interessen keinen Einfluss auf die Zulässigkeit von Befristungen haben können, muss dies erst recht für Drittinteressen gelten, die keinen arbeitsmarktpolitischen

220 BAG, Urteil v. 19.10.2005 – 7 AZR 31/05, AP TzBfG § 14 Nr. 19; APS/*Backhaus*, § 14 TzBfG, Rn. 12; ErfK/*Müller-Glöge*, § 14 TzBfG, Rn. 16.

221 Vgl. APS/*Backhaus*, § 14 TzBfG, Rn. 32 f.

Hintergrund haben und bei objektiver Betrachtung auf einer niedrigeren Stufe stehen.

Wie an anderer Stelle bereits ausgeführt, kommt man auch bei einem Vergleich mit dem Institut der Druckkündigung zu keinem anderen Ergebnis.[222] Das Institut der Druckkündigung ist zwar grundsätzlich anerkannt und damit auch die Möglichkeit Dritter, auf den Arbeitsvertrag anderer in gewissem Maße unter Einschränkungen Einfluss zu nehmen. Daraus lässt sich indes kein Argument für eine Befristung herleiten. Der maßgebliche Unterschied ist hierbei in dem Zeitpunkt zu sehen, in dem die Interessen Dritter relevant werden. Während bei der Druckkündigung der Einfluss von dritter Seite bereits offen zu Tage getreten ist und den Arbeitgeber zum handeln zwingt, sind bei Abschluss des befristeten Arbeitsvertrags – und nur darauf kommt es an – die Interessen Dritter noch nicht absehbar.

cc) Insbesondere: Vergleichbarkeit mit dem Unterhaltungsgewerbe / Abwechslungsbedürfnis des Publikums

Dem Trainer im Spitzensport wird aufgrund des prägenden Charakters der kommerziellen Interessen auf das Vertragsverhältnis eine ähnliche Rolle wie Schauspielern und Unterhaltungskünstlern zugesprochen, was sich insbesondere in der dem Trainer gewährten Vergütung zeige und eine Übertragung der in diesem Bereich anerkannten Befristungsgrundsätze rechtfertige.[223] In diesem Bereich ist vom BAG anerkannt, dass befristete Arbeitsverhältnisse sowohl das künstlerische Konzept des Arbeitgebers wie auch das Interesse der Künstler am Erhalt der Freizügigkeit ihres Engagementwechsels berücksichtigen, da durch die Befristungspraxis turnusmäßig an anderen Bühnen freie Arbeitsplätze entstünden. Mit der Befristung sei der Arbeitgeber zudem in der Lage, dem Abwechslungsbedürfnis des Publikums entgegen zu kommen. Deshalb entsprächen befristete Arbeitsverhältnisse dem, was verständige und verantwortungsbewusste Vertragspartner zu vereinbaren pflegen.[224] Zu beachten ist in diesem Zusammenhang, dass in dem Sachgrund der Eigenart der Arbeitsleistung nach § 14 Abs. 1 Satz 2 Nr. 4 TzBfG die Rechtsprechung festgeschrieben wurde, die aus der Rundfunkfreiheit aus Art. 5 Abs. 1 Satz 2 GG das Recht der Rundfunkanstalten ableitet, Programm gestaltende Mitarbeiter (Regisseure, Moderatoren, Kom-

---

222 Siehe unter 1. Teil, III.10.b)dd)(1).

223 MünchKommBGB/*Hesse*, § 14 TzBfG, Rn. 46; allerdings scheint das nach dieser Ansicht nur bei individuell zu betreuenden Spitzensportlern zu gelten.

224 Vgl. BAG, Urteil v. 26.08.1998 – 7 AZR 263/97, AP § 611 BGB Bühnenengagementvertrag Nr. 53; BAG, Urteil v. 21.05.1981 – 2 AZR 1117/78, AP § 611 BGB Bühnenengagementvertrag Nr. 15.

mentatoren, Wissenschaftler, Künstler usw.) aus Gründen der Programmplanung, und aus der Kunstfreiheit nach Art. 5 Abs. 3 Satz 1 GG das Recht der Bühnen ableitet, entsprechend dem vom Intendanten verfolgten künstlerischen Konzept Verträge mit Solisten (Schauspieler, Solosänger, Tänzer, Kapellmeister usw.) befristet abzuschließen.[225]

Zwei gewichtige Aspekte sprechen indes gegen eine Vergleichbarkeit mit dem Unterhaltungsgewerbe. Zum einen lässt sich die Rechtsprechung des BAG zum Bühnenbereich – im Gegensatz zu Spielern – nicht auf Trainer übertragen.[226] So stellt die Rechtsprechung vor allem auf die maßgebliche Bedeutung des Intendanten ab, der für das künstlerische Konzept des Theaters verantwortlich ist und zur Umsetzung neuer künstlerischer Impulse und Ideen auf einen erleichterten Wechsel in der personellen Zusammensetzung seines Ensembles und mithin auf die Möglichkeit der Befristung der Arbeitsverhältnisse angewiesen ist.[227] Bei einer Übertragung dieser Überlegungen auf den professionellen Mannschaftssport nimmt der Trainer gewissermaßen die Rolle des Intendanten ein. Er ist für das sportliche Gesamtkonzept sowie für den sportlichen und damit einhergehend auch den wirtschaftlichen Erfolg seiner Mannschaft verantwortlich. Schon daran scheitert die Übertragung der Rechtsprechung zum Bühnenbereich auf den Trainer. Es geht an dieser Stelle nämlich nicht darum, sich unter erleichterten Bedingungen von den Spielern (Ensemble) trennen zu können, sondern um den erleichterten Wechsel in der Trainerposition (Intendant). Weiter spricht gegen eine Vergleichbarkeit mit dem Unterhaltungsgewerbe, dass den Vereinen, im Gegensatz zu den Rundfunkanstalten und Bühnen, kein besonderes Grundrecht zur Seite steht, das ihren Interessen gegenüber dem Trainer besonderes Gewicht verleiht. Vereine sind eben keine Tendenzbetriebe. Das Grundrecht der Berufsfreiheit aus Art. 12 Abs. 1 GG schützt sowohl die Interessen der Profisportler als auch der Klubs (Unternehmerfreiheit) und schlägt sich nicht zugunsten der einen oder anderen Partei nieder. Die durch Art. 9 Abs. 1 GG geschützte Vereinsautonomie hilft den Vereinen indes auch nicht weiter. Sie schützt in ihrer Eigenschaft als kollektives Freiheitsrecht zwar neben der Entstehung vor allem die Betätigung der Vereine. Denen ist ihre Autonomie aber nicht im eigenen Interesse, sondern im Interesse ihrer Mitglieder gewährt.[228] Auf einen besonderen grundrechtlichen Schutz ihres Interesses an befristeten Verträgen können sich die Vereine gegenüber den Profisportlern also nicht berufen. In etlichen europäischen

225 BT-Drucks. 14/4374 S. 19; *Hromadka*, BB 2001, S. 621 (624).

226 Die Rechtsprechung des BAG zum Bühnen- und Medienbereich wird deshalb im Abschnitt über die befristeten Arbeitsverhältnisse mit Spielern unter 1. Teil, IV.7. näher dargestellt.

227 BAG, Urteil v. 21.05.1981 – 2 AZR 1117/78, AP BGB § 611 Bühnenengagementvertrag Nr. 15.

228 PHB SportR-*Fritzweiler/von Coelln*, 1/22 m.w.N.

Staaten[229] und fast allen Bundesländern[230] ist die Förderung des Sports zwar mittlerweile immerhin eine Staatszielbestimmung. Auch die Europäische Union hat sich die Förderung des Sports nun ausdrücklich auf die Fahnen geschrieben.[231] Auf grundgesetzlicher Ebene existiert aber keine derartige Bestimmung[232], obgleich in regelmäßigen Abständen immer wieder die Erhebung des Sports zum Verfassungsgut diskutiert wird.[233] Einer reinen Staatszielbestimmung kommt aber ohnehin nicht das Gewicht von Grundrechten zu, weshalb sich die Sportklubs selbst bei einer Erhebung der Förderung des Sports zum Staatsziel nicht auf eine, dem Bühnen- oder Medienbereich vergleichbare, besondere Position berufen könnten.

dd) Erfolgsorientierung der Trainertätigkeit / Gefahr nachlassenden Erfolges

(1) Vergleichbarkeit mit den Befristungsgrundsätzen im Bühnenbereich

Teilweise wird die Gefahr nachlassenden Erfolges als Argument für einen Sachgrund angeführt.[234] Nach dieser Ansicht bestehen auch unter diesem Aspekt Parallelen zum künstlerischen Personal an der Bühne, das ebenfalls immer (nur) auf einen Spielplan verpflichtet wird. In diesem Bereich wird der Abschluss von befristeten Arbeitsverhältnissen mit Künstlern von der höchstrichterlichen Rechtsprechung regelmäßig als zulässig erachtet.[235] Dies beruht zum einen auf der notwendigen Gewährleistung der durch Art. 5 Abs. 3 Satz 1 GG geschützten Kunstfreiheit des Arbeitgebers im Bühnenbereich. Zum anderen ist in dem für fast alle Teilbereiche geltenden Tarifvertrag Normalvertrag (NV) Bühne[236] der jahrzehntelange Bühnengebrauch enthalten, solche Arbeitsverträge zu befristen.

---

229 Bulgarien, Griechenland, Kroatien, Litauen, Moldavien, Polen, Portugal, Rumänien, Spanien, Schweiz und Türkei. Vgl. PHB SportR-*Fritzweiler/von Coelln*, 1/3.

230 Mit Ausnahme von Hamburg ist mittlerweile in allen Verfassungen der Bundesländer der Sport in unterschiedlichen Ausprägungen als Staatszielbestimmung aufgenommen worden, vgl. PHB SportR-*Fritzweiler/von Coelln*, 1/4 f. m.w.N.; Adolphsen/Nolte/Lehner/Gerlinger/*Nolte*, SportR, Rn. 57 ff.

231 Art. 165 AEUV.

232 Vgl. Adolphsen/Nolte/Lehner/Gerlinger/*Nolte*, SportR, Rn. 77, der die Aufnahme der Formulierung „Der Bund schützt und fördert den Sport“ als Staatszielbestimmung in das Grundgesetz vorschlägt.

233 Siehe zum Meinungsstand bezüglich einer Erhebung des Sports zur Staatszielbestimmung auf grundgesetzlicher Ebene PHB SportR-*Fritzweiler/von Coelln*, 1/38 f.; vgl. auch *Steiner*, NJW 1991, S. 2729 (2730 f.) und *Humberg*, ZRP 2007, S. 57 ff.

234 KR/*Lipke*, § 14 TzBfG, Rn. 207.

235 MHH/*Meinel*, § 14 TzBfG, Rn. 100 ff. m.z.w.N.; Laux/Schlachter/*Schlachter*, § 14 TzBfG, Rn. 57 f. m.w.N.

236 Vgl. KR/*Lipke*, § 14 TzBfG, Rn. 179.

Richtigerweise wird aber festgestellt, dass den Sportarbeitgebern diesbezüglich der entsprechende verfassungsrechtliche und tarifvertragliche Hintergrund fehlt.[237] Wie bereits ausgeführt[238] steht den Vereinen im Gegensatz zu den Rundfunkanstalten und Bühnen neben der unternehmerischen Berufsfreiheit aus Art. 12 Abs. 1 GG eben kein spezielles Grundrecht zur Seite, das ihren Interessen gegenüber den Profisportlern besonderes Gewicht verleihen könnte. Tarifvertragliche Regelungen, aus denen sich ein gewachsenes und von den Tarifvertragsparteien auf Augenhöhe ausverhandeltes Interessengleichgewicht ergeben könnte, fehlen gänzlich.

(2) Verlagerung des Unternehmerrisikos

Freilich kann nicht unbeachtet bleiben, dass die Trainertätigkeit in höchstem Maße erfolgsorientiert ist. Hat die Mannschaft nicht den gewünschten Erfolg bzw. erreicht sie nicht die von der Vereinsführung ausgegebenen Ziele, fällt dies unweigerlich früher oder später auf den Trainer zurück. Dieser Umstand steht in einem Spannungsverhältnis zum Arbeitsvertrag des Trainers, der gemäß § 611 BGB eben „nur" eine Dienstleistung zu erbringen hat, aber keinen Erfolg schuldet.[239] Der Erfolg der Trainerarbeit ist nach dem zugrunde liegenden Vertragstypus zwar nicht geschuldet, ist aber dennoch objektive Grundlage des Vertrags.[240] Das Risiko des unternehmerischen Erfolgs oder Misserfolgs hat aber grundsätzlich der Verein zu tragen. Man muss sich fragen, ob dieses Erfolgsrisiko über die Hintertür der Befristung auf den Trainer übertragen werden darf. Andererseits wird ein erfolgloser Trainer seinerseits kein gesteigertes Interesse an einer Fortführung des Arbeitsverhältnisses haben. Schließlich hängt nicht zuletzt auch sein eigenes berufliches Fortkommen von den Erfolgen ab, die er mit der Mannschaft erreicht. Oftmals bietet sich daher in der Praxis unabhängig davon, ob ein unbefristeter oder befristeter Vertrag die Grundlage der Zusammenarbeit ist, die einvernehmliche Aufhebung des Arbeitsverhältnisses durch einen Aufhebungsvertrag an. Dies ändert indes nichts an der Einschätzung, dass die besondere Erfolgsorientierung der Trainertätigkeit bzw. die Gefahr nachlassenden Erfolges allein eine Befristung nicht rechtfertigen kann.[241] Bekräftigt wird dieses Ergebnis dadurch, dass der Erfolg des Trainers weder bei Vertragsschluss konkret genug

---

237 KR/*Lipke*, § 14 TzBfG, Rn. 207.

238 1. Teil, III.10.c)cc).

239 So auch *Blang*, S. 165.

240 *Beathalter*, in: Sportler, Arbeit und Statuten, S. 27 (38).

241 i.E. so auch Tschöpe/*Schmalenberg*, Teil 1 E, Rn. 103, der dies damit begründet, dass der Leistungserfolg zu unpräzise ist und daher für sich genommen als Befristungsgrund ungeeignet ist.

bestimmbar, noch im Nachhinein justiziabel ist.[242] Denn selbst bei Nichterreichung der vereinbarten Ziele kann die Arbeit des Trainers erfolgreich gewesen sein, wenn das Ziel beispielsweise trotz erheblicher verletzungsbedingter Ausfälle von Spielern nur knapp verfehlt wurde, etwa statt des Meistertitels lediglich der zweite oder dritte Rang erreicht werden konnte.[243]

Gleichwohl bleibt festzuhalten, dass die besondere Erfolgsorientierung der Trainertätigkeit eine von den üblichen Arbeitsverhältnissen abweichende Regelung erfordert, die diesem Aspekt gerecht wird. Dafür bedarf es wegen des Bestandsschutzinteresses des Trainers zusätzlicher Gründe die es rechtfertigen, das unternehmerische Risiko des Vereins auf den Trainer zu übertragen.

(3) Ausweg: Bedingter Fortsetzungsanspruch?

Vor dem Inkrafttreten des TzBfG wurde für befristete Trainerverträge eine Vertragsgestaltung vorgeschlagen, die das Bestandsschutzinteresse der Trainer durch die Aufnahme eines Fortsetzungsanspruchs in den befristeten Vertrag berücksichtigt.[244] In dem Fall, dass der befürchtete Verlust an Motivationskraft nicht eintritt, sondern vielmehr ausreichende Trainingserfolge feststellbar sind, hätte der Trainer dann einen Anspruch auf Fortsetzung des Arbeitsverhältnisses. Wie bereits dargestellt, gibt die Befristung dem arbeitgebenden Klub eine überschießende Macht in die Hand.[245] Wegen der schon bei Vertragsschluss vorzunehmenden Prognose kann sich der Klub auch dann von seinem Trainer trennen, wenn sich der Befristungsgrund – beispielsweise ein Verschleiß – gar nicht realisiert hat. Ein vertraglich vereinbarter Fortsetzungsanspruch könnte dieses Ungleichgewicht grundsätzlich abmildern. Allerdings bestehen hier für den Trainer ähnliche Beweisschwierigkeiten wie bei einer Kündigung für den Verein. Die vereinbarten Leistungsziele müssten deshalb exakt konkretisiert werden, damit der Trainer den Bedingungseintritt im Streitfalle auch beweisen kann. Das setzt voraus, dass sich die Parteien vor Beginn des Fristlaufs auf ein objektivierbares und auch realistisches Trainingsziel einigen.[246] Schon an diesem Punkt greift gegebenenfalls die Vertragskontrolle anhand der §§ 305 ff. BGB, wenn dem Trainer unerreichbare oder nicht hinreichend konkretisierte Ziele vorgegeben werden.

Der Konstruktion eines bedingten Fortsetzungsanspruchs stehen indes noch von anderer Seite Bedenken entgegen. Da die Vereinbarung eines bedingten

---

242 *Blang*, S. 165; dahingehend auch *Zindel*, S. 122.

243 Vgl. *Blang*, S. 165; *Zindel*, S. 121; *Beathalter*, in: Sportler, Arbeit und Statuten, S. 27 (40).

244 *Dieterich*, NZA 2000, S. 857 (862).

245 *Dieterich*, Fn. 244, spricht von einem überschießenden Effekt.

246 *Dieterich*, NZA 2000, S. 857 (862).

Fortsetzungsanspruchs im Ergebnis das prozessuale Risiko auf den Arbeitnehmer verlagert, stellt sich auch hier die Frage nach der AGB-rechtlichen Zulässigkeit einer solchen Vereinbarung. Es könnte sich dabei um eine Vertragsbedingung handeln, die den Arbeitnehmer unangemessen benachteiligt. Schließlich obliegt es beim befristeten Vertrag dem Arbeitgeber, das Vorliegen eines Sachgrundes und damit die Zulässigkeit der Befristung zu beweisen.[247] Durch die Vereinbarung und Anerkennung eines bedingten Fortsetzungsanspruchs würde dies im Ergebnis umgekehrt. Plötzlich hätte der Trainer den Nachweis zu erbringen, dass er die festgelegten Ziele erreicht hat und damit einen Anspruch auf Fortsetzung des Vertragsverhältnisses hat. Damit würde der Trainer das Prozess- bzw. Kostenrisiko tragen. Kann er den Nachweis der Zielerreichung nicht zur Überzeugung des Gerichts führen, verliert er den Prozess und hat grundsätzlich sämtliche Gerichts- und Anwaltskosten zu tragen. Diese Unwägbarkeiten könnten den Trainer gegebenenfalls sogar ganz davon abhalten, ein Gerichtsverfahren zur Durchsetzung seines Fortsetzungsanspruchs anzustrengen. Diese Situation ist in gewisser Hinsicht vergleichbar mit Beweislastvereinbarungen, die gemäß § 309 Nr. 12 BGB zur Unwirksamkeit solcher Klauseln führen. Die Grundsätze über die Beweislastverteilung entscheiden über das Prozessergebnis, wenn bestritten gebliebene Tatsachen nicht bewiesen werden können.[248] Sie sind in besonderem Maße Ausprägungen des Gerechtigkeitsgebots.[249] § 309 Nr. 12 BGB verbietet deshalb umfassend Beweislastregelungen in AGB, durch die der Verwender die nach Gesetz und Gerichtspraxis bestehende Beweislage zum Nachteil des anderen Vertragsteils verändert.[250] Der Begriff der Änderung der Beweislast erfasst nicht nur alle Abweichungen von gesetzlichen oder richterrechtlichen Regeln zur Beweislastverteilung sondern auch den Versuch des Verwenders, die Beweisposition des Vertragspartners zu verschlechtern.[251] Durch die Aufnahme eines bedingten Fortsetzungsanspruchs in den Vertrag wird freilich nicht direkt die Beweisposition des Trainers verschlechtert. Der Verein hat weiterhin das Vorliegen eines Sachgrundes für die Befristung zu beweisen. Daran ändert ein Fortsetzungsanspruch zunächst nichts. Insoweit kann § 309 Nr. 12 BGB nicht greifen. Die Verlagerung des Prozessrisikos setzt indes schon vorher an, indem der Trainer eine Rechtsposition – nämlich das Erreichen der vertraglich vereinbarten Ziele – beweisen muss, um eine Vertragsverlängerung zu erreichen, obschon der Verein sonst überhaupt erstmal die Zulässigkeit der Befristung beweisen müsste. Die Vereinbarung eines Fortsetzungsanspruchs zugunsten des Trai-

247 ErfK/*Müller-Glöge*, § 17 TzBfG, Rn. 13,14; KDZ/*Däubler*, § 14 TzBfG, Rn. 101, 192c, d.

248 Wolf/Lindacher/Pfeiffer/*Dammann*, § 309 Nr. 12 BGB, Rn. 1-9.

249 BGH, Urteil v. 5. 10. 2005 – VIII ZR 16/05, NJW 2006, S. 47 (49).

250 Ulmer/Brandner/Hensen/*Habersack*, § 309 Nr. 12 BGB, Rn. 1.

251 Wolf/Lindacher/Pfeiffer/*Dammann*, § 309 Nr. 12 BGB, Rn. 10.

ners als Ausgleich für sein eingeschränktes Bestandsschutzinteresse soll die Befristung ja überhaupt erst ermöglichen. Der grundsätzliche Vorteil eines Fortsetzungsanspruchs relativiert sich aufgrund der Verlagerung prozessualer Risiken aber völlig. Insofern liegt es nahe, einen bedingten Fortsetzungsanspruch zumindest wegen Verstoßes gegen die Generalklausel des § 307 Abs. 1 Satz 1 BGB als unwirksam anzusehen. Denn durch die Aufnahme einer Fortsetzungsklausel kann nicht vom Sachgrunderfordernis abgewichen werden.

ee) Zusammenfassung

Zusammenfassend lässt sich festhalten, dass keines der dargestellten Argumente für sich allein gesehen eine Befristung nach § 14 Abs. 1 TzBfG rechtfertigen kann. Den verschiedenen Argumenten für eine Sachgrundbefristung von Trainerverträgen kommt gleichwohl höchst unterschiedliches Gewicht zu. Während manche Gründe, wie etwa die besondere Erfolgsorientierung des Profisports oder die faktische Unkündbarkeit der Trainer bei Anwendung des KSchG, zumindest die Notwendigkeit einer Befristungsmöglichkeit aufzeigen, sind andere Argumente, wie etwa die Gehaltshöhe oder die Verschleißgefahr im Verhältnis des Trainers zu Fans und Medien, alleine betrachtet durchweg ungeeignet, eine Befristung zu rechtfertigen.

11. Lösungsansätze im Schrifttum

Im Schrifttum werden verschiedene Lösungsansätze angeboten, um der ungewissen Rechtslage hinsichtlich befristeter Trainerverträge zu begegnen. So wird der Ansatz verfolgt, eine Lösung des Problems über den Weg einer Abwägung der widerstreitenden Interessen im Einzelfall zu finden.[252] Das Erfordernis einer Interessenabwägung ergebe sich schon aus der Formulierung des Gesetzes, indem der Gesetzgeber das Wort „rechtfertigt“ in § 14 Abs. 1 Satz 2 Nr. 4 TzBfG verwendet.[253] Dafür spreche auch die Entstehungsgeschichte der Vorschrift. So habe der Gesetzgeber ausweislich der Gesetzesbegründung bei der Schaffung des § 14 Abs. 1 Satz 2 Nr. 4 TzBfG an die Befristungsmöglichkeiten von Rundfunkanstalten und Bühnen gedacht. Bei der Befristung von Arbeitsverträgen mit programmgestaltenden Mitarbeitern von Rundfunkanstalten habe aber nach einhelliger Ansicht von BAG und Literatur eine Interessenabwägung im Einzellfall zu erfolgen. Insoweit sei die Übertragung dieser Rechtsprechung auf die anderen

252 *Karsch*, S. 187 f.
253 *Karsch*, S. 188.

Fälle der Befristung aufgrund der Eigenart der Arbeitsleistung im Wortlaut der Norm angelegt und vom Gesetzgeber gewollt. Dabei könne die Abwägung aber nicht für einen ganzen Berufsstand erfolgen, wie es der Wortlaut der Vorschrift vermuten lasse. Im Ergebnis hält diese Ansicht die Befristungspraxis der Trainerverträge in der Fußballbundesliga nach einer Gesamtabwägung zurzeit für zulässig.

Ein ähnlicher Lösungsansatz kritisiert, dass in den Erläuterungen der Literatur der Anwendungsbereich des § 14 Abs. 1 Satz 2 Nr. 4 TzBfG nicht hinreichend deutlich bestimmt wird.[254] Wie treffend festgestellt wird, werden zumeist lediglich Beispielsfälle genannt, für die eine Befristung in Betracht kommen soll. Die Ansicht nähert sich der Frage der Zulässigkeit der Befristung nach § 14 Abs. 1 Satz 2 Nr. 4 TzBfG über die Konkretisierung des Begriffs der „Eigenart der Arbeitsleistung" an. Es wird dabei versucht, Bedeutung und Reichweite und folglich auch die Anwendbarkeit dieses Befristungsgrundes ausführlich mit Hilfe der Auslegungsregeln zu ermitteln. Dieser Ansicht nach ist dem Merkmal „eigenartige Arbeitsleistung" wegen des Bedeutungszusammenhangs von § 14 Abs. 1 Satz 2 Nr. 4 TzBfG zu § 1 KSchG ein sehr enges Verständnis zuzumessen.[255] Eine Abweichung von dem im KSchG geregelten Interessenausgleich über den Weg der Befristung gestatte sich daher lediglich ausnahmsweise im Falle einer atypischen Arbeitsleistung, deren Vorhandensein sich durch eine Abwägung der jeweiligen, die Arbeitsleistung prägenden Interessen ergebe. Insoweit komme es darauf an, dass das Bestandsschutzinteresse des Trainers gegenüber dem im KSchG geregelten Interessensausgleich geringer ist. Demnach könne eine Abwägung grundsätzlich zugunsten einer Befristung nach § 14 Abs. 1 Satz 2 Nr. 4 TzBfG ausfallen, wenn dem geringeren Bestandsschutzinteresse des Trainers ein erhöhtes Befristungsinteresse des Vereins und zusätzlich öffentliche- und Medieninteressen gegenüberstünden.[256]

Beiden Lösungsansätzen ist gemein, dass sie zu einer Abwägung der widerstreitenden Interessen im Einzelfall führen. Aus diesem Ergebnis kann zwar eine Tendenz für oder gegen die Zulässigkeit befristeter Trainerverträge gewonnen werden. Dieses Vorgehen führt indes wegen nicht hinreichend verallgemeinerungsfähiger Aussagen zu erheblicher Rechtsunsicherheit und trägt deshalb den Bedürfnissen der Praxis nach einer belastungsfähigen Rechtslage ohne Fokus auf den Einzelfall nicht ausreichend Rechnung. Zumindest bedarf es handfester und gleich bleibender Kriterien, an denen sich die Praxis für die Vertragsgestaltung orientieren kann.

---

254 *Zindel*, S. 258.
255 *Zindel*, S. 401.
256 *Zindel*, S. 401.

12. Ergebnis zu III.

Im professionellen Mannschaftssport ist die Befristung von Arbeitsverträgen mit Trainern aus mehreren Gründen möglich. Im Feld der sachgrundlos zulässigen Befristungen kommt grundsätzlich die Neueinstellungsbefristung (§ 14 Abs. 2 TzBfG) und die Altersbefristung (§ 14 Abs. 3 TzBfG) in Betracht.

Im Bereich der Sachgrundbefristung gestaltet es sich überwiegend als schwierig, die Befristung von Trainerverträgen zu rechtfertigen. In engen Grenzen sind Vertretungsbefristungen (§ 14 Abs. 1 Satz 2 Nr. 3 TzBfG) und Erprobungsbefristungen (§ 14 Abs. 1 Satz 2 Nr. 5) möglich. Deren praktische Relevanz ist aufgrund der den Normen immanenten Einschränkungen allerdings nicht besonders hoch. Folglich besteht ein erhebliches Interesse, die Trainerverträge auf der Grundlage anderer Sachgründe zulässig befristen zu können. Zur Rechtfertigung der Befristung wird bis dato der Einfachheit halber deshalb regelmäßig auf den Sachgrund der Eigenart der Arbeitsleistung (§ 14 Abs. 1 Satz 2 Nr. 4 TzBfG) zurückgegriffen. Die hierzu diskutierten einzelnen Gründe haben jedoch allesamt nicht das erforderliche Gewicht, eine Befristung zu rechtfertigen. Dies gilt insbesondere auch für die unter dem Begriff des Verschleißtatbestands angeführten Sachgründe. Unproblematisch zulässig ist nur eine Befristung auf ausdrücklichen Wunsch des Trainers (§ 14 Abs. 1 Satz 2 Nr. 6 TzBfG). Gleichwohl bestehen hier praktische Unsicherheiten hinsichtlich einer ausreichenden Dokumentation und Nachweisbarkeit dieses Wunsches. Dass die Befristung von Trainerverträgen dennoch grundsätzlich als zulässig angesehen werden kann, zeigen die folgenden Ausführungen unter 1. Teil, V.

IV. Sachgrundbefristung von Arbeitsverhältnissen mit Spielern

1. Hintergrund

Im Profifußball werden Verträge mit Spielern überwiegend mit langen Laufzeiten befristet.[257] Mit steigendem Alter der Spieler verringert sich die Befristungslänge dann gewöhnlich. Diese geläufige Befristungspraxis ist eine Reaktion der Vereine auf die Entscheidung des EuGH im Fall des belgischen Berufsfußballers

257 Die Spieler-Verträge werden – wie die Verträge mit Trainern – generell nur befristet abgeschlossen. Diese ausschließliche Praxis bringen schon die Musterverträge des DFB (Stand 07/2012) sowie der DFL (abgedruckt in PHB SportR, Anhang C.2.) zum Ausdruck, die lediglich einen befristeten Arbeitsvertrag vorsehen. Vgl. auch *Partikel*, B. I. 2.; *Hümmerich*, § 1, Rn. 250.

Jean-Marc Bosman (sog. Bosman-Urteil)[258]. In dem Urteil stellte der EuGH fest, dass Sportler nach Beendigung ihres Vertragsverhältnisses den Verein innerhalb der EU wechseln dürfen, ohne dass die Vereine ein Anrecht auf Zahlung einer Ablösesumme gegen den neuen Verein des Sportlers haben. Mit dieser Entscheidung wurde das bis dahin herrschende System der Transferzahlungen obsolet.[259] Kurz nach dem Bosman-Urteil des EuGH entschied das BAG im Fall des Berufs-Eishockeyspielers Kienass, dass die bis dahin im deutschen Eishockeysport geltende Transferentschädigungsregelung, nach der – ähnlich der dem Bosman-Urteil zugrunde liegenden Verbandsregel – eine Entschädigung auch dann verlangt werden konnte, wenn das Arbeitsverhältnis mit dem abgebenden Verein bereits beendet war, wegen Verstoßes gegen die guten Sitten nach § 138 BGB i.V.m. Art. 12 Abs. 1 GG nichtig ist.[260] Die Vereine mussten sich zur Sicherung ihrer Finanzierung durch den Ablösehandel also neue Strategien überlegen. Als Lösung hat sich in der Praxis der Abschluss von befristeten Verträgen mit langen Laufzeiten herausgebildet, wobei das Recht zur ordentlichen Kündigung im Vertrag regelmäßig nicht – wie nach der Regelung des § 15 Abs. 3 TzBfG erforderlich – einzelvertraglich vereinbart ist. Dadurch können die Vereine weiterhin Ablösezahlungen erreichen. Möchte ein anderer Verein den Spieler in seine Dienste stellen, bevor dessen befristeter Vertrag ausläuft, muss er dem bisherigen Verein für dessen Zustimmung zu einem Aufhebungsvertrag eine Zahlung leisten.[261]

Die Frage der Zulässigkeit eines befristeten Arbeitsvertrages wird – wie bei Trainern – auch bei Spielern regelmäßig unter den Sachgrund der Eigenart der Arbeitsleistung gemäß § 14 Abs. 1 Satz 2 Nr. 4 TzBfG verortet.[262] Dabei gilt es zu klären, worin die Eigenart der Arbeitsleistung im professionellen Mannschaftssport besteht, und ob dieser normierte Sachgrund die Befristung von Arbeitsverhältnissen mit Spielern rechtfertigen kann. Im Schrifttum wird eine Vielzahl verschiedener Gründe und Argumente angeführt, die eine Befristung von Spielerverträgen wegen der Eigenart der Arbeitsleistung rechtfertigen sollen. Bis heute existiert soweit ersichtlich keine höchstrichterliche Rechtsprechung zur

258 EuGH, Urteil v. 15.12.1995 – Rs. C-415/93, Slg. 1995, I-4921 Rn. 127 = NZA 1996, S. 191 ff. = NJW 1996, S. 505 ff.

259 Eine zusammenfassende Darstellung der Transferpraxis vor und nach dem Bosman-Urteil findet sich bei *Kelber*, NZA 2001, S. 11 f.; zur Entschädigungsregelung im internationalen Spielertransfer nach dem Bosman-Urteil siehe *Oberthür*, NZA 2003, S. 462 ff.; ausführlich zur Geschichte und dem Hintergrund des Bosman-Urteils *Blanpain*, AuR 1996, S. 161 ff.

260 BAG, Urteil v. 20.11.1996 – 5 AZR 518/95, NZA 1997, S. 647 ff.

261 Siehe dazu auch *Wertenbruch*, in: FS Röhricht, S. 1299.

262 Vgl. statt vieler nur BeckOK ArbR/*Bayreuther*, § 14 TzBfG, Rn. 56 (Stand: 01.09.2012).

Zulässigkeit von befristeten Arbeitsverhältnissen mit Spielern.[263] Dieser Umstand macht es erforderlich, die Zulässigkeit von befristeten Spielerverträgen einer Untersuchung zu unterziehen und den Versuch zu unternehmen, den Arbeitsvertragsparteien im professionellen Mannschaftssport dadurch mehr Rechtssicherheit bei Befristungen geben zu können.

Im Folgenden werden nach den Befristungsmöglichkeiten gemäß § 14 Abs. 1 Satz 2 TzBfG die verschiedenen im Schrifttum angeführten Argumente für die Zulässigkeit von befristeten Arbeitsverträgen mit Spielern dargestellt und untersucht, ob sie jeweils eine Befristung rechtfertigen können.

2. Vertretung (§ 14 Abs. 1 Satz 2 Nr. 3 TzBfG)

Ähnlich der Situation bei Trainern[264] kommt bei Spielern eine Vertretungsbefristung nach § 14 Abs. 1 Satz 2 Nr. 3 TzBfG nur in seltenen Fällen in Betracht.[265] Relevant kann dieser Befristungsgrund beispielsweise werden, wenn ein Spieler vorübergehend wegen lang anhaltender Krankheit oder aufgrund einer verhängten Vereins- oder Verbandssperre[266] an der Teilnahme am Spielbetrieb verhindert und dessen Spielposition im Kader nicht doppelt besetzt ist bzw. mangels Eignung nicht von einem anderen Spieler eingenommen werden kann. Die Zulässigkeit des Abschlusses eines befristeten Vertrages zur Überbrückung der Zeit bis zum Arbeitsbeginn eines, beispielsweise erst für die neue Spielsaison verpflichteten, neuen Spielers (Überbrückungsbefristung) ist dagegen abzulehnen. Denn der Rechtfertigungsgrund für eine Vertretungsbefristung liegt in der rechtlichen Bindung des Arbeitgebers an einen vorübergehend ausfallenden Mitarbeiter. Die von der Rechtsprechung in Einzelfällen zugelassene Überbrückungsbefristung bei der beabsichtigten späteren Einstellung von eigenen Auszubildenden kann wegen der völlig unterschiedlichen Interessenlagen nicht auf das Verhältnis zwischen Spieler und Verein übertragen werden.[267]

3. Erprobung (§ 14 Abs.1 Satz 2 Nr. 5 TzBfG)

Zulässig ist nach § 14 Abs. 1 Satz 2 Nr. 5 TzBfG eine Befristung zur Erprobung. Dieser Befristungsgrund hat nicht zuletzt wegen der Möglichkeit einer sach-

---

263 Vgl. APS/*Backhaus*, § 14 TzBfG, Rn. 298.

264 Vgl. dazu die Ausführungen unter 1. Teil, III.1.

265 Siehe auch *Beckmann/Beckmann*, SpuRt 2011, S. 236 (237) mit weiteren Beispielen.

266 Siehe allgemein zu Vereins- und Verbandsstrafen im Fußballsport *Orth*, S. 1 ff.

267 Siehe dazu die Darstellung der Rspr. unter 1. Teil, III.1.b).

grundlosen Befristung nach § 14 Abs. 2 TzBfG keine große Bedeutung. Denn Erprobungszweck und Erprobungsdauer müssen in einem angemessenen Verhältnis stehen.[268] Im Allgemeinen wird die Dauer der Erprobung in Anlehnung an § 1 Abs. 1 KSchG und der Kündigungsfristenregelung für Kündigungen während der Probezeit gemäß § 622 Abs. 3 BGB sechs Monate nicht überschreiten dürfen.[269] Da nach § 14 Abs. 2 Satz 1 TzBfG eine sachgrundlose Befristung bei sog. Neueinstellungen bis zur Gesamtdauer von 2 Jahren zulässig ist, kommt der Befristung zur Erprobung daher nur bei einer Vorbeschäftigung Bedeutung zu. Außerdem setzt dieser Sachgrund voraus, dass der Arbeitgeber eine längerfristige, nur im Wege der Kündigung zu beseitigende arbeitsvertragliche Bindung im Falle der Bewährung beabsichtigt.[270] Allein schon an dieser Voraussetzung scheitert dieser Befristungsgrund – wie bei Trainerverträgen – auch bei Spielerverträgen in der überwiegenden Mehrzahl der Fälle.

4. Ernsthafter Wunsch des Spielers als Rechtfertigungsgrund (§ 14 Abs. 1 Satz 2 Nr. 6 TzBfG)

Wie bei Trainern[271] ist eine Befristung von Spielerverträgen zulässig, wenn ein eigener, ernsthafter Wunsch des Spielers besteht, sich nur auf Zeit binden zu wollen und er von sich aus nur den Abschluss eines befristeten Vertrages angestrebt hat.[272] Freilich dürfte dies eher die Ausnahme sein.[273]

Dem tatsächlichen Problem der Nachweisbarkeit dieser Voraussetzungen kann durch die schriftliche Fixierung des Wunsches im Arbeitsvertrag oder dessen Beifügung zum Arbeitsvertrag begegnet werden.

5. Weitere Sachgründe nach § 14 Abs. 1 Satz 2 TzBfG

Hinsichtlich der übrigen normierten Sachgründe nach § 14 Abs. 1 Satz 2 TzBfG, wie der Erstanstellungsbefristung[274] (§ 14 Abs. 1 Satz 2 Nr. 2 TzBfG), der Be-

---

268 Schaub/*Koch*, § 40, Rn. 34.

269 ErfK/*Müller-Glöge*, § 14 TzBfG, Rn. 49; Schaub/*Koch*, § 40, Rn. 34.

270 APS/*Backhaus*, § 14 TzBfG, Rn. 257.

271 Siehe dazu die Ausführungen unter 1. Teil, III.3.

272 H.M., vgl. nur BAG, Urteil v. 26.04.1985 – 7 AZR 316/84, EzA § 620 BGB Nr. 74; ErfK/*Müller-Glöge*, § 14 TzBfG, Rn. 61.

273 So mit Verweis auf die Beendigungsmöglichkeiten im Rahmen eines regulären Arbeitsverhältnisses zu recht auch *Beckmann/Beckmann*, SpuRt 2011, S. 236 (240).

274 Siehe für den Bereich des professionellen Jugendfußballs *Nesemann*, S. 82 f., der diese Befristungsmöglichkeit in der Regel nicht für möglich hält, da während der Ausbildung die Beschäf-

fristung aus Haushaltsmitteln (§ 14 Abs. 1 Satz 2 Nr. 7 TzBfG) und der Befristung aufgrund eines gerichtlichen Vergleichs (§ 14 Abs. 1 Satz 2 Nr. 8 TzBfG) ergeben sich keine Abweichungen im Vergleich zur Befristung von Trainerverträgen.[275] Die Ausführungen dazu sind entsprechend auf befristete Spielerverträge anzuwenden. Im Ergebnis haben diese Sachgründe keine praktische Relevanz.

6. Höhe des Gehalts

Erwägen könnte man auch bei Spielern, ob die Höhe des Gehalts als Sachgrund für die Befristung dienen kann.

Es wird vertreten, dass die Befristung von Arbeitsverträgen mit (Bundesliga-) Spielern im Gegensatz zur Befristung mit Trainern nicht gerechtfertigt ist[276], weil Trainern außerordentlich hohe Gehälter bezahlt werden, sie mithin eine Art „Prekariatsprämie“ erhalten. Diese Ansicht überzeugt schon deshalb nicht, da auch bei Spielern der Abschluss eines befristeten Vertrags oftmals mit einem höheren Gehalt abgegolten wird. Zu berücksichtigen ist aber auch, dass in anderen Sportarten als dem Profifußball weit niedrigere Gehälter gezahlt werden.

Im Übrigen gilt hier nichts anderes als das bereits zu Trainern Gesagte[277]: Zum einen ist der Befristungsschutz nicht abkaufbar; zum anderen ergeben sich schlicht praktische Probleme bei der Festlegung der Gehaltsschwelle, ab der die Befristung letztendlich gerechtfertigt sein soll.

Die Höhe des Gehalts ist wie bei Trainern – zumindest alleine – kein tauglicher Sachgrund, der eine Befristung zu rechtfertigen vermag.

7. Vergleichbarkeit mit dem Unterhaltungsbereich / Abwechslungsbedürfnis des Publikums

a) Meinungsstand

Als andere denkbare Sachgründe werden die Vergleichbarkeit des Profisports mit dem Unterhaltungsbereich sowie das Abwechslungsbedürfnis des Publikums diskutiert. Manche erkennen die Befristungen von Verträgen mit Sportlern an und begründen dies mit der Nähe des professionellen Sports zum Unterhaltungs-

---

tigung meist gegen Entgelt erfolgt, diese gegenüber dem Ausbildungszweck vorrangig ist, und daher bereits ein Arbeitsverhältnis vorliegt.

275 Siehe dazu 1. Teil, III.4.

276 KDZ/*Däubler*, KSchR, § 14 TzBfG, Rn. 80.

277 Siehe dazu 1. Teil, III.6.

bereich, in dem mit Rücksicht auf das Abwechslungsinteresse des Publikums ein Bedarf an personellem Wechsel bestehe.[278] Das Innovationsbedürfnis des Publikums soll ein Sachgrund für die Befristung sein, wenn man davon ausgeht, dass die Profisportler ebenso wie Bühnenkünstler ihr Tun in erster Linie um der Publikumsgunst willen erbringen.[279] Die Situation der Profisportler sei außerdem ähnlich zu bewerten wie von Solisten im Bühnenbereich.[280] Es wird zudem argumentiert, dass der durch starke kommerzielle Interessen geprägte Spitzensport der Unterhaltungsbranche derart nahe steht, dass eine unterschiedliche Behandlung der Akteure nicht mehr gerechtfertigt ist. Es wird deshalb für eine Übertragung der in diesem Bereich anerkannten Befristungsgrundsätze plädiert.[281] Teilweise wird sogar die bloße Ausübung des Sports selbst als Sachgrund gewertet, wenn behauptet wird, die Sportausübung als solche sei kein eigenständiger Sachgrund. Es müsse vielmehr ein anderer Sachverhalt, wie etwa das Interesse des Arbeitgebers am Innovationsbedürfnis des Publikums, ähnlich wie bei Bühnenkünstlern, hinzutreten.[282] Es werden auch Parallelen in der Tätigkeit eines Berufsfußballspielers mit der Tätigkeit eines programmgestaltenden Mitarbeiters oder eines Theaterkünstlers gesehen.[283] Hier wie dort soll ein erhöhtes Bedürfnis an Flexibilität herrschen.[284] Die Flexibilitätsgesichtspunkte sollen bei einer zu langen Ausdehnung der Vertragslaufzeit allerdings in den Hintergrund treten, was in letzter Konsequenz gemäß § 16 Satz 1 TzBfG zu einem auf unbestimmte Zeit geschlossenen Arbeitsvertrag mit der Möglichkeit der ordentlichen Kündigung durch den Spieler führen können soll.[285] Hinsichtlich der Befristungsdauer ist jedoch zu vergegenwärtigen, dass das Gesetz mit der Regelung des § 15 Abs. 4 TzBfG eine Höchstbefristung von fünf Jahren für zulässig erachtet.

---

278 Vgl. Laux/Schlachter/*Schlachter*, § 14, Rn. 60; MHH/*Meinel*, § 14 TzBfG, Rn 123; Arnold/Gräfl/*Gräfl*, § 14 TzBfG, Rn. 130; dahingehend wohl auch DFL/*Schüren*, § 14 TzBfG, Rn. 30; *Küpperfahrenberg*, S. 90; *Kania/Moritz*, JuS 1996, S. 517 (518 f.); so i.E. auch *Bepler*, in: Sportler, Arbeit und Statuten, S. 43 (60), der dies unter den Begriff Verschleißtatbestand fasst.

279 *Lakies*, Rn. 295f., der es aber sogleich wohl doch nicht für nachvollziehbar hält, warum dies eine Befristung rechtfertigen sollte, vor allem wenn der betreffende Sportler erfolgreich für den Verein tätig ist.

280 KR/*Lipke*, § 14 TzBfG, Rn. 209; MünchKommBGB/*Hesse*, § 14 TzBfG, Rn. 46; Moll/*Schulte*, § 38, Rn. 48.

281 MünchKommBGB/*Hesse*, § 14 TzBfG, Rn. 46; es wird jedoch nicht ganz klar, ob sich *Hesse* lediglich auf einzelne Spitzensportler oder auch auf Mannschaftssportler bezieht.

282 *Dörner*, Der befristete Arbeitsvertrag, Rn. 397.

283 *Schamberger*, SpuRt 2002, S. 228 (230).

284 *Schamberger*, SpuRt 2002, S. 228 (230).

285 *Schamberger*, SpuRt 2003, S. 52 (54).

Auch das LAG Nürnberg[286] hat in einem Urteil vom 28.03.2006 ausgeführt, dass als Sachgrund für die Befristung eines Arbeitsvertrages mit einem Profifußballer unter anderem das Abwechslungsbedürfnis des Publikums in Betracht kommt. Ohne nähere Begründung stellte das Gericht fest, dass die Parteien bei Vertragsschluss berechtigterweise davon ausgehen konnten, dass nach einer gewissen Zeit das Publikum eine Änderung der Fußballshow wünscht und einen anderen Spieler sehen möchte.[287] Wie viele Beispiele zeigen, ist das Publikum aber nicht zwingend an einer Änderung der Fußballshow durch Auswechslung der Spieler interessiert. So wird zu recht auch darauf hingewiesen, dass es dem Verein und den Zuschauern von Sportveranstaltungen eher um den Erfolg im Wettkampf geht als um Abwechslung.[288] Die Beliebtheit eines Sportlers bei seinen Fans wächst mit dem Erfolg und der Dauer der Mannschaftszugehörigkeit, ein Gewöhnungseffekt wird sich dann eher nicht einstellen.[289] Zu berücksichtigen ist zudem das integrative Moment einer – mehr oder weniger – konstanten Mannschaftszusammensetzung. Denn das Publikum wünscht zwar abwechselnde Gegner, es kann aber nur bei einer über einen gewissen Zeitraum im Großteil gleichen Mannschaftszusammensetzung das für eine Identifikation mit dem Klub nötige Vertrauensverhältnis aufbauen.[290] Anders als im Bühnenbereich haben die Fans in aller Regel ein Interesse an der Beibehaltung vertrauter Gesichter, was sich auch daran zeigt, dass der Wechsel eines Spielers zu einem anderen Verein – vor allem wenn er aus finanziellen Gründen erfolgt – vom Publikum oft missbilligt und teils gar als Hochverrat gewertet wird.[291] Nicht zuletzt hinkt der Vergleich mit dem Unterhaltungsbereich wegen der völlig unterschiedlichen Art der Darstellung der „Fußball- oder Handballaufführung". Auf der Bühne wird ein bestimmtes Stück gezeigt, das maßgeblich von der jeweiligen Interpretation und Spielweise des Künstlers bzw. der Künstler abhängt und damit „steht und fällt". Würden hier immer die gleichen Protagonisten auftreten, wäre das Publikum gelangweilt und bliebe aus. Der professionelle Mannschaftssport lebt aus Sicht der Zuschauer dagegen vom ungewissen Ausgang des Spielwettbewerbs mit immer wechselnden gegnerischen Mannschaften. Will man dennoch auf ein Abwechslungsbedürfnis des Publikums abstellen, bleibt insbesondere die Frage offen, wie der Verein ein Bedürfnis der Fans nach Abwechslung – notwendiger-

286 LAG Nürnberg, Urteil v. 28.03.2006 – 7 Sa 405/05 – , FA 2006, S. 280; Volltext abrufbar unter www.arbg.bayern.de/nuernberg/entscheidungen/arbeitsrecht/index.html (06.12.2012).

287 LAG Nürnberg, Urteil v. 28.03.2006, A. II. 1. b) aa).

288 *Beckmann/Beckmann*, SpuRt 2011, S. 236 (239); *Schlachter*, FamRZ 2006, S. 155 (158); *Feuerborn*, S. 612; ebenso für den professionellen Jugendfußball *Nesemann*, S. 86.

289 So auch *Feuerborn*, S. 612.

290 Vgl. *Weber*, S. 313.

291 So auch *Blang*, S. 121.

weise[292] – schon bei Vertragsschluss voraussehen können soll. Denn die Beziehung des Publikums zum Spieler entsteht naturgemäß erst nach einer gewissen Zeit.

b) Rechtsprechung des BAG zum Bereich Bühnen und Medien

Der Vergleich der Spieler mit Solisten im Bühnenbereich bzw. Arbeitnehmern im Unterhaltungsbereich erfordert einen Blick auf die Rechtsprechung des Bundesarbeitsgerichts zu dieser Thematik.

Seit der Entscheidung des Großen Senats des BAG vom 12.10.1960 war die Befristung von Arbeitsverhältnissen mit „Künstlern, Musikern, Schauspielern, Sängern, etc." grundsätzlich anerkannt.[293] Der Große Senat stellte fest, dass auf die Frage der Üblichkeit im Arbeitsleben und darauf, was verständige und verantwortungsbewusste Parteien zu vereinbaren pflegen, Gewicht zu legen sei. Damit wollte der Große Senat freilich nicht sagen, dass mit allen Künstlern, Musikern, Schauspielern, Sängern oder anderen Bühnenmitgliedern befristete Arbeitsverträge abgeschlossen werden können.[294] Zumindest für als Solisten tätige Bühnenmitglieder hat das Bundesarbeitsgericht in einem grundlegenden Urteil die jahrzehntelange Befristungspraxis als sachlich gerechtfertigt anerkannt.[295] Abgestellt wurde auf die Üblichkeit im Arbeitsleben, die insbesondere durch tarifliche Regelungen im Bühnenbereich begründet werde sowie auf die langjährige Bühnenpraxis, mit Bühnenmitgliedern befristete Arbeitsverträge für eine oder mehrere Spielzeiten abzuschließen, was in der Theaterbranche der Auffassung verständiger und verantwortungsbewusster Vertragspartner entspreche. Dazu führt das Bundesarbeitsgericht aus:

> „[...] Die Kunst im allgemeinen und das Theater im besonderen ist, ebenso wie der Publikumsgeschmack, einem ständigen Wandel unterworfen. Das anspruchsvolle und auf sein künstlerisches Niveau bedachte Theater hat nicht nur die vielfältigen künstlerischen Strömungen, sondern auch die Neigungen und das Abwechslungsbedürfnis des sach- und kunstverständigen Publikums, von dessen Gunst das Theater letztl. abhängig ist, bei der Spielplangestaltung und bei Neuinszenierungen zu berücksichtigen. Lebendiges Theater bedarf ständig neuer künstlerischer Impulse und Ideen und auch persönl. Veränderungen bis hin zum Wechsel des jeweiligen Ensembles. Befristungen von Arbeitsverträgen mit Bühnenkünstlern sind

---

292 Für die Prüfung des Sachgrundes ist der Zeitpunkt des Vertragsschlusses maßgebend, allg. Meinung, vgl. nur KR/*Lipke*, § 14 TzBfG, Rn. 75 f.

293 BAG, Großer Senat, Beschluss v. 12.10.1960 – GS 1/59 (3 AZR 65/56), BAGE 10, S. 65 (72) = AP BGB § 620 Befristeter Arbeitsvertrag Nr. 16.

294 Vgl. APS/*Backhaus*, § 14 TzBfG, Rn. 176 m.w.N., der ausführt, dass diesbezüglich das Tarifrecht der Bühnen zu beachten ist, das genau zu beachtende Differenzierungen bereithält.

295 BAG, Urteil v. 21.05.1981 – 2 AZR 1117/78, AP BGB § 611 Bühnenengagementvertrag Nr. 15.

damit vorgegeben und zur Erleichterung des Wechsels in der personellen Zusammensetzung des Ensembles erforderl. Maßgebl. Bedeutung kommt in diesem Zusammenhang der Person des Intendanten zu, der für das künstlerische Konzept des Theaters verantwortl. ist und es durch sein pers. Kunstverständnis prägt. Dem Intendanten muss daher [...] die Möglichkeit verbleiben, das Ensemble für die neue Spielzeit ganz oder teilweise auszuwechseln und seinen jeweiligen künstlerischen Vorstellungen entsprechend zusammenzustellen [...] . Unter den vom Senat behandelten mehreren sachl. Gründen für die Befristung hat das Abwechslungsbedürfnis des Publikums allerdings nicht die entscheidende und alleintragende Bedeutung. Wesentlicher ist, daß die Beschäftigung von künstlerischem Personal in unbefristeten ArbVerh. das rechtzeitige Auswechseln und Anpassen des Ensembles an das oft auch von Spielzeit zu Spielzeit unterschiedl. künstlerische Konzept erhebl. erschweren würde [...] ."

Angesichts solcher Erwägungen könnte man versucht sein, die Argumente eins zu eins auf den professionellen Mannschaftssport zu übertragen. Auch der professionelle Sportbetrieb ist einem ständigen Wandel unterworfen und in besonderem Maße von der Gunst seines sachverständigen Publikums abhängig. Im Mannschaftssport ist – gleich einem Ensemble – die Auswechslung von größeren oder kleineren Teilen der Mannschaft in Anbetracht sich ständig verändernder Umstände – wie etwa der Entwicklung der Konkurrenz oder umfangreicher Taktikwechsel eines (neuen) Trainers – notwendig. Auch im professionellen Mannschaftssport kommt in Gestalt des Trainers einer Person, die für die meist umfängliche Ausrichtung und Durchführung des sportlichen Konzepts verantwortlich ist, besondere Bedeutung zu.

Im Rundfunk- und Medienbereich rechtfertigt es nach Meinung des BAG und des BVerfG schon allein die Rundfunkfreiheit, dass Rundfunk- und Fernsehanstalten frei von fremden Einflüssen über die Auswahl, Einstellung und Beschäftigung programmgestaltend tätiger Mitarbeiter entscheiden können.[296] Dies beinhaltet auch die Entscheidung über den Abschluss befristeter Arbeitsverhältnisse. Entscheidend ist, dass der betreffende Mitarbeiter an der Hörfunk- und Fernsehsendung inhaltlich gestaltend mitwirkt und typischerweise seine eigene Auffassung zu politischen, wirtschaftlichen, künstlerischen oder anderer Sachfragen, seine Fachkenntnisse und Informationen, seine individuelle künstlerische Befähigung und Aussagekraft in die Sendungen einbringt.[297] Es wird ersichtlich, dass sich aus dieser Rechtsprechung keine Parallelen zu Spielern ergeben.

Trotz einer gewissen Vergleichbarkeit der Spieler mit Solisten im Bühnenbereich, fehlt es den Vereinen im Gegensatz zu Arbeitgebern im Bühnenbereich an einer verfassungsrechtlichen Verankerung ihrer Interessen. Das Bundesarbeitsge-

296 St. Rspr. des BAG, vgl. jüngst Urteil v. 26.07.2006 – 7 AZR 495/05, NZA 2007, S. 147 (148 ff.); Urteil v. 08.11.2006 – 5 AZR 706/05, NZA 2007, S. 321 (323) m.w.N.

297 BVerfG, Beschluss v. 13.01.1982 – 1 BvR 848/77, AP Art. 5 Abs. 1 GG Rundfunkfreiheit Nr. 1 = NJW 1982, S. 1447 (1448); BAG, Urteil v. 26.07.2006 – 7 AZR 495/05, NZA 2007, S. 147 (148 ff.).

richt hat in seiner Argumentation zwar nicht ausdrücklich auf diesen Aspekt zurückgegriffen. Die zentrale Argumentation des Gerichts lässt sich aber auf den besonderen verfassungsrechtlichen Schutz der Kunst aus Art. 5 Abs. 3 Satz 1 GG stützen.[298] Dies folgt schon aus der soeben aufgezeigten Rechtsprechung des Bundesverfassungsgerichts zum Rundfunkbereich, nachdem der von der Rechtsprechung der Gerichte für Arbeitssachen geforderte sachliche Grund für Befristungen bei Mitarbeitern von Rundfunk und Fernsehen mit programmgestaltender Tätigkeit in der Rundfunkfreiheit selbst liegt.[299]

Dem häufig angeführten Argument der Vergleichbarkeit mit dem Unterhaltungsbereich ist demnach vor allem entgegenzuhalten, dass das Wirken der Sportklubs, im Gegensatz zum Schaffen im Bühnen- und Medienbereich, nicht durch spezifische Grundrechte geschützt ist. Die Arbeitgeber im Theater-, Film- und Funkbereich können sich auf die Grundrechte der Kunstfreiheit aus Art. 5 Abs. 3 Satz 1 GG bzw. der Rundfunkfreiheit aus Art. 5 Abs. 1 Satz 2 GG berufen. Grundsätzlich denkbar wäre es zwar auch, den Vereinen aufgrund der grundgesetzlich geschützten Vereinsautonomie aus Art. 9 GG eine den Interessen der Sportler übersteigende Interessenlage zuzusprechen. Allerdings muss diesbezüglich beachtet werden, dass Art. 9 Abs. 1 GG in seiner Eigenschaft als kollektives Freiheitsrecht zwar neben der Entstehung vor allem die Betätigung der Vereine schützt. Den Vereinen ist ihre Autonomie aber nicht im eigenen Interesse, sondern im Interesse der Sportler gewährt.[300] Auf einen grundrechtlichen Schutz ihres Interesses an befristeten Verträgen können sich die Vereine gegenüber den Sportlern also nicht berufen. In etlichen europäischen Staaten[301] und fast allen Bundesländern[302] ist die Förderung des Sports zwar immerhin eine Staatszielbestimmung. Auf grundgesetzlicher Ebene existiert aber keine derartige

298 APS/*Backhaus*, § 14 TzBfG, Rn. 190 m.w.N.; auch die Gesetzesbegründung zu § 14 Abs. 1 Satz 2 Nr. 4 TzBfG verweist darauf, dass sich der Sachgrund der Eigenart der Arbeitsleistung auf das von der Rechtsprechung aus der Rundfunkfreiheit und der Kunstfreiheit abgeleitete Recht der Rundfunkanstalten und Bühnen bezieht, befristete Arbeitsverträge abzuschließen.

299 Vgl. grundlegend BVerfG, Beschluss v. 13.01.1982 – 1 BvR 848/77, AP Art. 5 Abs. 1 GG Rundfunkfreiheit Nr. 1 = NJW 1982 S. 1447 (1448); BVerfG, Beschluss v. 18.02.2000 – 1 BvR 491/93, 562/93, 624/98, EzA Art. 5 GG, Nr. 25.

300 PHB SportR-*Fritzweiler/von Coelln*, 1/22 m.w.N.

301 Bulgarien, Griechenland, Kroatien, Litauen, Moldavien, Polen, Portugal, Rumänien, Spanien, Schweiz und Türkei. Vgl. PHB SportR-*Fritzweiler/von Coelln*, 1/3.

302 Mit Ausnahme von Hamburg ist mittlerweile in allen Verfassungen der Bundesländer der Sport in unterschiedlichen Ausprägungen als Staatszielbestimmung aufgenommen worden. Vgl. PHB SportR-*Fritzweiler/von Coelln*, 1/4 f. m.w.N.

Bestimmung.[303] Diese hätte aber ohnehin nicht das Gewicht von Grundrechten, weshalb sich die Sportklubs selbst bei einer Erhebung der Förderung des Sports zum Staatsziel nicht auf eine, dem Bühnen- oder Medienbereich vergleichbare, Position berufen könnten.

c) Zwischenergebnis

Es lässt sich festhalten, dass eine Vergleichbarkeit des Profisports mit dem Unterhaltungsbereich nicht als Sachgrund für eine Befristung von Spielerverträgen in Frage kommt. Die arbeitgebenden Vereine können sich, im Gegensatz zu Arbeitgebern im Bühnen- und Medienbereich, insoweit nicht auf verfassungsrechtliche Positionen berufen.

8. Fluktuation

Als weiterer möglicher Sachgrund kommt die im Laufe der Zeit stattfindende Veränderung im Mannschaftsgefüge in Betracht. Wegen der zu Saisonwechsel typischerweise stattfindenden und teils erheblichen Fluktuation in Mannschaften und der daraus resultierenden Notwendigkeit der – nicht objektivierbaren – Einpassung neuer Spieler, wird eine auf die jeweilige Spielsaison bezogene Befristung für zulässig erachtet.[304] Dieser Grund ist aus der Perspektive der arbeitgebenden Vereine zwar nachvollziehbar. Er alleine reicht aber nicht aus, eine Befristung zu rechtfertigen. Ähnliche Probleme bestehen auch in anderen Bereichen des Arbeitslebens, die einer stetigen Veränderung in der Personalstruktur ausgesetzt sind, wie etwa bei Projektarbeiten. Auch dort wechselt – je nach Projekt und benötigter Fachkompetenz – die Zusammensetzung der einzelnen Mitarbeiter, die immer aufs Neue ein gut arbeitendes Team abgeben müssen. Nicht zu vergessen machen sich die Klubs im Vorfeld eines Transfers bestmöglich über den jeweiligen Spieler kundig. Das „Scouting“ von Spielern gehört zum Tagesgeschäft der Klubs. Manche Vereine haben eigens für diesen Bereich einen Scout, der sich mit der Beobachtung von, für den Verein potentiell interessanten, Spielern bzw. Nachwuchstalenten befasst. Dabei wird naturgemäß auch von Interesse sein, wie sich der neue Spielertyp in die bestehende Mannschaft einpassen wird. Die Scouts und andere, an Spielereinkäufen beteiligte Verantwortliche,

---

303 Siehe zum Meinungsstand bezüglich einer Erhebung des Sports zur Staatszielbestimmung auf grundgesetzlicher Ebene *Humberg*, ZRP 2007, S. 57 ff.; *Schneider*, ZRP 2007, S. 202 ff.; PHB SportR-*Fritzweiler/von Coelln*, 1/38 f.

304 APS/*Backhaus*, § 14 TzBfG, Rn. 298; *Schlachter*, FamRZ 2006, S. 155 (158); so neben anderen Gesichtspunkten auch *Poschenrieder*, S. 222.

haben alleine schon aufgrund der Häufigkeit der Transfers einen enormen diesbezüglichen Erfahrungsschatz. Wenn sich ein Klub für einen neuen Spieler entscheidet, basiert dies folglich auf einer wohl überlegten Grundlage. Ganz abgesehen davon dient die schlichte Einteilung der Spieler in beispielsweise Stürmer, Mittelfeld- oder Abwehrspieler einer grundlegenden objektiven Einpassung in die Mannschaft. Die Eingliederung eines neuen Spielers ist demnach durchaus objektivierbar im Sinne einer Vorhersehbarkeit. Der Gesichtspunkt der Fluktuation in Mannschaftssportarten macht eine Befristung demnach nicht zwingend erforderlich, um den Spielbetrieb aufrechterhalten zu können. Um den, freilich immer bestehenden, Unwägbarkeiten einer erfolgreichen Einpassung in die Mannschaft entgegnen zu können, gibt es im Befristungsrecht andere und ausreichende Möglichkeiten. So kann der Verein den Arbeitsvertrag ohne weiteres gemäß § 14 Abs. 2 Satz 1 TzBfG sachgrundlos befristen, wenn der Sportler noch nie für diesen gespielt hat. Zudem besteht grundsätzlich auch die Möglichkeit einer Befristung zur Erprobung nach § 14 Abs. 1 Satz 2 Nr. 5 TzBfG. Relevant wird diese Befristungsmöglichkeit vor allem bei Spielern, die schon für den Verein tätig waren, soweit dann tatsächlich noch ein Erprobungsinteresse besteht.[305] Es besteht mithin keine Veranlassung, die Fluktuation in Mannschaftssportarten als Sachgrund für eine Befristung anzuerkennen. Weder ist das grundsätzliche Risiko einer erfolgreichen Einpassung von Arbeitnehmern ein sportspezifisches Phänomen, noch fehlt es an geeigneten Möglichkeiten, dieser Unwägbarkeit zu begegnen.

9. Nachlassende Motivation der Spieler

Denkbar sind auch Gewöhnungseffekte der Spieler, die zu einer nachlassenden Motivation führen können. Negativen Einfluss auf die Motivation eines Spielers wird auch der nicht selten vorkommende Umstand haben, dass der Spieler vom Trainer nicht eingesetzt wird. Gründe dafür gibt es viele. So kann ein Sportler den Trainer etwa im Training nicht überzeugen, oder es handelt sich bei dem Spieler tatsächlich um einen „Fehleinkauf“, dessen Leistung nicht zur Spielweise des Kaders passt. Vor allem bei kapitalstärkeren Vereinen kann es auch vorkommen, dass ein Spieler trotz guter Leistungen im Training nicht zum Einsatz kommt, weil seine Spielposition in der Mannschaft mehrfach durch hervorragende Spieler besetzt ist. In aller Regel sind Profisportler aber mehr als in anderen Berufszweigen schon aus purem Spaß am Spiel hoch motiviert. Der wichtigste Aspekt für die generell hohe Motivation von Spielern ist freilich, dass sie nur

---

305 Siehe dazu auch die Darstellung unter 1. Teil, IV.3.

durch gute Leistungen und dadurch bedingt vielen Einsätzen ihren Marktwert und folglich ihr Einkommen steigern können. Die Problematik nachlassender Motivation ist für den professionellen Mannschaftssport daher von geringer Bedeutung. Meist wird ein unmotivierter Spieler mit seinem arbeitgebenden Klub auch im beiderseitigen Interesse eine Regelung finden, einen noch laufenden Vertrag vorzeitig zu beenden. Motivationsprobleme sind vor allem auch kein Charakteristikum des Profisports, das eine spezielle Beachtung erforderlich machen würde. Als Sachgrund für eine Befristung taugt die Gefahr einer etwaig nachlassenden Motivation von Spielern jedenfalls nicht.[306]

10. Flexibilitätsgesichtspunkte

Im Schrifttum ist die Meinung anzutreffen, dass alleine Flexibilitätsgesichtspunkte eine Befristung zu rechtfertigen vermögen.[307] Im Fußballsport sei ein hohes Maß an Flexibilität hinsichtlich des Spielerkaders erforderlich.[308] Es müsse die Möglichkeit bestehen, Veränderungen des Kaders vorzunehmen, beispielsweise aufgrund einer Umstellung des Spielsystems oder einer Umbesetzung von Spielerpositionen. Als Gründe für erforderliche Veränderungen werden angeführt, dass ein bestimmter Spieler die in ihn gesetzten Erwartungen nicht erfüllt, oder ein anderer aus disziplinarischen Gründen ausgetauscht werden muss, um ein „harmonisches Ganzes“ und den damit verbundenen erhofften Erfolg herzustellen.[309] Diese Aspekte sind eng verbunden mit der Problematik der Fluktuation. Wie zu diesem Gesichtspunkt schon aufgezeigt, bestehen ausreichende befristungsrechtliche Möglichkeiten, diesen Situationen Herr zu werden bzw. ihnen vorzubeugen.[310] Flexibilitätsgesichtspunkte hinsichtlich des Kaders sind folglich ebenfalls keine Kriterien, die eine Befristung rechtfertigen können. An anderer Stelle wird auf die wirtschaftliche Flexibilität bei einem Klassenabstieg als entscheidenden Grund für die Befristung abgestellt.[311] Die Vereine müssten sich durch die befristeten Arbeitsverhältnisse wirtschaftliche Spielräume schaffen können, um auf einen Klassenabstieg mit damit verbundenen Einnahmeverlusten

306 A.A. wohl *Feuerborn*, S. 612.

307 *Weber*, S. 312 f.; *Neuß*, RdA 2003, S. 161 (169); dahingehend wohl auch *Feuerborn*, S. 612; *Kleinebrink*, ArbRB 2008, S. 14 (15) hält unter Hinweis auf einen sachgerechten Ausgleich der Interessen der Vertragsparteien anscheinend eine Befristung aus Flexibilitätsgesichtspunkten zumindest dann für zulässig, wenn diese mit einer Verlängerungsoption verbunden ist.

308 *Neuß*, RdA 2003, S. 161 (169).

309 *Neuß*, RdA 2003, S. 161 (169).

310 Vgl. dazu unter 1. Teil, IV.8.

311 *Weber*, S. 312 f.

reagieren zu können. Die dadurch stattfindende Abwälzung des unternehmerischen Risikos wird mit der Begründung relativiert, dass dessen Berücksichtigung an den Realitäten vorbeigehe. Vor allem würde ein vernünftiges Wirtschaften der Klubs unweigerlich mit dem Verlust guter Spieler und einem hierauf beruhenden Klassenabstieg einhergehen. Dem ist schlicht entgegenzuhalten, dass ein rechtfertigender Befristungsgrund von erheblichem Gewicht sein muss. Dafür reichen allein die „Realitäten" im professionellen Mannschaftssport nicht aus.

11. Nachlassende Leistungsfähigkeit der Spieler / Problematik bei Anwendung des KSchG

Zum Teil wird eine nachlassende Leistungsfähigkeit der Spieler als Eigenart der Arbeitsleistung im Profisport und mithin als tauglicher Sachgrund für eine Befristung angesehen. Teils wird auch nur auf das schwankende Leistungsvermögen abgestellt.[312] Zugleich wird auf die Problematik bei Anwendung des KSchG hingewiesen. Aus der Gewissheit der nachlassenden Leistungsfähigkeit der Spieler und aufgrund der sich spezifisch ergebenden Probleme bei einer Anwendung des KSchG sollen Befristungen zulässig sein.[313] Es wird vertreten, dass ein Spieler seine Tätigkeit aufgrund nachlassender Leistungsfähigkeit nicht dauerhaft auf gleich bleibendem Niveau erbringen kann und damit nicht mehr den Anforderungen (insbesondere des Lizenzfußballs) genügt.[314] Dieser Umstand sei sowohl bei älteren als auch bei jüngeren Spielern gegeben. Wäre der Verein nun auf das Mittel der Kündigung angewiesen, müsste er den objektiven Nachweis erbringen, dass der Spieler nicht mehr den Anforderungen des Lizenzfußballs genügt. Dieser Nachweis könne aber regelmäßig nicht erbracht werden. Daher müsse den Klubs durch befristete Arbeitsverträge ein Mittel an die Hand gegeben werden, die weitere Eignung des Spielers zu überprüfen und über den Fortlauf des Arbeitsverhältnisses entscheiden zu können.[315] Zudem unterscheide sich der Bereich des Lizenzfußballs von anderen Arbeitsverhältnissen darüber hinaus dadurch, dass nahezu ausschließlich die Leistungsfähigkeit der Spieler über die sportliche und damit wirtschaftliche Zukunft der Vereine entscheide. Die Spieler hätten folglich einen weitaus höheren Einfluss auf den unternehmerischen Erfolg ihres Arbeitgebers als andere Arbeitnehmer. Diese besonderen Umstände sollen

---

312 Vgl. *Poschenrieder*, S. 222, der dies neben anderen Aspekten anführt.

313 *Hausch*, SpuRt 2003, S. 103 (104); ähnlich auch *Weber*, S. 312.

314 Ausführlich dazu *Hausch*, S. 86 f. m.z.N. auf das ältere Schrifttum. In eine ähnliche Richtung tendiert auch *Jungheim*, RdA 2008, S. 222 (224), die auf die begrenzte Zeit, in der der Beruf des Lizenzfußballspielers ausgeübt werde kann, abstellt.

315 *Hausch*, SpuRt 2003, S. 103 (105).

bei einer vorzunehmenden Interessenabwägung zugunsten der Vereine ausschlagen. Die Vereine müssten auch in der Lage sein, Kapazitäten für die Nachwuchsausbildung zu schaffen, um einer Überalterung und einem damit verbundenen schleichenden Leistungsabfall des Kaders vorzubeugen, was nur durch den Austausch älterer gegen jüngere Spieler geschehen könne.[316]

In eine ähnliche Richtung geht das LAG Nürnberg[317]. Es hat ausgeführt, dass als Sachgründe für die Befristung eines Arbeitsvertrages mit einem Profifußballer auch das Alter bzw. die zu erwartenden körperlichen Defizite des Spielers in Betracht kommen. Die Parteien hätten bei Vertragsschluss davon ausgehen können, dass die Leistungsfähigkeit des Klägers, der im Zeitpunkt des Befristungsendes ein Alter von 34 ½ Jahren erreicht hätte, nicht mehr in dem erforderlichen Maße gegeben ist. Weiter sei zu berücksichtigen, dass eine mehrjährige Befristung für den bei Vertragsschluss bereits 30-jährigen Spieler prognostisch einen Vorteil darstelle.[318] Profifußballer hätten im Alter von über 30 Jahren ihren Leistungshöhepunkt überschritten und seien verletzungsanfälliger und damit einem erhöhten Risiko ausgesetzt, durch eine personenbedingte Kündigung ihren Arbeitsplatz zu verlieren. Werde dieses Risiko für die Dauer der Befristung durch Einräumung einer Unkündbarkeit abgenommen, so sei dies ein Vorteil, der den Nachteil des Verlustes des Kündigungsschutzes gegen eine mögliche Kündigung ausgleichen könne. Schließlich bestünde die Möglichkeit, die Kündigung bei Vorliegen eines sozial rechtfertigenden Grundes sofort nach Vertragsabschluss auszusprechen.

Dem muss entgegengehalten werden, dass nicht erkennbar ist, warum das Risiko, dass sich der Spieler nicht als so leistungsfähig erweist wie erwartet, dem arbeitgebenden Klub genommen werden sollte.[319] Dem Klub steht für solche Fälle gerade die Möglichkeit der personen- oder verhaltensbedingten Kündigung zur Verfügung. Gegen das Argument der nachlassenden Leistungsfähigkeit der Spieler spricht zudem die Tatsache, dass die Spieler, deren Verträge bei ihrem bisherigen Verein nicht verlängert werden, mit Ausnahme der Fälle, in denen der Spieler seine Karriere beendet, in aller Regel bei anderen Vereinen weiterspielen.[320]

---

316 *Weber*, S. 312.

317 LAG Nürnberg, Urteil v. 28.03.2006 – 7 Sa 405/05, FA 2006, S. 280 (kurze Zusammenfassung des Urteils); Volltext abrufbar unter www.arbg.bayern.de/nuernberg/entscheidungen/arbeits recht/index.html (06.12.2012).

318 LAG Nürnberg, Urteil v. 28.03.2006 – 7 Sa 405/05, Entscheidungsgründe A. II. 1. b) bb).

319 *Bepler*, in: Sportler, Arbeit und Statuten, S. 43 (59).

320 *Blang*, S. 119.

Problematisch erscheint das Argument der Leistungsfähigkeit auch im Hinblick auf eine mögliche Altersdiskriminierung.[321] Zumindest dann, wenn die Leistungsfähigkeit an einer Altersgrenze festgemacht wird.[322] Dies könnte einen Verstoß gegen das Allgemeine Gleichbehandlungsgesetz (AGG) darstellen. Denn durch die, mit einem Sachgrund der nachlassenden Leistungsfähigkeit begründete Befristung von Spielerverträgen, wird dem Verein die Last einer personenbedingten Kündigung unter Anknüpfung an ein in § 1 AGG verpöntes Differenzierungskriterium genommen.[323] Der Tatbestand der Altersdiskriminierung ist bei Benachteiligung aufgrund jeglichen Alters erfüllt.[324] Verboten ist also nicht nur die Ausgrenzung Älterer, sondern auch jüngerer Menschen. Die Anknüpfung an das Alter könnte aber nach § 8 Abs. 1 AGG gerechtfertigt sein. Dann müssten die Vereine als Arbeitgeber jedoch nachweisen, dass die sportliche Tätigkeit eine gewisse körperliche Belastbarkeit erfordert und wissenschaftlich nachgewiesen ist, dass diese mit dem Alter abnimmt. Dabei muss der Leistungsabfall empirisch belegt sein.[325] Dieser Nachweis dürfte den Vereinen schwer fallen, soweit ein bestimmtes Alter für die nachlassende Leistungsfähigkeit genannt wird. Eine unterschiedliche Behandlung könnte auch nach dem allgemeinen Rechtfertigungsgrund des § 10 Sätze 1 und 2 AGG zulässig sein. Hier muss dann anhand einer einzelfallbezogenen Verhältnismäßigkeitsprüfung festgestellt werden, ob eine unterschiedliche Behandlung gerechtfertigt ist. Eine unterschiedliche Behandlung wegen nachlassender sportlicher Leistungsfähigkeit eines Spielers wird – jedenfalls bei Festlegung einer starren Altersgrenze – praktisch nicht zu rechtfertigen sein. Dies folgt schon aus der mangelnden Nachweisbarkeit eines hinreichenden und dauerhaften Leistungsabfalls. Starre Grenzen verbieten sich aber auch im Hinblick auf die völlig unterschiedlichen körperlichen bzw. gesundheitlichen Anlagen der einzelnen Spieler. Während mancher schon mit Mitte Zwanzig mit nachlassender Leistungsfähigkeit zu kämpfen haben wird, erreichen andere ihren sportlichen Zenit dann erst allmählich. Unflexible Altersgrenzen sind damit ungeeignet, um nachlassender Leistungsfähigkeit zu entgegnen.

Richtig ist, dass die Vereine bei Anwendung des KSchG erheblichen Schwierigkeiten in der Beweisführung ausgesetzt sind, was aufgrund der daraus folgenden, überdurchschnittlichen Nachteile für die Vereine als Besonderheit eine Befristung rechtfertigen könnte. Denn der Arbeitgeber hat einen normalen altersbedingten Abfall der Leistungsfähigkeit hinzunehmen. Will der Klub aufgrund nachlassender Leistungsfähigkeit erfolgreich eine personenbedingte Kündigung

321 Siehe dazu auch *Berkemeyer*, SpuRt 2010, S. 8 (9 f.).

322 A.A. wohl *Oberthür*, S. 72.

323 *Gutzeit*, in: Facetten des Sportrechts, S. 69.

324 Däubler/Bertzbach/*Eichenofer*, § 2 AGG, Rn. 89.

325 Däubler/Bertzbach/*Brors*, § 8 AGG, Rn. 25.

aussprechen, muss beweisbar sein, dass der Leistungsabfall des betreffenden Spielers gegenüber anderen, vergleichbaren Spielern, stärker in Erscheinung tritt. Dieser Beweis dürfte – trotz moderner Meßmethoden – schwer zu erbringen sein. Daran ändert auch das Argument nichts, dass heute zugegeben mehr und mehr Daten über Spieler gesammelt und ausgewertet werden, aus denen sich komplexe Fitness- und Leistungsmuster erstellen lassen und damit zumindest theoretisch eine ausreichende Datengrundlage für einen Nachweis des Leistungsabfalls zur Verfügung steht.[326] Eine derartige personenbedingte Kündigung ist nämlich zumindest mit erheblichen Unsicherheiten verbunden. Zudem ist es auch für den Spieler nicht erstrebenswert, gerichtlich eine nachlassende Leistungsfähigkeit attestiert zu bekommen. Andererseits ist es auch schwer festzulegen, wann es sich bei einer verminderten Leistungsfähigkeit eines Spielers lediglich um ein – nicht selten vorkommendes – Formtief, oder wirklich um ein nachhaltiges Nachlassen der Leistungsfähigkeit handelt. Diese Schwierigkeiten in der Differenzierung sprechen gegen die pauschale Zulässigkeit einer Befristung aus Gründen nachlassender Leistungsfähigkeit. Während sich Vereine bei Anwendung des KSchG zumeist in erheblichen Beweisnöten befinden werden, dürfen sie sich nicht allzu leicht aus der sozialen Verantwortung stehlen.

Das Kriterium der nachlassenden Leistungsfähigkeit und der damit auftretenden Beweisprobleme bei Anwendung des KSchG ist zwar berücksichtigenswert, reicht alleine nach alledem aber nicht als eigenständiger Sachgrund aus.[327]

12. Ergebnis zu IV.

Eine Sachgrundbefristung kommt bei Verträgen mit Spielern in drei Varianten in Betracht. Ohne weiteres zulässig ist zunächst eine Befristung gemäß § 14 Abs. 1 Satz 2 Nr. 6 TzBfG, wenn die Befristung des Arbeitsvertrages auf ausdrücklichen Wunsch des Spielers erfolgt. Hier bestehen allerdings gewisse Unsicherheiten bezüglich eines im Streitfall hinreichenden Nachweises dieses Sachgrundes. Es ist zumindest hilfreich, gegebenenfalls explizit und möglichst ausführlich in den Arbeitsvertrag aufzunehmen, dass die Befristung auf Wunsch des Spielers erfolgt und insbesondere kein Interesse am Abschluss eines unbefristeten Arbeitsverhältnisses besteht. Es kann auch nicht schaden, die diesbezügliche Motivationslage des Spielers ausführlich darzustellen (mögliche Verbesserung der

326 *Blang*, S. 141 f.

327 A.A. *Berkemeyer*, SpuRt 2010, S. 8 (10), der eine Befristung wegen altersbedingter körperlicher Defizite nach § 14 Abs. 1 Satz 2 Nr. 6 TzBfG im Einzelfall für gerechtfertigt hält, wenn zum Zeitpunkt des Vertragsschlusses objektive Anhaltspunkte für eine tatsächlich drohende nachlassende Leistungsfähigkeit bei Befristungsende vorliegen.

Vertragskonditionen bei neuen Verhandlungen, Chance des schnellen Vereinswechsels etc.). In engen Grenzen – und daher für die Praxis eher untauglich – ist grundsätzlich auch die Vertretungs- (§ 14 Abs. 1 Satz 2 Nr. 3 TzBfG) und Erprobungsbefristung (§ 14 Abs. 1 Satz 2 Nr. 5 TzBfG) zulässig. Im Übrigen reicht für sich genommen keiner der im Schrifttum diskutierten Sachgründe aus, eine Befristung der Spielerverträge zu rechtfertigen. Letztlich führt die Bewertung der zulässigen Sachgründe für Befristungen bei Trainern und Spielern also zu gleichen Ergebnissen. Damit steht indes noch nicht fest, dass Sachgrundbefristungen nur aufgrund der soeben erwähnten Sachgründe zulässig sind. Vielmehr wird im Folgenden ein Lösungsansatz aufgezeigt, der zur Rechtfertigung der im professionellen Mannschaftssport üblichen Sachgrundbefristungen führen kann.

V. Lösungsansatz: Besonderheiten des professionellen Mannschaftssports als eigenständiger, ungeschriebener Sachgrund

1. Einführung

Wie sich herausgestellt hat, haben die im Schrifttum diskutierten Sachgründe einzeln betrachtet allesamt nicht das erforderliche Gewicht, eine Befristung der Trainer- und Spielerverträge zu rechtfertigen. Über die im Schrifttum angebotenen Lösungsansätze ist eine hinreichend rechtssichere Befristung dieser Verträge ebenfalls nicht möglich. Daraus kann jedoch nicht schon der Schluss gezogen werden, dass Befristungen von Verträgen mit Profisportlern im professionellen Mannschaftssport unzulässig sind. Es ist ein anderer Lösungsansatz denkbar, der im Ergebnis eine Befristung generell rechtfertigen kann und nicht ausschließlich von einer Einzelfallabwägung abhängig ist.

Zunächst ist an die nahe liegende Möglichkeit zu denken, aus einem Zusammenspiel der aufgeführten Sachgründe bzw. Argumente eine Rechtfertigung der Befristung zu proklamieren. Abhängig von der jeweils zu bewertenden Situation könnte das Zusammenspiel mehrerer dieser Sachgründe das erforderliche Gewicht aufbringen, eine Befristung zu rechtfertigen. Insoweit wäre es dann auch richtig, als Oberbegriff für alle diskutierten Sachgründe die „Eigenart der Arbeitsleistung" zu wählen. Es ist indes nicht ausreichend, verschiedene Argumente für eine rechtfertigende Befristung aufzuführen, um diese dann unter den normierten Sachgrund der Eigenart der Arbeitsleistung nach § 14 Abs. 1 Satz 2 Nr. 4 TzBfG zu subsumieren und eine Befristung daraufhin für zulässig zu erachten. Zu beachten ist diesbezüglich insbesondere, dass der Sachgrund der Eigenart der Arbeitsleistung ein Sammeltatbestand für mehrere anerkannte Befristungstatbestände ist[328], der auf der Rechtsprechung des Bundesarbeitsgerichts zum Bereich Rundfunk und Bühnen beruht und wegen der dort bestehenden spezifischen Besonderheiten nicht ohne weiteres auf den Sportbereich ausgedehnt werden kann.[329]

Vieles spricht deshalb für die Anwendung eines eigenständigen Sachgrundes für den Bereich des professionellen Mannschaftssports. Dies würde auch der enormen gesellschaftlichen und wirtschaftlichen Bedeutung dieses Sportbereichs gerecht werden. Dass es Sachgründe über den Katalog des § 14 Abs. 1 Satz 2 Nr. 1-8 TzBfG hinaus geben kann ist unumstritten. Äußerst unterschiedlich sind jedoch die Ansichten dazu, ob neue Sachverhalte den normierten Sachgründen zuzuordnen sind[330] oder ob der Weg über die Generalklausel des § 14 Abs. 1 Satz 1 TzBfG zu gehen ist[331]. Im Ergebnis ist diese Streitigkeit hier nicht relevant. Letztendlich ist es ohne Bedeutung, ob die Besonderheiten im professionellen Mannschaftssport unter den normierten Sachgrund der Eigenart der Arbeitsleistung gemäß § 14 Abs. 1 Satz 2 Nr. 4 TzBfG eingeordnet oder als neuer, eigenständiger Sachgrund im Sinne der Generalklausel verstanden werden. Zumindest verspricht keiner der beiden Möglichkeiten per se mehr Transparenz und Rechtssicherheit für die Adressaten des § 14 TzBfG, was aber insbesondere als Argument für die Einordnung unter die normierten Sachgründe angeführt wird.[332] Denn beide Wege erfordern eine vertiefte Rechtskenntnis, egal ob sich die anerkannten wie neuen Sachgründe hinter dem Katalog des § 14 Abs. 1 Satz 2 Nr. 1-8 TzBfG „verstecken" oder als separate Sachgründe daherkommen. Der Rechtsanwender wird – wie in allen anderen Rechtsbereichen auch – nicht umhin kommen, die Gesetzeslektüre mit dem Griff zur passenden Sekundärliteratur zu verbinden.

Die Zuordnung des Befristungsgrundes zu einem der gesetzlich normierten Sachgründe im Gegensatz zur Schaffung eines neuen Sachgrundes hat jedoch Auswirkungen auf die nötige Intensität des Sachgrundes. Denn der Gesetzgeber hat die gegensätzlichen Interessen von Arbeitgebern und Arbeitnehmern bereits bei Verabschiedung des TzBfG abgewogen.[333] Ausweislich der Gesetzesbegründung wurden die jeweiligen Interessenlagen eingehend untersucht, gegenübergestellt und gewichtet.[334] Lässt sich also ein Sachgrund nicht (direkt) unter den

328 KR/*Lipke*, § 14 TzBfG, Rn. 170.

329 Ausführlich dazu unter 1. Teil, IV.7.

330 So KR/*Lipke*, § 14 TzBfG, Rn. 347 ff. m.w.N.

331 So die ganz h.M., vgl. nur APS/*Backhaus*, § 14 TzBfG, Rn. 79 f. m.w.z.N.

332 KR/*Lipke*, § 14 TzBfG, Rn. 349.

333 So auch *Heising*, S. 160.

334 Vgl. BT-Drucks. 14/4374, S. 12 ff.

Katalog der Sachgründe in § 14 Abs. 1 Satz 2 TzBfG einordnen, sind an diesen erhöhte Anforderungen zu stellen. Das bedeutet aber auch, dass ein Sachgrund tatsächlich möglichst exakt dem jeweiligen Sachgrundkatalog zugeordnet werden können muss, um diesen erhöhten Anforderungen zu entgehen. Nur dann kann das Argument der bereits erfolgten gesetzgeberischen Abwägung mit der daraus folgenden Intensitätsabstufung tragen. Je weiter sich ein Sachgrund von den normierten Sachgründen entfernt, je eher ist daher mit einem eigenständigen Sachgrund zu arbeiten. Fest steht, dass das Gesetz durch die beispielhaft angeführten, anerkannten Sachgründe lediglich die Rechtsprechung des Bundesarbeitsgerichts aufnimmt und damit Eckpunkte für den unbestimmten Rechtsbegriff des sachlichen Grundes vorgibt.[335] Fest steht auch, dass nur solche Gründe anzuerkennen sind, die in ihrem Gewicht den ausdrücklich benannten Gründen zumindest nahe kommen.[336] Neben dem gesetzlichen Katalog der Sachgründe gelten dabei weiterhin auch die von der Rechtsprechung zu § 620 BGB entwickelten Sachgründe fort.[337] Die Richtlinie 1999/70/EG des Rates über befristete Arbeitsverträge vom 28.06.1999, die das TzBfG in nationales Recht umgesetzt hat[338], steht der Anerkennung neuer Sachgründe jedenfalls nicht entgegen.[339]

Ein unbenannter, neuer Sachgrund erfordert also triftige Gründe, die das generelle Interesse des Arbeitnehmers an einem bestandsgeschützten Arbeitsverhältnis gegenüber dem Interesse des Arbeitgebers an einer Befristung zurücktreten lassen. Es stellt sich daher in erster Linie die Frage, welchen Anforderungen ein neuer Sachgrund standhalten muss.

2. Prüfungskriterien für den Sachgrund

§ 14 Abs. 1 TzBfG definiert den Begriff des sachlichen Grundes nicht und nennt selbst keine Kriterien. In § 14 Abs. 1 Satz 2 TzBfG werden lediglich Beispiele aufgezählt, wann ein sachlicher Grund vorliegen kann. Bei deren Formulierung hat sich der Gesetzgeber an der älteren Rechtsprechung des BAG orientiert, die schon vor Inkrafttreten des TzBfG die Befristung von Arbeitsverhältnissen grundsätzlich nur dann zugelassen hatte, wenn hierfür ein sachlicher Grund bestand.[340] Folglich kann bei der Auslegung der einzelnen Befristungsgründe auch

335 KR/*Lipke*, § 14 TzBfG, Rn. 73; vgl. auch *Dörner*, Rn. 164.

336 BAG, Urteil v. 16.03.2005 – 7 AZR 289/04, AP TzBfG § 14 Nr. 16; APS/*Backhaus*, § 14 TzBfG, Rn. 81; ErfK/*Müller-Glöge*, § 14 TzBfG, Rn. 5.

337 APS/*Backhaus*, § 14 TzBfG, Rn. 79.

338 BT-Drucks. 14/4374, S. 1.

339 BAG, Urteil v. 16.03.2005 – 7 AZR 289/04, AP TzBfG § 14 Nr. 16.

340 BT-Drucks. 14/4374, S. 13.

auf die vor Inkrafttreten des Gesetzes ergangene Rechtsprechung zurückgegriffen werden.[341] Stellt man aber konkret auf einen neuen Sachgrund ab, wird deutlich, dass es einer Konkretisierung der für einen Sachgrund erforderlichen Voraussetzungen bedarf. Allein der Vergleich mit normierten oder bereits anerkannten ungeschriebenen Sachgründen für die Bewertung der Zulässigkeit einer Befristung führt nicht weiter, da aus den anerkannten Sachgründen aufgrund der völlig unterschiedlichen Regelungskomplexe keine wirklich tragfähigen allgemeinen Kriterien entwickelt werden können. Schließlich fußen die Sachgründe auf der Übernahme von Einzelfallentscheidungen des BAG. Erforderlich sind also konkrete und verallgemeinerungsfähige Prüfungskriterien für einen Sachgrund, nach deren Abarbeitung ein nachprüfbares und in der Folge auch nachvollziehbares Ergebnis stehen kann.

In der Literatur wurden bereits Leitlinien zur arbeitsvertraglichen Angemessenheitskontrolle im Rahmen des AGB-Rechts herausgebildet[342], die auch zur Konkretisierung der Generalklausel des sachlichen Grundes im Sinne von § 14 Abs. 1 TzBfG herangezogen werden können.[343] Ähnlich des „sachlichen Grundes“ in der Generalklausel des § 14 Abs. 1 Satz 1 TzBfG stellt § 307 Abs. 1 BGB als Grund- und Auffangtatbestand der AGB-rechtlichen Inhaltskontrolle[344] mit der „unangemessenen Benachteiligung“ einen unbestimmten Rechtsbegriff zur Verfügung, der einer Konkretisierung bedarf. Und hier wie da geht es im Grundsatz um die Behandlung paritätsgestörter Verträge, bei denen die Interessen der Vertragsparteien zu einem angemessenen Ausgleich gebracht werden müssen. Die Lage ist also durchaus mit den Grundkonzeptionen des AGB-Rechts zur Überprüfung angemessener Vertragsklauseln vergleichbar.

Demnach sind als Prüfungskriterien die Art des Arbeitsvertrages, die Stellung des Arbeitnehmers, die Üblichkeit der Befristung bei bestimmten Berufsgruppen und Branchen, die Entgelthöhe, das Transparenzgebot, die Verlagerung von Auftrags- und Beschäftigungsrisiken, verfassungsrechtliche Wertungen sowie sonstige schutzwürdige Interessen zu benennen.[345] Daneben spielen auch europa-

---

341 Vgl. nur BeckOK ArbR/*Bayreuther*, § 14 TzBfG, Rn. 19 (Stand: 01.09.2012).

342 *Preis*, Grundfragen, S. 298 ff.

343 Staudinger/*Preis*, § 620, Rn. 65ff.; ihm folgend auch KR/*Lipke*, 9. Aufl., 2009, § 14 TzBfG, Rn. 39; i.E. sieht das wohl auch KDZ/*Däubler*, § 14 TzBfG, Rn. 15 so, der für die Abgrenzung und Weiterentwicklung zulässiger Befristungstatbestände auf die Interessen der beiden Arbeitsvertragsparteien abstellt und insoweit auf Abwägungskriterien in der Rechtsprechung des BAG verweist, die seiner Meinung nach in der Sache mit den Maßstäben des § 307 Abs. 1 BGB übereinstimmen; ähnlich auch *Lange*, S. 61 f.

344 Staudinger/*Coester*, § 307 BGB, Rn. 83.

345 Vgl. Staudinger/*Preis*, § 620, Rn. 67ff.; KR/*Lipke*, § 14 TzBfG, Rn. 73c sieht in diesen Prüfungskriterien das Substrat der ausdrücklich genannten Sachgründe der Nr. 1 bis 8; nach anderer Ansicht bedarf es grundsätzlich einer Konkretisierung aller Sachgründe, wobei sich demnach

rechtliche Gesichtspunkte eine erhebliche Rolle. Soweit es die Unterschiedlichkeiten in der Stellung von Trainern und Spielern erfordern, werden sie im Rahmen der einzelnen Prüfungskriterien separat dargestellt.

a) Art des Arbeitsvertrages

Das Kriterium der Art des Arbeitsvertrages spielt hier keine Rolle. Unter diesem Gesichtspunkt wird die geringere Schutzbedürftigkeit von nebenberuflichen Beschäftigungsverhältnissen diskutiert. Beispiel dafür sind etwa wiederholte, kurzzeitig befristete Arbeitsverhältnisse mit Studenten. Das Bundesarbeitsgericht hat diese gebilligt, weil Studenten in der Hauptsache dem Studium nachgingen und auch ihrerseits nur ein Interesse an einer von vornherein überschaubaren Arbeitsleistung hätten, die nicht auf Dauer sein könne.[346] Auf die Profisportler im professionellen Mannschaftssport trifft dies in keiner Weise zu. Sie üben ihre Tätigkeit ausschließlich hauptberuflich aus.

b) Stellung des Profisportlers im Verein (leitender Angestellter?)

Unter diesem Prüfungspunkt sind ganz allgemein etwaige Besonderheiten bei Führungskräften einzuordnen. Denn bei der Befristungskontrolle ist auch auf die im Rechtsverkehr üblichen Gewohnheiten und Gebräuche Rücksicht zu nehmen, weshalb sich auch die Stellung des Arbeitnehmers im Unternehmen auswirken kann.[347] Man kommt hier letztlich wieder auf die Frage zurück, ob Profisportler als leitende Angestellte einzustufen sind.

aa) Trainer

Wie oben unter 1. Teil, III.9. dargestellt, sind Trainer keine leitenden Angestellten i.S.v. § 14 Abs. 2 KSchG. Dennoch erfüllen sie Aufgaben, die sie von anderen Arbeitnehmern erheblich unterscheiden und in der Folge auch eine unterschiedliche Behandlung erforderlich machen.

Bei der Begriffsbestimmung des leitenden Angestellten ist an dieser Stelle nicht starr an § 14 Abs. 2 KSchG festzuhalten. Vielmehr geht es darum festzustellen, ob den Trainern Führungsaufgaben zukommen, die es dem Verein ermöglichen müssen, sich von ihnen ähnlich leicht trennen zu können wie von lei-

---

das individuelle Merkmal der wirtschaftlichen und sozialen Verhältnisse der Parteien einzig zur Konkretisierung eignen und den Ansatzpunkt für eine umfassende Interessenabwägung bilden soll, *Feuerborn*, S. 397 ff., 460, 466 f.

346 BAG, Urteil v. 04.04.1990 – 7 AZR 259/89, EzA § 620 BGB Nr. 107.

347 Staudinger/*Preis*, § 620, Rn. 70.

tenden Angestellten i.S.v. § 14 Abs. 2 KSchG. Hilfreich ist dabei, den (weiteren) Begriff des leitenden Angestellten in § 5 Abs. 3 BetrVG zu betrachten. Nach dieser Norm reicht es für die Eigenschaft als leitender Angestellter beispielsweise aus, wenn der Angestellte nach Arbeitsvertrag oder Stellung im Unternehmen regelmäßig sonstige Aufgaben wahrnimmt, die für den Bestand und die Entwicklung des Unternehmens oder eines Betriebs von Bedeutung sind und deren Erfüllung besondere Erfahrungen und Kenntnisse voraussetzt, wenn er dabei entweder die Entscheidungen im Wesentlichen frei von Weisungen trifft oder sie maßgeblich beeinflusst; dies kann auch bei Vorgaben insbesondere auf Grund von Rechtsvorschriften, Plänen oder Richtlinien sowie bei Zusammenarbeit mit anderen leitenden Angestellten gegeben sein, § 5 Abs. 3 Satz 2 Nr. 3 BetrVG. Bei den dem Angestellten übertragenen Aufgaben muss es sich um unternehmerische Aufgaben handeln. Dabei kann sich die unternehmerische Bedeutung einer Tätigkeit auch daraus ergeben, dass die Leistungen des Angestellten das Ansehen des Unternehmens maßgeblich prägen und über den Erfolg des Unternehmens am Markt entscheiden.[348] Dass die Trainertätigkeit das Ansehen des jeweiligen Vereins maßgeblich prägt ist nicht von der Hand zu weisen. Der unternehmerische Erfolg eines Vereins hängt, neben einem erfolgreichen Management, in erheblichem Maße vom sportlichen Erfolg der Mannschaft ab, für die der Trainer allein verantwortlich ist. Seine Tätigkeit setzt zudem eine besondere Ausbildung und vor allem längere Berufserfahrung voraus. Nicht zuletzt beeinflusst der Trainer die Entscheidungen des Klubs maßgeblich. Denn die Vereinsleitung wird Vorschläge des Trainers nicht ignorieren können, ohne dies intern wie extern (etwa gegenüber Mitgliedern, Fans und Medien) ausführlich begründen zu müssen.[349] Folglich liegt es nahe, Trainer zumindest i.S.v. § 5 Abs. 3 Satz 2 Nr. 3 BetrVG als leitende Angestellte einzustufen.[350] Auf eine exakte Einordnung kommt es hier, wie bereits dargestellt, nicht an. Ausschlaggebend ist allein die Erkenntnis, dass Trainern im Vergleich zu anderen Arbeitnehmern eine derart exponierte Stellung zukommt, die es erforderlich macht, den Vereinen ein Mittel an die Hand zu geben, sich im Fall der Fälle schnell von ihrem Trainer trennen zu können. Dafür drängt sich geradezu die Befristung auf. Sie erfordert nicht – wie § 14 Abs. 2 KSchG – die Eigenschaft als leitender Angestellter, sondern einen tauglichen Sachgrund. Als Bewertungskriterium, das für eine Befristungsmöglichkeit spricht, taugt die herausgehobene Stellung der Trainer demnach allemal.

348 GK-BetrVG/*Raab*, § 5, Rn. 126.

349 Vgl. GK-BetrVG/*Raab*, § 5, Rn. 138 f; *Fitting*, § 5, Rn. 404.

350 So auch *Walker*, in: Recht und Sport (Band 27), S. 11 (33).

bb) Spieler

Spieler in Mannschaftssportarten sind keine leitenden Angestellten i.S.v. § 14 Abs. 2 KSchG und diesen – anders als Trainer – auch nicht vergleichbar. Die rechtliche Stellung des leitenden Angestellten zeichnet sich dadurch aus, dass er zwar selbst in einem abhängigen Beschäftigungsverhältnis zu seinem Arbeitgeber steht, seine Aufgaben aber ganz oder überwiegend in der Wahrnehmung typischer Arbeitgeberfunktionen wie Personalplanung, Einstellung und Entlassung von Arbeitnehmern, Entwicklung von Arbeitsabläufen u.ä. bestehen.[351] Spieler nehmen keine dieser Aufgaben wahr. Auch der Blick auf den weiteren Begriff des leitenden Angestellten i.S.v. § 5 Abs. 3 Satz 2 BetrVG hilft hier nicht weiter.[352] Denn die Tätigkeit der Spieler hat keinerlei unternehmerischen Bezug, der eine gesonderte Stellung begründen könnte. Die Höhe des Einkommens verhilft ebenfalls nicht zur Einordnung der Spieler als leitende Angestellte.[353] Die Stellung der Spieler im Verein ist folglich kein Kriterium, das zugunsten einer Befristung berücksichtigt werden kann.

c) Üblichkeit der Befristung im professionellen Mannschaftssport

Die Befristung von Arbeitsverhältnissen mit Profisportlern ist nicht nur üblich, sondern praktisch ausnahmslos die Regel. Diese Praxis der Befristung kann ein Beleg für deren Angemessenheit sein. Allerdings führt dieser Aspekt allein noch nicht zur Angemessenheit der Befristung.[354] Nach Ansicht des BAG kann eine branchenübliche Befristung mittlerweile lediglich ein Indiz für deren Rechtfertigung sein.[355] Das Gericht hat weiter darauf hingewiesen, dass in ständiger Rechtsprechung die Üblichkeit nur insoweit zu berücksichtigen sei, wie sie nach Auffassung verständiger und verantwortungsbewusster Vertragspartner als berechtigt anzusehen ist. In der gleichen Entscheidung stellte der Senat aber klar, dass er darüber hinausgehend dazu neige, der Üblichkeit von Befristungsvereinbarungen nur dann Bedeutung zuzumessen, wenn sie ihrerseits von einem sachlich rechtfertigenden Grund getragen ist. Eine rechtserhebliche Üblichkeit dürfte nach Ansicht des Senats regelmäßig nicht konstitutiv für einen sachlichen Be-

351 ErfK/*Preis*, § 611 BGB, Rn. 105; APS/*Preis*, Grundlagen C., Rn. 64.

352 Vgl. dagegen die Ausführungen oben hinsichtlich der Stellung von Trainern im Verein.

353 Vgl. ErfK/*Kiel*, § 14 KSchG, Rn. 11; KDZ/*Deinert*, § 14 KSchG, Rn. 18.

354 Staudinger/*Preis*, § 620, Rn. 73.

355 BAG, Urteil v. 29.10.1998 – 7 AZR 463/97, EzA BGB § 620 Nr. 158 = DB 1999, S. 853 f. = SpuRt 1999, S. 253 f.

fristungsgrund sein, sondern lediglich dessen Folge.[356] Festgelegt hat sich das Gericht in diesem Urteil aber nicht. Trotzdem kann der Üblichkeit der Vertragsgestaltung nach diesen Aussagen, selbst als nur einem von vielen Prüfungskriterien, wohl kein nennenswertes Gewicht mehr beigemessen werden. Ein zu berücksichtigender Punkt ist dennoch, ob sich eine bestimmte Vertragsgestaltung nicht gerade deshalb als verkehrs- oder branchenüblich durchgesetzt hat, weil sie zweckmäßig und nicht übermäßig belastend ist.[357] Bislang ist noch kein Profisportler den Weg zum BAG gegangen, was zumindest den Anschein erweckt, dass die gängige Befristungspraxis in dieser Branche als zweckmäßig und angemessen angesehen wird. Die „Schmerzgrenze" der Spieler, den Instanzenweg bis zum bitteren Ende zu verfolgen, ist im Gegensatz zu Trainern freilich ungleich niedriger. Während die Trainertätigkeit theoretisch bis zur Regelaltersgrenze oder länger ausgeübt werden kann, beschränkt sich die Lebensarbeitszeit der Spieler auf einen erheblich kürzeren Zeitraum. Allein dieser Umstand wird Spieler davon abhalten, einen mehrjährigen Instanzenzug durchzufechten.[358] Im Ergebnis kommt dem Prüfungskriterium der Branchenüblichkeit keine größere Bedeutung zu. Sie spricht weder eindeutig gegen noch für die Zulässigkeit von befristeten Sportlerverträgen.

d) Entgelthöhe

Einen anzuerkennenden Grundsatz, dass mit steigender Vergütung eine Befristung eher anzuerkennen ist, gibt es nicht.[359] Im AGB-Recht ist es sogar umgekehrt herrschende Meinung, dass die unangemessene Benachteiligung eines Vertragspartners, etwa durch die Beschränkung von Gewährleistungsrechten, nicht mit einem niedrigeren Preis für die angebotene Ware oder Dienstleistung gerechtfertigt werden kann (sog. Preisargument).[360] Dem Preisargument liegt die Konstellation eines Preisvorteils im Zusammenhang mit einer benachteiligenden Vertragsklausel zu Grunde. Es soll sich nicht jede Risikoverlagerung durch einen Preisvorteil rechtfertigen lassen können. Allgemeiner könnte man sagen, dass unangemessene Benachteiligungen eines Vertragspartners nicht generell mit Entgeltvorteilen gerechtfertigt werden können. Diese Wertung des AGB-Rechts

---

356 BAG, Urteil v. 29.10.1998 – 7 AZR 463/97, EzA BGB § 620 Nr. 158 = DB 1999, S. 853 f. = SpuRt 1999, S. 253 f.

357 *Preis*, Grundfragen, S. 318 f.

358 Was auch der Grund dafür sein dürfte, dass bis heute kein höchstrichterliches Urteil zur Zulässigkeit von befristeten Spielerverträgen existiert. Solange heißt es weiter warten auf einen „neuen Bosman".

359 Staudinger/*Preis*, § 620, Rn. 75.

360 Ulmer/Brandner/Hensen/*Fuchs*, § 307, Rn. 145 m.w.N.

lässt sich nicht ohne weiteres auf das Befristungsrecht übertragen. Im Befristungsrecht stellt sich die Frage, ob die grundsätzlich benachteiligende Wirkung eines befristeten Arbeitsverhältnisses im Gegensatz zu einem unbefristeten Arbeitsverhältnis durch die Zahlung eines höheren Gehalts ausgeglichen werden kann. Die benachteiligende Wirkung eines befristeten Arbeitsverhältnisses liegt in der Absehbarkeit des beruflichen Tätigkeitszeitraums mit all seinen Folgen. Ob sich nach Ablauf der Vertragszeit ein weiterer (befristeter oder unbefristeter) Arbeitsvertrag anschließt, ist ungewiss. Auch dass sich nach Beendigung des befristeten Vertrags direkt ein Arbeitsverhältnis mit einem anderen Arbeitgeber anbahnt, ist nicht sicher. Das wirkt sich in vielerlei Hinsicht auf die Zukunftsplanungen der betroffenen Arbeitnehmer aus und kann sie in wesentlichen Entscheidungen behindern. Übt ein Arbeitnehmer seine Tätigkeit nur auf Basis eines zeitlich befristeten Arbeitsvertrages aus, wird er es sich beispielsweise genau überlegen, ob er einen Kredit für den Bau oder Kauf eines Familienhauses aufnimmt. Schließlich muss er damit rechnen, die anfallenden Zins- und Tilgungsleistungen nicht mehr aufbringen zu können, wenn sein Einkommen aufgrund des Auslaufens seines Vertrags ausfällt und er im schlimmsten Fall – und auch das nur für begrenzte Zeit – lediglich Arbeitslosengeld erhält. Mit einem weit überdurchschnittlichen Gehalt können derartige soziale Risiken zwar nicht abgefangen, aber doch abgefedert werden.

An dieser Stelle ist auch auf das Argument der Kompensation einzugehen, das ebenfalls aus dem Recht der AGB stammt. Dort ist anerkannt, dass die nachteiligen Wirkungen einer problematischen Klausel durch andere vertragliche Regelungen, welche die Rechtsposition des Vertragspartners verbessern, kompensiert werden können.[361] Dies aber eben nicht – wie gerade dargestellt – über den Preis. Voraussetzung einer Kompensation ist, dass die vorteilhafte Klausel in einem sachlichen Regelungszusammenhang mit der nachteiligen Bestimmung steht und der Vorteil so gewichtig ist, dass er einen angemessenen Ausgleich für die nachteilige Regelung bietet.[362] Im arbeitsrechtlichen Bereich lässt sich als Beispiel für eine zulässige Kompensation die Zahlung einer Mankovergütung anführen.[363] Sie wird als Ausgleich für die auf den Arbeitnehmer übertragene Haftung für Fehlbeträge oder Fehlmengen eines ihm anvertrauten Bestands an Gegenständen gezahlt. Im Grunde verhält es sich bei Verträgen mit Profisportlern nicht anders, wenn der lediglich befristete Vertrag mit einer Vergütung kompensiert wird, die weit über der von durchschnittlichen Arbeitsverhältnissen liegt. In diesem Zusammenhang ergibt sich im Gegensatz zur Betrachtung der Gehaltshöhe

361 Ulmer/Brandner/Hensen/*Fuchs*, § 307, Rn. 151 m.w.N.

362 Staudinger/*Coester*, § 307, Rn. 125 f.; Ulmer/Brandner/Hensen/*Fuchs*, § 307, Rn. 151.

363 Vgl. *Preis*, Grundfragen, S. 323, 462; Ulmer/Brandner/Hensen/*Fuchs*, § 307, Rn. 152.

als eigenständigen Sachgrund nicht das Problem der Festlegung einer bestimmten Höhe des Gehalts, da der gegenständlichen Prüfung eines Sachgrundes nicht nur dieses sondern mehrere Kriterien zugrunde liegen.[364] Die regelmäßig hohen Gehälter der Profisportler[365] resultieren nicht zuletzt auch auf dem Umstand, dass die Arbeitsverträge nur für bestimmte Zeit abgeschlossen werden.

Das Kriterium der Gehaltshöhe ist folglich bei der Konkretisierung der Generalklausel des sachlichen Grundes zu berücksichtigen und insgesamt zugunsten einer zulässigen Befristung zu verbuchen.

e) Transparenzgebot

Das aus dem AGB-Recht stammende sog. Transparenzgebot hält den Verwender an, gestellte Vertragsbedingungen, auf deren Gestaltung der Vertragspartner keinen Einfluss hat, möglichst klar und durchschaubar darzustellen.[366] Dieser Grundsatz hat auch im Recht der befristeten Arbeitsverträge längst Anerkennung gefunden.[367] Bedeutung kommt ihm insbesondere bei auflösenden Bedingungen zu, wenn der Eintritt der Beendigung nicht bestimmt genug ist und es der auflösenden Bedingung damit an der erforderlichen Rechtsklarheit fehlt.[368] Dem Vertragspartner muss hinreichend klar sein, unter welchen Umständen der Vertrag endet. Dem Transparenzgebot kommt bei sachgrundbefristeten Sportlerverträgen indes keine besondere Bedeutung zu. An der Bestimmtheit und Klarheit der (Befristungs-) Regelung bestehen keine Zweifel, da aus der Befristungsabrede selbst deutlich hervorgeht, zu welchem Zeitpunkt der Vertrag endet.

f) Verlagerung von Auftrags- und Beschäftigungsrisiken

Dabei geht es im Kern um die Unsicherheit der künftigen Entwicklung des Arbeitskräftebedarfs. Auftrags- und Beschäftigungsrisiken hat grundsätzlich der Unternehmer zu tragen.[369] Diese Wertung ergibt sich aus dem System der zwingenden Kündigungsschranken (§ 1 KSchG und § 626 BGB), wonach zwar die ordentliche Kündigung, nicht aber die sofortige Lösung aus wirtschaftlichen oder betrieblichen Gründen zulässig ist.[370] Wirkungsgleiche Vertragsgestaltungen sind

---

364 Siehe dazu unter 1. Teil, V.2.

365 So lag schon in der Saison 1998/1999 das jährliche Durchschnittsgehalt eines Fußballspielers der 1. Bundesliga bei 2,349 Mio. DM, vgl. *Kops*, S. 5 m.w.N.

366 Vgl. BeckOK BGB/*Schmidt*, § 307 BGB, Rn. 40 f. (Stand: 01.11.2012).

367 Staudinger/*Preis*, § 620, Rn. 76.

368 Siehe BAG, Urteil v. 27.10.1988 – 2 AZR 109/88, EzA § 620 BGB Bedingung Nr. 9.

369 Schaub/Koch, Betriebsrisiko.

370 Staudinger/*Preis*, § 620, Rn. 78.

durch diesen Grundsatz ebenfalls begrenzt. In welchem Umfang der Arbeitnehmer doch selbst zulässigerweise von Auftrags- und Beschäftigungsrisiken betroffen sein kann, regelt das KSchG in § 1 Abs. 2 Satz 1, indem es die Kündigung aus dringenden betrieblichen Erfordernissen ermöglicht. Umgeht eine vertragliche Gestaltung dieses Grundprinzip, ist darin eine unzulässige Verlagerung zulasten des Arbeitnehmers zu sehen.[371] Unsicherheiten in der finanziellen Entwicklung stellen jedenfalls keinen Sachgrund für eine Befristung dar.[372] Befristungen, die dem Zweck dienen, Auftrags-, Wirtschafts- und Beschäftigungsrisiken auf die Arbeitnehmer zu verlagern, sind zwar nicht generell unzulässig, können aber nur unter strengen Kriterien, die der Regelbeurteilung des § 1 KSchG entsprechen, zugelassen werden.[373] Die Gefahr derartiger Verlagerungen besteht – wie später noch darzustellen sein wird – vornehmlich bei auflösenden Bedingungen. Beispielsweise wäre eine Vereinbarung, nach der das Arbeitsverhältnis des Profisportlers automatisch endet, wenn der Verein seinen Hauptsponsor verliert oder andere Finanzquellen ausfallen, wohl unzulässig. Die an dieser Stelle in Frage stehende kalendarische Befristung bürdet den Profisportlern diese Risiken der wirtschaftlichen Entwicklung allerdings nicht auf. Wie bereits mehrfach dargestellt, liegen die Beweggründe für den bevorzugten Abschluss befristeter Verträge in anderen Bereichen, wie etwa in der dadurch geschaffenen Möglichkeit, Ablösezahlungen zu erzielen.

g) Verfassungsrechtliche Wertungen

Bei der Prüfung des Sachgrundes sind auch verfassungsrechtliche Wertungen zu berücksichtigen.[374] Die Schutzgebotsfunktion der Grundrechte entfaltet sich nämlich auch und gerade in den Privatrechtsbeziehungen, die durch Ungleichgewichtigkeiten beider Seiten gekennzeichnet sind.[375]

Zunächst lässt sich festhalten, dass den arbeitgebenden Vereinen im Gegensatz zu Arbeitgebern im Theater-, Film- und Rundfunkbereich keine spezifischen Grundrechte zur Verfügung stehen, die zugunsten einer zulässigen Befristung von Spieler- und Trainerverträgen sprechen.[376] Für die Frage der verfassungsrechtlichen Zulässigkeit befristeter Arbeitsverträge ist zugunsten der Arbeitgeber die durch Art. 2 Abs. 1 GG geschützte Vertragsfreiheit zu beachten. Diese er-

---

371 BAG, Urteil v. 13.08.1980 – 5 AZR 296/78, AP § 1 BUrlG Unbezahlter Urlaub Nr. 1.

372 BAG, Urteil v. 30.09.1981 – 7 AZR 789/78, AP § 620 BGB Befristeter Arbeitsvertrag Nr. 61.

373 Staudinger/*Preis*, § 620, Rn. 80.

374 Dazu eingehend *Schulz*, Grundrechtskollisionen im Berufssport, S. 110 ff.

375 Siehe umfassend zu den Wirkungen der Grundrechte im Arbeitsverhältnis MünchKommBGB/*Müller-Glöge*, § 611, Rn. 278 ff.

376 Siehe dazu unter 1. Teil, IV.7.

laubt grundsätzlich den Abschluss befristeter Verträge.[377] Nicht zu vergessen können sich auch Arbeitgeber[378] auf das Grundrecht der Berufsfreiheit[379] stützen. In diesem Bereich schützt Art. 12 Abs. 1 Satz 1 GG unter anderem das Interesse des Arbeitgebers, bei einer von ihm beabsichtigten Beendigung von Arbeitsverhältnissen möglichst frei zu sein.[380]

Auf Arbeitnehmerseite ist ebenfalls auf das Grundrecht der Berufsfreiheit aus Art. 12 Abs. 1 Satz 1 GG zu achten. Es schützt neben der Wahl des Berufs auch die Berufsausübung. Davon umfasst ist u.a. auch das Interesse des Arbeitnehmers an einem unbefristeten Arbeitsvertrag. Freilich gewährt Art. 12 Abs. 1 Satz 1 GG dem Arbeitnehmer keinen Schutz vor Kündigung, keinen Anspruch auf Schaffung und Erhaltung von Arbeitsplätzen und schon gar nicht ein subjektives Recht auf Arbeit gegenüber dem Staat i.S. eines Anspruchs auf Zuweisung von Arbeitsplätzen oder auf zur Realisierung eines solchen Rechts erforderliche staatliche Maßnahmen.[381] Dem Staat obliegt insoweit aber eine aus Art. 12 Abs. 1 GG folgende Schutzpflicht, den Arbeitnehmer vor einem unvermittelten Verlust seines Arbeitsplatzes aufgrund privater Dispositionen zu bewahren.[382] Dieser Pflicht ist durch die geltenden Kündigungsvorschriften aber schon hinreichend Rechnung getragen.[383] Wie das BAG in einer Entscheidung von 1991 konkretisiert hat, zählen dazu nicht nur die gesetzlichen Bestimmungen gegen den Verlust des Arbeitsplatzes infolge von Kündigungen im rechtstechnischen Sinn, sondern auch alle anderen Regelungen über den Schutz des Arbeitnehmers gegen den Verlust seines Arbeitsplatzes aufgrund privatrechtlicher Dispositio-

377 BAG, Urteil v. 11.12.1991 – 7 AZR 431/90, EzA § 620 BGB Nr. 110 unter Hinweis auf § 620 BGB und § 105 GewO und den Beschluss des Großen Senats vom 12.10.1960 – GS 1/59 (3 AZR 65/56), BAGE 10, S. 65 (72) = AP BGB § 620 Befristeter Arbeitsvertrag Nr. 16.

378 Für die Arbeitgeber im professionellen Mannschaftssport folgt dies aus Art. 19 Abs. 3 GG, nachdem die Grundrechte auch für inländische juristische Personen (und sonstige Vereinigungen; vgl. *Jarass/Pieroth*, Art. 19 GG, Rn. 19) gelten, soweit sie ihrem Wesen nach auf diese anwendbar sind. Die arbeitgebenden Klubs sind zumeist in der Gesellschaftsform des rechtsfähigen Vereins, der KGaA, der GmbH oder der AG organisiert, die allesamt Grundrechtsträger von Art. 12 Abs. 1 Satz 1 GG und Art. 2 Abs. 1 GG sein können.

379 Teilweise wird auch von der Unternehmerfreiheit gesprochen, die das Recht der freien Gründung und Führung von Unternehmen gewährleistet, vgl. BVerfG, Urteil v. 01.03.1979 – 1 BvR 532, 533/77, 419/78 und 1 BvL 21/78, BverfGE 50, S. 290 (363). Dabei handelt es sich jedoch nur um eine deskriptive Konkretisierung des Schutzbereichs der Berufsausübungsfreiheit, vgl. *Manssen*, in: v. Mangoldt/Klein/Starck, Art. 12 Abs. 1 GG, Rn. 69.

380 BAG, Urteil v. 11.12.1991 – 7 AZR 431/90, EzA § 620 BGB Nr. 110.

381 Sachs/*Tettinger/Mann*, Art. 12 GG, Rn. 66.

382 BVerfG, Urteil v. 24.04.1991 – 1 BvR 1341/90, BVerfGE 84, S. 133 (147) = NJW 1991, S. 1667 (1667).

383 BVerfG, Urteil v. 24.04.1991 – 1 BvR 1341/90, BVerfGE 84, S. 133 (147) = NJW 1991, S. 1667 (1667).

nen, mithin auch die gesetzlichen und die von der Rechtsprechung des Bundesarbeitsgerichts entwickelten Grundsätze über die Wirksamkeit einer vereinbarten Befristung eines Arbeitsverhältnisses.[384] Folglich kommt auch die Kodifizierung des Befristungsrechts durch das TzBfG, in der sich die Rechtsprechung des BAG maßgeblich niedergeschlagen hat[385], dieser Schutzpflicht nach. Zwar ließe sich argumentieren, dass der Gesetzgeber mit den im TzBfG geregelten Voraussetzungen für den zulässigen Abschluss befristeter Arbeitsverträge die Grundrechtspositionen der Arbeitnehmer bereits hinreichend berücksichtigt hat, eine erneute Berücksichtigung deren Positionen im Rahmen der Befristungskontrolle des § 14 TzBfG daher nicht mehr erforderlich ist. Allerdings soll an dieser Stelle gerade die Generalklausel des § 14 Abs. 1 Satz 1 TzBfG durch verfassungsrechtliche Wertungen konkretisiert und ausgefüllt werden. Die Generalklausel stellt insoweit das Einfallstor für die Grundrechtspositionen der Vertragsparteien dar.

Im Rahmen der befristungsrechtlichen Generalklausel in § 14 Abs. 1 Satz 1 TzBfG sind also die Grundrechte von Verein und Profisportler zu berücksichtigen. Bei Grundrechtsbeschränkungen sind die kollidierenden Grundrechtspositionen im Wege der praktischen Konkordanz so in Einklang zu bringen, dass sie für beide Parteien möglichst weitgehend wirksam werden.[386] An dieser Stelle ist indes von Interesse, ob die verfassungsrechtlich verbürgten Rechte einer Partei die der anderen überragen. In diesem Fall wäre der hier behandelte Prüfungspunkt – je nachdem, ob er zugunsten des Vereins oder des Profisportlers ausschlägt – entweder als sachgrundfreundich oder sachgrundhinderlich einzustufen. Wie gezeigt steht die Unternehmerfreiheit der Vereine der Berufsfreiheit der Profisportler gegenüber. Für die Bewertung der gegenseitigen Interessen gibt es keine feste Rangordnung.[387] Denn nach dem Willen der Verfassung sind alle Grundrechte essentielle Bestandteile der freiheitlichen demokratischen Ordnung, so dass keines von ihnen einen grundsätzlichen Vorrang beanspruchen kann.[388] Spezifische Grundrechte, die einen Ausschlag in die eine oder andere Richtung geben könnten, kann keine der Parteien für sich in Anspruch nehmen. Bei der hier vorzunehmenden Bewertung heben sich die jeweiligen Grundrechtspositionen aus Art. 12 Abs. 1 GG auf den ersten Blick gegeneinander auf. Eine befristungsfreundliche Tendenz könnte sich gleichwohl aus dem Aspekt der fakti-

---

384 BAG, Urteil v. 11.12.1991 – 7 AZR 431/90, EzA § 620 BGB Nr. 110.

385 Siehe dazu die Ausführungen unter 1. Teil, I.

386 Vgl. BAG GS, Beschluß v. 27.09.1994 – GS 1/89 (A), NJW 1995, S. 210 (212); MünchKommBGB/*Müller-Glöge*, § 611, Rn. 324.

387 *Gamillscheg*, Die Grundrechte im Arbeitsrecht, S. 20.

388 Vgl. BVerfG, Urteil v. 05.06.1973 – 1 BvR 536/72, BVerfGE 6, S. 202 (225); Maunz/Schmidt-Bleibtreu/*Bethge*, § 90 BVerfGG, Rn. 311.

schen ordentlichen Unkündbarkeit der Profisportler ergeben. Wie an anderer Stelle bereits aufgezeigt wurde, sehen sich die Vereine dem Problem gegenüber, dass es ihnen aufgrund erheblicher Beweisschwierigkeiten zumeist nahezu unmöglich ist, sich von ihren Trainern und Spielern im Wege der ordentlichen Kündigung zu trennen.[389] Wird dem Verein die Möglichkeit einer Sachgrundbefristung versagt, kann dies faktisch dazu führen, dass er sich – abgesehen von der Möglichkeit des Abschlusses eines mit in der Regel hohen Abfindungszahlungen verbundenen Aufhebungsvertrages – nicht mehr von seinen Profisportlern trennen kann. Dadurch wird die Unternehmerfreiheit des Vereins so weit eingeschränkt, dass nicht mehr von einer angemessenen Ausübungsmöglichkeit gesprochen werden kann. Das trifft vor allem auf Verträge mit Trainern zu, denen aufgrund ihrer herausgehobenen Einzelposition eine besondere wirtschaftliche Bedeutung für den Verein zukommt.

Nach einer Gesamtschau der jeweiligen Grundrechtspositionen ergibt sich eine Tendenz zugunsten der Vereine. Die verfassungsrechtlichen Erwägungen wirken sich – jedenfalls bezüglich der befristeten Verträge mit Trainern – befristungsfreundlich aus. Hinsichtlich der Spielerverträge wirkt sich dieser Prüfungspunkt aufgrund ihrer, im Vergleich zu Trainern, geringeren (Einzel-) Bedeutung für die wirtschaftliche Existenz der Klubs neutral aus.

h) Europarechtliche Wertungen

Den Rahmen für die Anforderungen an einen sachlichen Grund für eine Befristung gibt nicht zuletzt auch der Europäische Gerichtshof vor. Denn das TzBfG dient der Umsetzung der Richtlinie 1999/70/EG des Rates vom 28.06. 1999 über befristete Arbeitsverhältnisse. Diese Richtlinie führte eine Rahmenvereinbarung der europäischen Dachverbände der Gewerkschaften und Arbeitgeber vom 18.03.1999 durch, die im Verfahren nach Art. 138, 139 EG geschlossen wurde.[390]

Der Europäische Gerichtshof hatte daher jüngst in einer Vorlagefrage nach Art. 234 EG zur Auslegung des Begriffs „sachlicher Grund“ im Sinne des § 5.1 der Rahmenvereinbarung Stellung zu nehmen. Diese, für das materielle Befristungsrecht wichtigste Vorschrift[391], hat folgenden Wortlaut:

---

389 Siehe dazu die Ausführungen unter 1. Teil, III.8. zu Trainern und unter 1. Teil, IV.11. zu Spielern.

390 ABlEG Nr. L 175 vom 10.07.1999, S. 43 f.; die Richtlinie ist abrufbar unter http://eur-lex.europa.eu/LexUriServ/LexUriServ.do?uri=OJ:L:1999:175:0043:0048:DE:PDF (12.03.2010); die Rahmenvereinbarung findet sich im Anhang zur Richtlinie auf S. 45 ff.

391 APS/*Backhaus*, Vor § 14 TzBfG, Rn. 4.

„Um Mißbrauch durch aufeinanderfolgende befristete Arbeitsverträge oder -verhältnisse zu vermeiden, ergreifen die Mitgliedstaaten nach der gesetzlich oder tarifvertraglich vorgeschriebenen oder in dem Mitgliedstaat üblichen Anhörung der Sozialpartner und/oder die Sozialpartner, wenn keine gleichwertigen gesetzlichen Maßnahmen zur Mißbrauchsverhinderung bestehen, unter Berücksichtigung der Anforderungen bestimmter Branchen und/oder Arbeitnehmerkategorien eine oder mehrere der folgenden Maßnahmen:

a) sachliche Gründe, die die Verlängerung solcher Verträge oder Verhältnisse rechtfertigen;
b) die insgesamt maximal zulässige Dauer aufeinanderfolgender Arbeitsverträge oder -verhältnisse;
c) die zulässige Zahl der Verlängerungen solcher Verträge oder Verhältnisse."

Das Gericht führte aus, dass der Begriff „sachliche Gründe" im Sinne der Vorschrift verlangt, dass der in der nationalen Regelung vorgesehene Rückgriff auf befristete Arbeitsverhältnisse *durch konkrete Gesichtspunkte gerechtfertigt sein muss, die vor allem mit der betreffenden Tätigkeit und den Bedingungen ihrer Ausübung zusammenhängen.*[392] Wie aus der Wortwahl „vor allem" geschlossen werden kann, muss sich die sachliche Rechtfertigung zwar nicht ausschließlich aus dem Zusammenhang mit der betreffenden Tätigkeit und den Bedingungen ihrer Ausübung ableiten.[393] Diesen Kriterien ist demnach aber besonderes Gewicht beizumessen. Insgesamt scheint der Europäische Gerichtshof durch seine weite Formulierung einen breiten Rahmen für mögliche Sachgründe stecken zu wollen, soweit das Regel-Ausnahmeverhältnis zwischen unbefristeten und befristeten Arbeitsverhältnissen, die Gewährleistung des Arbeitnehmerschutzes und die Missbrauchskontrolle hinreichend beachtet werden.[394] Im Kern stellt der EuGH bei der Konkretisierung eines sachlichen Grundes für eine Befristung also vornehmlich auf tätigkeitsbezogene Merkmale ab. Das deckt sich mit der hiesigen Vorgehensweise, den Sachgrund i.S.d. Generalklausel des § 14 Abs. 1 Satz 1 TzBfG durch die dargestellten Prüfungskriterien auszufüllen.

Wie aus den oben dargestellten Argumenten deutlich hervorgeht, besteht bei Profisportlern im professionellen Mannschaftssport aufgrund der besonderen Bedingungen der Ausübung ihrer Tätigkeit ein gesteigertes Erfordernis an befristeten Arbeitsverhältnissen. Die tatsächlichen und arbeitsrechtlichen Rahmenbedingungen in diesem Bereich weisen gewichtige rechtserhebliche Besonderheiten zu durchschnittlichen Tätigkeitsbereichen auf, die es bei der Frage der Zulässigkeit von befristeten Arbeitsverhältnissen zu berücksichtigen gilt.

---

392 EuGH, Urteil v. 04.07.2006 – C-212/04 (Adeneler), EzA Richtlinie 99/70 EG-Vertrag 1999 Nr. 1 = NJW 2006, S. 2465 ff. = NZA 2006, S. 909 ff.

393 APS/*Backhaus*, Vor § 14 TzBfG, Rn. 4.

394 In diese Richtung auch APS/*Backhaus*, Vor § 14 TzBfG, Rn. 5 b, nachdem der Begriff der „Bedingung der Ausübung" auch die Lage des Unternehmens oder die finanziellen Grundlagen der Tätigkeit wie etwa die zur Verfügung stehenden Haushaltsmittel umschließen könnte.

aa) Trainer

Aus dem Betrachtungsfeld der tatsächlichen Bedingungen sind bei Trainern vor allem die verschiedenen, berufsspezifischen Verschleißgefahren (Trainer-Mannschaft[395]/Trainer-Dritte[396]), sowie die besondere Erfolgsorientierung der Trainertätigkeit[397] hervorzuheben. Die herausragende (arbeits-) rechtliche Besonderheit besteht hinsichtlich der Beweisprobleme bei Anwendung des KSchG und der sich daraus ergebenden faktischen Unkündbarkeit der Trainer.[398]

Ein weiterer gewichtiger Gesichtspunkt ist die Tatsache, dass Trainer in den meisten Fällen selbst kein Interesse an einem unbefristeten Vertrag haben werden. Schließlich eröffnet sich ihnen die Möglichkeit einer weiteren beruflichen und monetären Entwicklung meist nur durch Vereinswechsel oder durch neue Vertragsverhandlungen. Auch darf nicht vergessen werden, dass sich die Befristung von Trainerverträgen als äußerst praxistauglich erwiesen hat und deshalb auch den arbeitsvertraglichen Normalfall im professionellen Mannschaftssport darstellt. Die Branchenüblichkeit ist zwar kein eigenständiger Sachgrund. Als Indiz hat sie für eine interessengerechte Vertragsgestaltung allerdings weiterhin Bedeutung.[399] Die europarechtliche Betrachtung streitet nach alledem für die Zulässigkeit befristeter Trainerverträge im professionellen Mannschaftssport.

bb) Spieler

Bei Spielern führt die Vielzahl der tatsächlichen und rechtlichen Besonderheiten ebenfalls zu dem Ergebnis, dass europarechtliche Wertungen für die Zulässigkeit befristeter Verträge sprechen. Wie aus den oben im Einzelnen dargestellten Argumenten deutlich hervorgeht, besteht auch hier ein gesteigertes Erfordernis am Abschluss befristeter Arbeitsverhältnisse. Aus dem Betrachtungsfeld der tatsächlichen Bedingungen ist auf die erheblich verkürzte Lebensarbeitszeit der Spieler sowie die regelmäßig hohen Gehälter[400] abzustellen. Den Spielern im professionellen Mannschaftssport werden im Gegensatz zu Normalarbeitnehmern sehr hohe Gehälter bezahlt. Dies stellt eine zu berücksichtigende Besonderheit dar. Weiter ist im Gegensatz zu durchschnittlichen Arbeitnehmern die Lebensarbeitszeit von Sportlern im professionellen Mannschaftssport deutlich kürzer. Während die Lebensarbeitszeit eines durchschnittlichen Arbeitnehmers,

395 Siehe dazu die Ausführungen unter 1. Teil, III.10.c)aa).

396 Siehe dazu die Ausführungen unter 1. Teil, III.10.c)bb).

397 Siehe dazu die Ausführungen unter 1. Teil, III.10.c)dd).

398 Siehe dazu die Ausführungen unter 1. Teil, III.8.

399 Siehe dazu unter 1. Teil, III.7.

400 Siehe dazu die Ausführungen unter 1. Teil, IV.6.

der im Alter von 19 Jahren[401] in das Erwerbsleben einsteigt, bis zum Eintritt der Regelaltersgrenze von 67 Jahren[402] bis zu 48 Jahre[403] betragen kann, kommt man bei Spielern auch bei ausdehnender Berechnung auf nicht über 15 Jahre[404]. Da man nicht davon ausgehen kann, dass die Mehrheit der Spieler – in Anbetracht des in aller Regel frühen Berufseinstiegs als Profi – neben der professionellen Ausübung der jeweiligen Sportart eine weitere Berufsausbildung haben, müssen sie in der Lage sein, sich in dieser verhältnismäßig kurzen Zeit ihren gesamten „Lebenszeit-Unterhalt“ zu verdienen oder zumindest erhebliche Rücklagen für die Zukunft zu bilden, beispielsweise auch für die Kosten einer sich an das Karriereende anschließenden Ausbildung, mit der sie später ihren Lebensunterhalt bestreiten können. Erhebliche arbeitsrechtliche Besonderheiten bestehen hinsichtlich der Beweisprobleme für Klubs bei Anwendung des KSchG, wenn auf die nachlassende Leistungsfähigkeit der Spieler abgestellt wird.[405] Die europarechtlichen Gesichtspunkte sprechen demnach für die Zulässigkeit befristeter Spielerverträge.

i) Sonstige Interessen

Bei der Konkretisierung zulässiger Befristungstatbestände sind, neben den bereits aufgeführten Prüfungspunkten, zudem alle weiteren schutzwürdigen vertrags- und unternehmensbezogenen, sowie personenbezogene Interessen zu berücksichtigen.[406] An dieser Stelle sind demnach alle einzelfallbezogenen Interessen der Vereine und Profisportler zu beleuchten, die sich ebenfalls zugunsten oder zulasten der Zulässigkeit einer Befristung auswirken können. In Anbetracht der zahllos denkbaren Einzelinteressen und deren mangelnder Verallgemeinerungsfähigkeit ist eine abschließende Berücksichtigung und Bewertung an dieser Stelle nicht möglich. Es lassen sich dennoch zwei gewichtige Gründe aufführen, die für die Zulässigkeit von Befristungen streiten.

---

401 Nach *Niemeyer*, in: Schudy: Berufsorientierung in der Schule, S. 207 (208), starten Auszubildende im Durchschnitt mit 19 Jahren ins Berufsleben.

402 Vgl. § 35 SGB VI in der ab 01.01.2008 geltenden Fassung.

403 Die durchschnittliche Lebensarbeitszeit beträgt derzeit 37,5 Jahre, vgl. den Beitrag von *Heine*, Demografischer Wandel in Zahlen, vom 04.04.2007 auf der Website der ARD, abrufbar unter www.ard.de/zukunft/kinder-sind-zukunft/kinder-brauchen-familie/generationenvertrag/-/id=520622/nid=520622/did=553958/12tktgc/index.html (06.12.2012).

404 Hier wird beispielhaft davon ausgegangen, dass die Spieler mit 17 Jahren einen Profivertrag abschließen und ihre Tätigkeit bis zum 32. Lebensjahr ausüben.

405 Siehe dazu die Ausführungen unter 1. Teil, IV.11.

406 Vgl. Staudinger/*Preis*, § 620, Rn. 88.

aa) Konkurrenzfähigkeit

Wie bereits beleuchtet wurde, ist die bestehende Befristungspraxis eine Reaktion der Klubs auf das Bosman-Urteil des EuGH, um sich auf anderem Wege weiterhin Ablösezahlungen bei einem Weggang von Spielern zu sichern.[407] Die meisten deutschen und europäischen Profiligen bauen auf diesem System der Generierung von Ablösezahlungen auf. Würde man allein auf nationaler (i.e. deutscher) Ebene befristete Sportleistungsverträge für unzulässig halten, hätte dies einen enorm negativen Einfluss auf die europäische bzw. internationale Wettbewerbsfähigkeit deutscher Vereine, wenn nicht sogar deren völlige Belanglosigkeit die Folge wäre.[408] Denn ausländische Vereine könnten nach wie vor befristete Verträge mit ihren Spielern abschließen und daher u.a. auch von deutschen Klubs Ablösesummen verlangen, während diese auf diesem Wege keine Einnahmen mehr erzielen könnten. Solange sich auf europäischer bzw. internationaler Ebene nichts am gängigen Transfersystem ändert, ist der Erhalt der Wettbewerbsfähigkeit deutscher Vereine ein gewichtiges Argument für die Zulässigkeit befristeter Sportarbeitsverhältnisse im professionellen Mannschaftssport.

bb) Verhandlungsparität

Ein weiterer zu beachtender Aspekt ist die oftmals bestehende Verhandlungsparität zwischen Verein und Sportler. Je erfolgreicher bzw. etablierter der jeweilige Trainer oder Spieler ist, desto eher wird er auf Augenhöhe mit dem Klub die Vertragsverhandlungen führen. Wird in diesem Kontext ein befristeter Vertrag vereinbart, schlagen sich auch diesbezüglich die gleichlaufenden Interessen der Vertragsparteien nieder, was dann für die Zulässigkeit der Befristung anzuführen ist.

j) Zwischenergebnis

Nach Betrachtung der einzelnen, den Sachgrund der Generalklausel des § 14 Abs. 1 Satz 1 TzBfG konkretisierenden Prüfungspunkte, erfüllen die Besonderheiten der Arbeitsverhältnisse von Profisportlern im professionellen Mannschaftssport – Trainern wie Spielern – im Ergebnis die erforderlichen Voraussetzungen für einen Sachgrund.

---

407 Siehe dazu die Ausführungen unter 1. Teil, IV.1.

408 So auch *Blang*, S. 145, der davon spricht, dass dies die Fundamente des Profisports aus den Angeln heben würde. Er sieht allein darin schon einen rechtfertigenden Sachgrund i.S.d. Eigenart der Arbeitsleistung.

3. Zusammenfassung und Ergebnis zu V.

Grundsätzlich sind befristete Arbeitsverhältnisse aus sozialpolitischen Gründen nicht erwünscht und deshalb nur nach §§ 14 ff. TzBfG zulässig (Regel- Ausnahmeverhältnis).[409] Diese Ausgangslage gilt es auch bei der Frage der Zulässigkeit von befristeten Verträgen mit Profisportlern ständig zu beachten. Letztlich bestehen gesetzestechnisch zwei Möglichkeiten, Trainer- und Spielerverträge nach § 14 Abs. 1 TzBfG zulässig zu befristen. Entweder ordnet man die Besonderheiten des Arbeitsverhältnisses unter den normierten Sachgrund der Eigenart der Arbeitsleistung gemäß § 14 Abs. 1 Satz 2 Nr. 4 TzBfG ein, oder man stellt vorzugsweise mit der hier vertretenen Auffassung auf einen eigenständigen Sachgrund ab. Denn ein Rückgriff auf den Sachgrund der Eigenart der Arbeitsleistung führt nicht weiter. Er ist ein Sammeltatbestand, der aus der Rechtsprechung des BAG zum Bereich Rundfunk und Bühnen entstammt und nicht auf den Sportbereich übertragbar ist. Dies beruht vor allem darauf, dass sich die Zulässigkeit von befristeten Arbeitsverhältnissen im Bereich Rundfunk und Bühnen vornehmlich aus verfassungsrechtlichen Erwägungen ergibt, die deutlich zugunsten der jeweiligen Arbeitgeber in diesen Tendenzbetrieben sprechen. Der professionelle Mannschaftssport kann damit nicht aufwarten. Der Befristungsgrund der Eigenart der Arbeitsleistung wurde in der Folge zwar noch auf weitere Bereiche ausgedehnt, die sich auf besondere Grundrechte berufen können, so beispielsweise auf Parlamentsfraktionen, die Arbeitsverträge mit wissenschaftlichen Mitarbeitern wegen der Sicherung der verfassungsrechtlich geschützten Unabhängigkeit der freien Mandatsausübung zulässigerweise befristen dürfen.[410] Im Sport können diese Gesichtspunkte in Ermangelung spezifischer Grundrechte, auf die sich die arbeitgebenden Klubs berufen könnten, nicht nachvollzogen werden. Zielführender und dogmatisch überzeugender ist es daher, die Zulässigkeit der Befristung von Verträgen im professionellen Mannschaftssport anhand der Generalklausel des § 14 Abs. 1 Satz 1 TzBfG zu prüfen. Der unbestimmte Rechtsbegriff des „sachlichen Grundes“ ist dabei anhand eines Prüfungskatalogs zu konkretisieren und auszufüllen. Überprüft man die Besonderheiten der Tätigkeiten der Trainer und Spieler anhand dieser Kriterien, kommt man zu dem Ergebnis, dass diese Besonderheiten einen Sachgrund i.S. der Generalklausel darstellen und eine Befristung rechtfertigen. Hierin kann man ein Sonderbefristungsrecht für den professionellen Mannschaftssport sehen. Mit Blick auf das

---

409 Vgl. BT-Drucks. 14/4374, S. 12; für bestimmte Tätigkeitsbereiche gelten Sonderregelungen, vgl. dazu 1. Teil, I.

410 Vgl. BAG, Urteil v. 26.08.1998 – 7 AZR 450/97, AP § 620 BGB Befristeter Arbeitsvertrag Nr. 202.

– letztlich vom EuGH nicht entschiedene – Vorabentscheidungsersuchen des BAG vom 27.10.2010[411] zur Sonderbefristung im öffentlichen Dienst nach § 14 Abs. 1 Satz 2 Nr. 7 TzBfG könnten Bedenken hinsichtlich der europarechtlichen Zulässigkeit einer sportspezifischen Befristungsmöglichkeit bestehen. Schließlich brachte das BAG mit dem Ersuchen deutlich seine Zweifel an der Vereinbarkeit des Sonderbefristungsrechts des öffentlichen Dienstes mit europarechtlichen Vorgaben, insbesondere des allgemeinen Gleichheitssatzes, zum Ausdruck. Mit Blick auf ein Sonderbefristungsrecht für den professionellen Mannschaftssport wird es diesbezüglich ausschlaggebend sein, ob eine Ungleichbehandlung gegenüber Arbeitsverhältnissen außerhalb des Sports gerechtfertigt sein kann. Wie im bisherigen Verlauf dieser Arbeit dargelegt wurde, bestehen im Rahmen des Sportarbeitsverhältnisses genauso zahlreiche wie gewichtige Unterschiede zu normalen Arbeitsverhältnissen, die eine Privilegierung rechtfertigen.

Die Befristung von Arbeitsverhältnissen mit Profisportlern im professionellen Mannschaftssport ist nach § 14 Abs. 1 Satz 1 TzBfG zulässig.[412] Insoweit besteht ein eigenständiger, ungeschriebener Sachgrund, der mit den *Besonderheiten des professionellen Mannschaftssports* umschrieben werden kann.

VI. Kettenbefristungen

In aller Regel werden Arbeitsverträge mit Trainern und Spielern bei Bedarf mehrfach befristet abgeschlossen (sog. Kettenbefristungen). Der wiederholte Abschluss sachgrundbefristeter Arbeitsverhältnisse ist im Grundsatz auch unter Geltung des TzBfG zulässig.[413] Aus dem Gesetz ergibt sich kein Hindernis für Kettenbefristungen. Gibt es einen hinreichenden Sachgrund, ist die Befristung zulässig. Dabei ist jedoch nach wie vor die Rechtsprechung des Bundesarbeitsgerichts zu beachten, wonach bei mehrfacher Befristung mit zunehmender Dauer der Beschäftigung bei demselben Arbeitgeber die Anforderungen an den Sachgrund der Befristung zunehmen.[414] Dieser strengere Maßstab rechtfertigt sich grundsätzlich daraus, dass mit zunehmender Dauer der Beschäftigung in befristeten Arbeitsverhältnissen das Spannungsverhältnis zu dem Grundprinzip des unbefristeten, dem Kündigungsschutz unterliegenden Arbeitsverhältnisses,

411 BAG, Beschluss v. 27.10.2010 – 7 AZR 485/09 (A), NZA-RR 2011, 272 f.

412 Ohne Begründung i.E. auch OLG Hamm, Beschluss v. 29.05.2000 – 12 W 11/00, NZA-RR 2000, S. 461 (462).

413 MünchKommBGB/*Hesse*, § 14 TzBfG, Rn. 16; vgl. auch ErfK/*Müller-Glöge*, § 14 TzBfG, Rn. 9.

414 Vgl. nur BAG, Urteil v. 21.04.1993 – 7 AZR 376/92, AP BGB § 620 Befristeter Arbeitsvertrag Nr. 149.

wächst.[415] Als Grund für das Erfordernis erhöhter Anforderungen an den Sachgrund wird auch die größere soziale Verantwortung des Arbeitgebers bei zunehmender Beschäftigungsdauer angeführt.[416] Allerdings ist fraglich, wie dieser strengere Maßstab konkret umzusetzen ist.[417] Die Rechtsprechung ist in einigen Fällen den Weg gegangen, die Häufigkeit der Befristungen und die bisherige Gesamtbefristungsdauer als Indizien für das Fehlen eines Sachgrundes zu sehen.[418] Auch können wiederholte Befristungen Ausdruck davon sein, dass sich Prognosen der vorliegenden Art in der Vergangenheit als unzutreffend erwiesen haben.[419] Eine strengere Prognoseprüfung hat die Rechtsprechung diesbezüglich bei den besonders für Folgebefristungen anfälligen Sachgründen des § 14 Abs. 1 Satz 2 Nr. 1 TzBfG (vorübergehender Bedarf), Nr. 3 (Vertretung) und Nr.7 (Vergütung aus Haushaltsmitteln) angelegt.[420] Die Kontrolle bei Mehrfachbefristungen beschränkt sich nach ständiger Rechtsprechung des BAG grundsätzlich nur auf die sachliche Rechtfertigung des zuletzt abgeschlossenen Vertrags.[421]

Auf Kettenverträge mit Trainern und Spielern, deren Befristungen auf den soeben dargestellten neuen Sachgrund der Besonderheiten im professionellen Mannschaftssport gestützt werden, können diese Überprüfungsprinzipien nicht angewandt werden. Die weit überdurchschnittlichen Trainer- und Spielergehälter lassen die soziale Verantwortung der arbeitgebenden Klubs, die mit zunehmender Beschäftigungsdauer grundsätzlich steigt, in den Hintergrund treten. Die Befristungsgründe bei Trainern wie Spielern unterscheiden sich wie dargestellt zudem völlig von den geläufigen Befristungstatbeständen. So sind nur wenige der einer Befristung zugrunde liegenden Gründe einer Prognose zugänglich, die dann auch überprüft werden könnte. Bestes Beispiel dafür ist die faktische Unkündbarkeit der Trainer und Spieler bei Anwendung des KSchG. Dieser Aspekt bleibt unabhängig davon bestehen, wie häufig der Vertrag anschlussbefristet wird. Verschleißgefahr und Erfolgsbezogenheit sind ebenfalls Gesichtspunkte, die naturgemäß immer wieder als Befristungsgründe relevant sind, sich in diesem Sinne nicht „abnutzen“. Auch sie sind einer Prognoseüberprüfung mithin nicht zugänglich.

---

415 Staudinger/*Preis*, § 620, Rn. 52.

416 MünchKommBGB/*Hesse*, § 14 TzBfG, Rn. 16; APS/*Backhaus*, § 14 TzBfG, Rn. 58.

417 Staudinger/*Preis*, § 620, Rn. 52.

418 Staudinger/*Preis*, § 620, Rn. 52 m.w.N.

419 Staudinger/*Preis*, § 620, Rn. 52.

420 Ausführlich dazu *Sievers*, RdA 2004, S. 291 ff.

421 KR/*Lipke*, § 14 TzBfG, Rn. 75, 76 ff. m.z.w.N.; ErfK/*Müller-Glöge*, § 14 TzBfG, Rn. 9 ff. m.w.N.; anders nun bei wiederholten Vertretungsbefristungen, bei denen Zahl und Gesamtdauer der Verträge mit demselben Arbeitgeber zu berücksichtigen sind, vgl. EuGH, Urteil v. 26.01.2012 – C 586/10, NZA 2012, 135 f.

Dem mehrfachen, auch sich unmittelbar an das abgelaufene Arbeitsverhältnis anschließendem Abschluss von befristeten Arbeitsverträgen mit Profisportlern steht folglich nichts im Wege.

VII. Auflösende Bedingungen

1. Einführung

Eine weitere Möglichkeit, Sportleistungsverträge von Profisportlern – Trainern wie Spielern – ohne Kündigung zu beenden, ist die Vereinbarung einer auflösenden Bedingung im Arbeitsvertrag. Wie die in der Rechtsprechung behandelten Fälle[422] zeigen, kommen in der Praxis vor allem der Abstieg in eine niedrigere Spielklasse oder auch der Lizenzentzug des Vereins wegen wirtschaftlicher Leistungsunfähigkeit als auflösende Bedingungen in Betracht. Ein einschlägiger Passus im Vertrag könnte etwa wie folgt lauten:

Beispiel 1a (Abstieg/Lizenzverlust):

> „Das Arbeitsverhältnis endet mit Ablauf des jeweiligen Spieljahres, wenn die Mannschaft in eine niedrigere Spielklasse absteigt oder der Verein die Lizenz für die Teilnahme am Spielbetrieb des nächsten Spieljahres nicht erteilt bekommt."

oder:

Beispiel 1b (Abstieg/Lizenzverlust):

> „Der Vertrag gilt nur für den Spielbetrieb in der 1. (und 2.) Bundesliga."

Daneben kommen noch zahlreiche andere Sachverhalte für auflösende Bedingungen in Betracht. Zu denken ist an die Insolvenz des Vereins, den Wegfall der Publikumsgunst, den ausbleibenden sportlichen Erfolg und dadurch fehlende Finanzmittel sowie die Suspendierung des Sportlers durch den Verein. Zur Veranschaulichung sollen folgende Beispielsklauseln dienen:

Beispiel 2 (Insolvenz):

> „Das Arbeitsverhältnis endet, wenn über das Vermögen des Vereins das Insolvenzverfahren eröffnet worden ist."

---

422 BAG, Urteil v. 04.12.2002 – 7 AZR 492/01, NZA 2003, S. 611 (614); BAG, Urteil v. 09.07.1981 – 2 AZR 788/78, NJW 1982, S. 788 f., AP BGB § 620 Bedingung Nr. 4; LAG Düsseldorf, Urteil v. 20.11.2008 – 11 SaGa 23/08, SpuRt, 260 f.; LAG Düsseldorf, Urteil v. 26.05.1995 – 10 (15) Sa 1886/94, LAGE BGB § 620 Bedingung Nr. 5.

Beispiel 3 (Wegfall der Publikumsgunst):

„Der Vertrag endet mit Ablauf des jeweiligen Spieljahres (der jeweiligen Hin- oder Rückrunde), wenn ein weiterer Einsatz des Sportlers für den Verein vom Publikum nicht mehr hingenommen wird und dieser Umstand bereits mess- und zuordenbare negative Auswirkungen für den Verein zeigt. „

Beispiel 4 (ausbleibender sportlicher Erfolg/fehlende Finanzmittel):

„Der Vertrag endet mit Ablauf des jeweiligen Spieljahres (der jeweiligen Hin- oder Rückrunde), wenn der Verein die (in § [•]) definierten Ziele bis dahin nicht erreicht oder die finanziellen Mittel zu einer weiteren Vertragsdurchführung objektiv nicht mehr zur Verfügung stehen."

Beispiel 5 (Suspendierung durch den Verein):

„Das Arbeitsverhältnis endet, wenn der Sportler vom Verein berechtigterweise suspendiert wird. Die Suspendierung ist insbesondere berechtigt, wenn der Sportler eine schwerwiegende Vertragsverletzung begangen hat oder eine weitere Beschäftigung erhebliche Schäden für den Verein hervorrufen könnte."

Die Frage der Zulässigkeit derartiger auflösender Bedingungen ist aufgrund der Regelung des § 21 TzBfG ebenfalls im Rahmen der Befristungsabreden zu erörtern. Denn nach § 21 TzBfG bedarf es auch dann eines Sachgrundes, wenn der Arbeitsvertrag unter einer auflösenden Bedingung geschlossen wird. § 21 TzBfG verweist indes nur auf § 14 Abs. 1 TzBfG. Die Möglichkeiten der sachgrundlosen Befristung nach § 14 Abs. 2, 2a und 3 TzBfG stehen hier also nicht zur Verfügung.[423] Dem Arbeitgeber soll durch das Sachgrunderfordernis die Möglichkeit genommen werden, das Arbeitsverhältnis ohne Rücksicht auf zwingende Kündigungsschutznormen aus Gründen zu beenden, die in seinem Belieben liegen und zumeist von seinen wirtschaftlichen Interessen geprägt sind.[424] Die Definition einer auflösenden Bedingung richtet sich in Ermangelung einer eigenständigen Regelung in § 21 TzBfG nach § 158 Abs. 2 BGB[425]:

„Wird ein Rechtsgeschäft unter einer auflösenden Bedingung vorgenommen, so endigt mit dem Eintritt der Bedingung die Wirkung des Rechtsgeschäfts; mit diesem Zeitpunkt tritt der frühere Rechtszustand wieder ein."

Die auflösende Bedingung macht die Beendigung des Vertragsverhältnisses von einem künftigen Ereignis abhängig, wobei der Eintritt des Ereignisses ungewiss ist.[426] Im Gegensatz zur kalendermäßigen Befristung steht bei einer auflösenden

---

423 KR/*Lipke*, § 21 TzBfG, Rn. 17.

424 BAG, Urteil v. 19.01.2005 – 7 AZR 250/04, AP SGB III § 267 Nr. 1; BeckOK ArbR/*Bayreuther*, § 21 TzBfG, Rn. 5 (Stand: 01.09.2012).

425 Vgl. KR/*Lipke*, § 21 TzBfG, Rn. 1a.

426 APS/*Backhaus*, § 3 TzBfG, Rn. 25.

Bedingung ein bestimmter Endtermin also nicht fest. Bei der Zweckbefristung wiederum steht anders als bei der auflösenden Bedingung das Erreichen des Zwecks sicher fest, lediglich der Zeitpunkt der Zweckerreichung ist unsicher. Die Abgrenzung zwischen Zweckbefristung und auflösender Bedingung gestaltet sich in der Praxis manchmal schwierig, da die Beendigung des Vertragsverhältnisses jeweils von einem künftigen Ereignis abhängt. Dem wird durch die Gleichstellung von Zweckbefristung und auflösender Bedingung in § 21 TzBfG aber die Relevanz genommen. Im Ergebnis hat diese Abgrenzung deshalb keine Auswirkungen mehr.[427] Wie im Folgenden dargestellt wird, bestehen im Vergleich zur (Kalender-) Befristung gleichwohl Besonderheiten, die es zu beachten gilt.

2. Gleicher Prüfungsmaßstab

Während das Sachgrunderfordernis für eine auflösende Bedingung aufgrund seiner eindeutigen Anordnung in § 21 TzBfG unbestreitbar ist, herrscht hinsichtlich der Anforderungen an den Sachgrund Uneinigkeit. Fraglich ist, ob an die Sachgründe zur Rechtfertigung einer auflösenden Bedingung höhere Anforderungen zu stellen sind als an jene zur Rechtfertigung einer Befristung. Unter Bezugnahme auf die höchstrichterliche Rechtsprechungspraxis vor Einführung des TzBfG wird das Erfordernis eines strengeren Maßstabs aus der höheren Ungewissheit des Eintritts der auflösenden Bedingung im Vergleich zur Befristung sowie einer Umgehung des Kündigungsschutzes hergeleitet.[428] Die auflösende Bedingung erfasse Sachverhalte, die in einem unbefristeten Arbeitsverhältnis typischerweise als Kündigungsgründe herangezogen würden, durch die auflösende Bedingung aber keiner gerichtlichen Überprüfung nach Maßgabe des § 1 KSchG oder § 626 BGB mehr ausgesetzt sei.[429] Ausweislich der Gesetzesbegründung zu § 21 TzBfG[430] habe der Gesetzgeber diese Rechtsprechung übernehmen wollen.[431] Zutreffend wird dies aber mit dem Hinweis auf den klaren Gesetzeswortlaut und die Gesetzesbegründung verneint. Schon der Gesetzeswortlaut bietet keine Anhaltspunkte oder Rechtfertigung dafür, besonders strenge Anforderungen an die Sachgründe einer auflösenden Bedingung zu stellen.[432] Aus der äußerst knappen

427 Vgl. HaKo-*Mestwerdt*, § 21 TzBfG, Rn. 3.

428 APS/*Backhaus*, § 21 TzBfG, Rn. 11 m.w.N.

429 APS/*Backhaus*, § 21 TzBfG, Rn. 1.

430 BT-Drucks. 14/4374, S. 21.

431 APS/*Backhaus*, § 21 TzBfG, Rn. 11; Staudinger/*Preis*, § 620 BGB, Rn. 198.

432 KR/*Lipke*, § 21 TzBfG, Rn. 17; ErfK/*Müller-Glöge*, § 21 TzBfG, Rn. 3; *Sievers*, § 21 TzBfG, Rn. 8; Boecken/Joussen/*Joussen*, § 21 TzBfG, Rn. 12; zweifelnd auch *Hromadka*, NJW 2001,

Gesetzesbegründung lässt sich ebenfalls keine strengere Handhabe hinsichtlich der Sachgründe herleiten.[433] Dort wird lediglich festgestellt, dass die entsprechende Anwendung der Vorschriften über befristete Arbeitsverträge bei auflösenden Bedingungen der damaligen Rechtsprechung des BAG entspricht. Damit ist freilich nicht mehr gesagt, als das auch unter Geltung des TzBfG für auflösende Bedingungen ein rechtfertigender Sachgrund gegeben sein muss. Der Gesetzesbegründung lässt sich nicht eindeutig entnehmen, dass die früher geltenden strengeren Maßstäbe der Rechtsprechung zu auflösenden Bedingungen kodifiziert werden sollten. Wegen der erfolgten Gleichstellung mit befristeten Arbeitsverträgen kommt es zudem nicht mehr auf eine Umgehung des Kündigungsschutzes an, so dass die darauf bezogenen strengeren Bewertungsansätze für die Zulässigkeit einer auflösenden Bedingung keine Rolle mehr spielen.[434] Gegen ein Anlegen strengerer Maßstäbe spricht vielmehr eine der Zielsetzungen des Gesetzes, nämlich im Interesse der Flexibilität der Beschäftigung und als Brücke zu unbefristeten Beschäftigungsverhältnissen weiterhin erleichterte Befristungsmöglichkeiten und damit auch die erleichterte Vereinbarung auflösender Bedingungen zu ermöglichen.[435]

3. Spezielle Erfordernisse

Wegen der Besonderheiten auflösender Bedingungen im Vergleich zu Kalenderbefristungen und der Gleichstellung mit Zweckbefristungen (vgl. § 21 TzBfG) sind neben dem Sachgrunderfordernis dennoch weitere Vorgaben zu beachten. Zunächst gilt für eine auflösende Bedingung das Gebot der Klarheit der Vereinbarung. Wegen der durch die Bedingung für den Arbeitnehmer oft bestehenden Unsicherheit über den konkreten Beendigungszeitpunkt seines Arbeitsverhältnisses muss eine ausdrückliche, klar erkennbare Vereinbarung darüber getroffen werden[436] (Transparenzgebot). Insoweit könnte die Zulässigkeit der in Beispiel 1b dargestellten Klausel in Frage stehen. Aus ihr geht nicht ausdrücklich hervor, unter welchen Umständen der Vertrag endet. Es wird lediglich festgehalten, dass der Vertrag für den Spielbetrieb der 1. (und 2.) Bundesliga gilt. Um dem Erfordernis der Rechtsklarheit zu genügen wird man fordern müssen, die Worte „Li-

S. 400 (4005); vermittelnd Annuß/Thüsing/*Annuß*, § 21 TzBfG, Rn. 9, der zwar auch keinen anderen Maßstab als bei der Beurteilung von Befristungsabreden anlegen, jedoch die Eigenarten auflösender Bedingungen berücksichtigen will.

433 I.E. ebenso Annuß/Thüsing/*Annuß*, § 21 TzBfG, Rn. 9.

434 *Boewer*, § 21 TzBfG, Rn. 17.

435 BT-Drucks. 14/4374, S. 1.

436 APS/*Backhaus*, § 21 TzBfG, Rn. 7, § 3 TzBfG, Rn. 27; HaKo-*Mestwerdt*, § 21 TzBfG, Rn. 8.

zenzverlust“ und „Abstieg“ in die Klausel aufzunehmen. Weiter darf der Eintritt der Bedingung nicht vom Belieben des Arbeitgebers abhängen und muss hinreichend objektiv bestimmbar sein.[437] An der objektiven Bestimmbarkeit fehlt es etwa dann, wenn das Arbeitsverhältnis auf Grund eines komplexen Tatbestands enden soll, dessen Feststellung eine wertende Beurteilung oder weitere Prüfungen erfordert.[438] Hinsichtlich der Bestimmbarkeit bestehen daher auch bei der Beispielsklausel 3 Bedenken. Hier wird zwar der Beendigungsgrund mit dem Wegfall der Publikumsgunst deutlich angesprochen; indes wird der Bedingungseintritt von „mess- und zuordenbaren negativen Auswirkungen für den Verein“ abhängig gemacht. Dem Spieler ist mit der Klausel keinesfalls klar, wann genau sein Vertragsverhältnis enden soll. Die Regelung macht die Beendigung von weiteren Prüfungen (Messung von negativen Auswirkungen auf den Verein und Zuordnung derselben zum Spieler) abhängig, deren Ablauf und Voraussetzungen völlig im Dunkeln bleiben. Die Beispielsklausel 3 ist folglich zu unbestimmt.

Abschließend besteht bei der Vereinbarung auflösender Bedingungen gegenüber der Kalenderbefristung die Besonderheit, dass vom Arbeitgeber gemäß § 21 TzBfG i.V.m. § 15 Abs. 2 TzBfG eine Auslauffrist einzuhalten ist. Demnach endet ein mit einer auflösenden Bedingung versehener Arbeitsvertrag mit dem Eintritt der Bedingung, frühestens jedoch zwei Wochen nach Zugang der schriftlichen Unterrichtung des Arbeitnehmers durch den Arbeitgeber über den Eintritt der Bedingung. In diesem Zusammenhang ist zu beachten, dass nach § 21 TzBfG i.V.m. § 15 Abs. 5 TzBfG eine Verlängerung des Arbeitsverhältnisses auf unbestimmte Zeit fingiert wird, wenn das Arbeitsverhältnis mit Wissen des Arbeitgebers fortgesetzt wird und der Arbeitgeber den Bedingungseintritt nicht unverzüglich, d.h. ohne schuldhaftes Zögern (§ 121 Abs. 1 Satz 1 BGB), mitteilt. Die Folgen einer unterlassenen Unterrichtung wären vor allem im professionellen Mannschaftssport weit reichend. Den Profisportlern könnte dann nur noch ordentlich unter erheblichen Beweisschwierigkeiten[439] gekündigt werden. Die Vereinbarung einer auflösenden Bedingung stellt für die Vereine deshalb ein nicht zu unterschätzendes Risiko dar, weshalb die Praxis von auflösenden Bedingungen schon unter dem Gesichtspunkt der drohenden Vertragsfiktion bei unterlassener oder verspäteter Unterrichtung nur mit großer Vorsicht Gebrauch machen sollte.[440]

---

437 APS/*Backhaus*, § 3 TzBfG, Rn. 28; Staudinger/*Preis*, § 620 BGB, Rn. 198; HaKo-*Mestwerdt*, § 21 TzBfG, Rn. 8.

438 Vgl. BAG, Urteil v. 27.10.1988 – 2 AZR 109/88, AP BGB § 620 Bedingung Nr. 16.

439 Siehe dazu die Ausführungen unter 1. Teil, III.8. (bzgl. Trainer) und 1. Teil, IV.11. (bzgl. Spieler).

440 Vgl. APS/*Backhaus*, § 15 TzBfG, Rn. 12.

4. Beispiele auflösender Bedingungen im professionellen Mannschaftssport und deren Zulässigkeit

a) Lizenzentzug

Die Verbände der jeweiligen Sportarten vergeben regelmäßig Lizenzen, die zur Teilnahme der Klubs am Ligabetrieb berechtigen. Diese Lizenzen werden – insbesondere bei Verlust der wirtschaftlichen Leistungsfähigkeit – nicht mehr neu erteilt oder wieder entzogen.

Im Profifußball vergibt die DFL Lizenzen für die jeweilige Spielsaison an die Klubs. Das Verfahren ist in der Lizenzierungsordnung (LO)[441] geregelt. § 2 Nr. 1 g) LO bestimmt, dass der Klub – neben vielen anderen Voraussetzungen – wirtschaftlich leistungsfähig sein muss. § 10 Nr. 2 a) LO legt fest, dass die Lizenz insbesondere bei Wegfall der wirtschaftlichen Leistungsfähigkeit verweigert oder entzogen werden kann. Laut Anhang IX[442] zur LO ist die wirtschaftliche Leistungsfähigkeit nicht gegeben, wenn der Klub die Sicherung des Spielbetriebes für die kommende Spielzeit nicht nachweisen kann. Hiervon ist auszugehen, wenn die liquiden Mittel des Bewerbers nicht zur Finanzierung des Spielbetriebs ausreichen oder der Klub keine entsprechenden Kreditmittel nachweisen kann. Im Profibasketball regelt das Lizenzstatut der BBL[443] die Voraussetzungen der Lizenzerteilung an die Vereine. Auch hier ist nach § 2 c) u.a. die wirtschaftliche Leistungsfähigkeit Voraussetzung für die Lizenzerteilung, die gemäß § 14 wieder entzogen werden kann.[444]

Ob die auflösende Bedingung eines Lizenzentzugs im Sportarbeitsvertrag sachlich gerechtfertigt sein kann, ist umstritten. Problematisiert wird dies vor allem hinsichtlich einer Umgehung des Kündigungsschutzes sowie einer Abwälzung des unternehmerischen Risikos auf den Profisportler.

aa) Umgehung des Kündigungsschutzes

Das BAG hat in einer Entscheidung aus dem Jahr 1981 eine auflösende Bedingung im Vertrag eines Lizenzfußballspielers für den Fall des Lizenzentzugs nicht

441 Stand: 06.12.2011; abrufbar unter http://www.bundesliga.de/de/dfl/interna/ (06.12.2012).

442 Stand: 06.12.2011; abrufbar unter http://www.dfl.de/de/dfl/interna/ (06.12.2012).

443 Basketball Bundesliga GmbH.

444 Stand: Saison 2012/2013; abrufbar unter http://www.beko-bbl.de/staticsite/staticsite.php?menuid=104&topmenu=5&keepmenu=inactive (06.12.2012).

akzeptiert.[445] Der Vertrag zwischen dem Spieler und dem Verein war ursprünglich bis zum 30.06.1978 befristet. Zusätzlich befand sich im Vertrag eine Klausel, wonach der Vertrag vorzeitig endet, wenn der Verein die Lizenz als Lizenzverein durch Erlöschen, Entzug oder Zurückgabe verliert. Tatsächlich erteilte der (damals noch für die Lizenzvergabe zuständige) DFB dem Verein für die Spielsaison 1977/1978 wegen fehlender wirtschaftlicher Leistungsfähigkeit nicht die für die Teilnahme am Spielbetrieb erforderliche neue Lizenz. Der Spieler machte geltend, dass das Arbeitsverhältnis trotz Erlöschens der Lizenz über den 30.06. 1977 hinaus fortbestand. Diese Ansicht teilte das BAG im Ergebnis. Es führte aus, dass die auflösende Bedingung eines Lizenzentzugs zur Umgehung des § 626 BGB führe und dem Arbeitnehmer ohne jede Interessenabwägung einseitig und vollständig das grundsätzlich vom Arbeitgeber zu tragende Beschäftigungsrisiko aufbürde.[446] Dafür fehle ein legitimes Interesse. Der Arbeitgeber trage grundsätzlich das Risiko der weiteren wirtschaftlichen und rechtlichen Entwicklung, soweit die Ungewissheit von ihm zu steuern sei. Dieser Grundsatz gelte auch für das beim Abschluss des Vertrages für den Verein bestehende Risiko, wegen Erlöschens, Entziehung oder Rückgabe der jeweils nur für ein Jahr erteilten Lizenz aus wirtschaftlichen Gründen den Spieler nicht bis zum vorgesehenen Vertragsende am 30.06.1978 als Lizenzspieler einsetzen zu können. Der Verein habe sich insoweit in der gleichen Lage befunden wie z. B. ein Arbeitgeber, der seinen Betrieb nur ausüben darf, wenn er eine behördliche Erlaubnis hat, wie etwa ein Gastwirt oder der Inhaber einer Fahrschule. Ein Fußballverein der 1. und 2. Bundesliga habe es ebenso wie der Gastwirt oder der Inhaber einer Fahrschule in der Hand, durch sachgemäße organisatorische und kaufmännische Maßnahmen die wirtschaftlichen Voraussetzungen für die Bewilligung der Lizenz zu schaffen und zu erhalten. Dagegen habe der Spieler keinen Einfluss auf die Erteilung der Lizenz an den Verein für die Dauer seines Vertrages. Die auflösende Bedingung habe im vorliegenden Falle objektiv keinen anderen Sinn als den, das Beschäftigungsrisiko des Vereins völlig einseitig ohne jede Interessenabwägung dem Spieler aufzubürden. Die objektive Funktionswidrigkeit der Vertragsgestaltung lag nach Meinung des BAG darin, dass sie dem Spieler den Bestandsschutz für sein Arbeitsverhältnis nahm, indem sie die Versagung der Lizenz anstelle einer außerordentlichen Kündigung nach § 626 BGB als auflösende Bedingung zu einem absoluten Grund für die Beendigung des Arbeitsverhältnisses erhob.[447]

445 BAG, Urteil v. 09.07.1981 – 2 AZR 788/78, NJW 1982, S. 788 f.; AP BGB § 620 Bedingung Nr. 4, BB 1982, 368 ff. mit zustimmender Anmerkung von *Böhm*; siehe auch LAG Düsseldorf, Urteil v. 20.11.2008 – 11 SaGa 23/08, SpuRt, 260 f. bezüglich eines Vereins der Oberliga.

446 Dazu tendierend auch *Westermann*, JA 1984, S. 394 (398).

447 Vgl. auch *Dörner*, Der befristete Arbeitsvertrag, Rn. 398.

Nach anderer Meinung werden dagegen durch derartige Klauseln zwingende Bestimmungen des Kündigungsschutzes nicht umgangen, da dem Spieler im Falle eines Lizenzentzugs ohnehin ein außerordentliches Kündigungsrecht zusteht, weil es dem Verein bei einem Lizenzentzug nicht mehr möglich ist, den Spieler in der vertraglich vereinbarten Form als Fußballprofi zu beschäftigen.[448]

Dieses Argument greift indes nicht. Die auflösende Bedingung des Lizenzentzugs kann ausweislich der Regelung in § 21 TzBfG nur durch einen Sachgrund nach § 14 Abs. 1 TzBfG gerechtfertigt sein. Ein dem Spieler zustehendes Recht zur außerordentlichen Kündigung ist kein tauglicher Sachgrund und kann diesen auch nicht kompensieren. Zudem knüpft das TzBfG – entgegen der Rechtslage vor dessen Inkrafttreten – nicht an die Umgehung kündigungsschutzrechtlicher Vorschriften an.[449] Insofern führt es nicht weiter, sich weiter auf die Umgehungsrechtsprechung des BAG zu stützen.

bb) Abwälzung des unternehmerischen Risikos

Die meisten Stimmen in der Literatur sehen keinen sachlichen Grund für eine auflösende Bedingung, die bei Nichterteilung oder Entzug der Lizenz zur Vertragsbeendigung führt.[450] Begründet wird dies durchgängig mit dem Argument, dass finanzielle und wirtschaftliche Ungewissheiten zum Risiko des Arbeitgebers gehören, das er über befristete (auflösend bedingte) Arbeitsverträge nicht auf den Arbeitgeber abwälzen darf.[451] Auch sei zu verhindern, dass dem Arbeitnehmer ein unerträgliches Maß an Unsicherheit aufgebürdet wird.[452]

Es wird aber auch vertreten, dass der Arbeitsvertrag mit der auflösenden Bedingung des Lizenzentzugs versehen werden kann.[453] Danach ist die Annahme eines sachlichen Grundes nicht bereits deshalb ausgeschlossen, weil sie zu einer Verlagerung des Unternehmerrisikos auf den Arbeitnehmer führt. Denn der damit verbundene Rückgriff auf ein normativ nicht vorgegebenes „allgemeines Unternehmerrisiko" entspreche nicht der geltenden Rechtsordnung. Diese halte

448 *Küpperfahrenberg*, S. 105.

449 Vgl. nur EfK/*Müller-Glöge*, § 14 TzBfG, Rn. 7.

450 KR/*Lipke*, § 21 TzBfG, Rn. 27a; APS/*Backhaus*, § 21 TzBfG, Rn. 14; KDZ/*Däubler*, § 21 TzBfG, Rn 18; Arnold/Gräfl/*Gräfl*, § 14, Rn. 131; MünchHbArbR/*Wank*, § 95, Rn. 198; PHB SportR-*Fritzweiler*, 3/62; *Lakies*, Rn. 126, 297; HaKo-*Mestwerdt*, § 21 TzBfG, Rn. 15; *Füllgraf*, NJW 1982, S. 738 (738); *Busch*, S. 286.

451 So auch schon *Westermann*, JA 1984, S. 394 (398).

452 *Böhm*, BB 1982, S 371 (371).

453 Annuß/Thüsing/*Annuß*, § 21, Rn. 19; in diese Richtung tendierend wohl auch KR/*Lipke*, § 14 TzBfG, Rn. 209, der darauf abstellt, dass die Befristungskontrolle nicht mehr auf eine Umgehung des Kündigungsschutzes abstellt und die auflösende Bedingung nach § 21 TzBfG der Zeit- und Zweckbefristung gleichbehandelt werden soll.

den Vertrag als Mittel der Risikoverteilung zwischen den Beteiligten bereit, soweit nicht durch gesetzliche Regelung eine heteronome Risikozuweisung erfolge. Vielmehr sei gerade anhand der Bestimmungen des TzBfG zu beantworten, inwieweit eine Risikoverlagerung auf den Arbeitnehmer zulässig sei. Da der entsprechend anwendbare § 14 Abs. 1 Satz 2 Nr. 1 TzBfG eine auflösend bedingte Beschäftigung auch bei einem auflösend bedingten Beschäftigungsbedarf gestatte, womit allein an einen in der unternehmerischen Sphäre liegenden Umstand angeknüpft werde, sei entgegen der Entscheidung des BAG[454] heute von der Zulässigkeit der auflösenden Bedingung des Lizenzentzugs auszugehen.

In eine ähnliche Richtung weist eine Anmerkung zu dem Urteil des BAG vom 09.07.1981.[455] Kritisiert wurde, dass das Gesetz weder etwas über die Verteilung des unternehmerischen Risikos sage, noch sich hierfür etwas aus der Natur des Arbeitsverhältnisses ergebe. Dieses gehe nicht auf einen einmaligen Austausch von Leistungen. Es sei vielmehr ein Dauerschuldverhältnis, und zwar ein solches mit erheblichem gemeinschaftsrechtlichem Einschlag. Das zeige sich nicht bloß bei den ertragsabhängigen Entlohnungsformen, sondern ganz allgemein habe jede Partei auch Chancen und Risiken zu tragen, die nicht aus ihrer Sphäre kommen. Beispielsweise sei an die Pflicht des Arbeitgebers zur Entgeltfortzahlung im Krankheitsfall des Arbeitnehmers zu denken. Wenn die Parteien des Arbeitsverhältnisses über die Verteilung des Risikos paktierten, so liege darin grundsätzlich nichts was anstößig wäre und zur Unwirksamkeit rechtlicher Gestaltungen führen könne.

Den letztgenannten Ansichten kann im Ergebnis, nicht aber in der Begründung gefolgt werden. Zunächst kann § 14 Abs. 1 Satz 2 Nr. 1 TzBfG für eine derartige Argumentation gerade nicht herangezogen werden. Nach dieser Norm sind auflösende Bedingungen nur dann gerechtfertigt, wenn eine auf hinreichender Tatsachengrundlage basierende Prognose des Arbeitgebers an einem nur vorübergehenden Bedarf an der Arbeitsleistung besteht. Ein in der Zukunft liegendes Ereignis kann aber nicht Gegenstand einer solchen Prognose sein. Jedenfalls kann allein aus dem Umstand, dass § 14 Abs. 1 Satz 2 Nr. 1 TzBfG an einen in der unternehmerischen Sphäre liegenden Grund anknüpft, nicht allgemein die Zulässigkeit einer auflösenden Bedingung bei Lizenzentzug oder deren Nichterteilung geschlussfolgert werden.

Der ausschlaggebende Aspekt ist jedoch, dass das Befristungsrecht seit Inkrafttreten des TzBfG vom Kündigungsschutz entkoppelt ist. Die Zulässigkeit

454 BAG, Urteil v. 09.07.1981 – 2 AZR 788/78, NJW 1982, S. 788 f.; AP BGB § 620 Bedingung Nr. 4.

455 *Herschel*, Anm. zum Urteil des BAG v. 09.07.1981, AP BGB § 620 Bedingung Nr. 4. Die Anmerkung erfolgte in engem zeitlichem Anschluss an die Entscheidung. Ihr liegt folglich noch nicht das TzBfG zugrunde.

von Befristungen bzw. auflösenden Bedingungen ist also nicht mehr von einer Umgehung des Kündigungsschutzes abhängig. Eine Differenzierung nach Sphären des Arbeitgebers oder des Arbeitnehmers ist deshalb überholt.[456] Wer das Beschäftigungsrisiko als Teilbereich des unternehmerischen Risikos zu tragen hat, ist befristungsrechtlich zunächst unerheblich. Es kommt eben nicht mehr darauf an, ob sich der Verein von dem Spieler ohne die Vereinbarung einer auflösenden Bedingung bei fehlender Lizenz sonst viel schwieriger trennen könnte, da er das Arbeitsverhältnis außerordentlich oder betriebsbedingt wegen Wegfalls des Arbeitsplatzes kündigen müsste – mit allen weiteren Folgen, wie etwa der Weiterzahlung des Gehalts bis zum Ende der Kündigungsfrist. Genau aus dieser Richtung stammt aber die Argumentation der unzulässigen Abwälzung des unternehmerischen Risikos auf den Arbeitnehmer. Der Verein soll nicht über die „Hintertür" der auflösenden Bedingung elegant sein wirtschaftliches Risiko auf die Spieler verlagern können, obwohl diese keinen Einfluss auf die Lizenzerteilung bzw. den -entzug haben. Eine derartige Bedingung ist nach alldem nicht schon allein wegen der Abwälzung des unternehmerischen Risikos unzulässig. Wirksam ist sie aber eben nur dann, wenn ein tauglicher Sachgrund gegeben ist.

cc) Wunsch des Sportlers als tauglicher Sachgrund

Ausweislich der Regelung in § 21 TzBfG bedarf die Vereinbarung einer auflösenden Bedingung zwingend eines sachlichen Grundes nach § 14 Abs. 1 TzBfG. Der weiter oben entwickelte Sachgrund der Besonderheiten des professionellen Mannschaftssports kann hier nicht als Rechtfertigung herangezogen werden. Die dort angeführten speziellen Verhältnisse im Profisport vermögen eine auflösende Bedingung des Lizenzentzugs nicht zu rechtfertigen. Lizenzen werden von den zuständigen Sportverbänden insbesondere bei mangelnder wirtschaftlicher Leistungsfähigkeit entzogen bzw. nicht mehr neu erteilt.[457] Diesbezüglich bestehen im Gegensatz zur Befristung keine sportspezifischen Besonderheiten gegenüber anderen Wirtschaftszweigen. Auch andere Unternehmen als Fußballklubs, wie etwa Kernkraftwerk- oder Flughafenbetreiber, sind von Zulassungen bzw. Genehmigungen von Institutionen bzw. Behörden abhängig. Diese Genehmigungen können ebenfalls unter bestimmten Voraussetzungen widerrufen werden. Die Betreiber genehmigungsbedürftiger Anlagen können mit ihren Mitarbeitern offenkundig keine auflösend bedingten Arbeitsverträge für den Fall des Widerrufs der Genehmigung abschließen. Zu erwägen ist eine Rechtfertigung durch den Sachgrund des nur vorübergehenden Bedarfs der Arbeitsleistung gemäß § 14

456 ErfK/*Müller-Glöge*, § 21 TzBfG, Rn. 3.
457 Siehe dazu die Ausführungen unter 1. Teil, VII.4.a).

Abs. 1 Satz 2 Nr. 1 TzBfG. Dieser Sachgrund scheitert indes schon an den Anforderungen der vom Klub bei Vertragsschluss vorzunehmenden, fundierten Prognose. Die Befristung wegen eines nicht voraussehbaren künftigen Bedarfs der Arbeitnehmer ist nämlich nicht möglich.[458] Der Umstand, dass sich der Verein evtl. in einer ungewissen finanziellen Lage befindet, die von ihm aufgrund der nicht kalkulierbaren sportlichen – und in der Folge wirtschaftlichen – Erfolge nicht vollends steuerbar ist, rechtfertigt befristete Arbeitsverträge jedenfalls nicht.[459]

Als Sachgrund kommt bezüglich einer Beendigung des Arbeitsverhältnisses wegen Lizenzentzugs letztendlich nur § 14 Abs. 1 Satz 2 Nr. 6 TzBfG in Betracht, wenn eine derartige Bedingung auf ausdrücklichen Wunsch des Profisportlers in das Vertragswerk mit aufgenommen wird. Ein diesbezüglicher Wunsch der Sportler ist durchaus vorstellbar. Für Trainer wie Spieler kann es eine entscheidende Frage sein, in welcher Liga sie spielen. Je erfolgreicher der Profisportler ist, desto eher wird diese Frage von Interesse für ihn sein, da sich sein Marktwert regelmäßig nur in der höchsten Spielklasse halten oder vermehren wird. Ein diesbezügliches Interesse kann bei erfolgreichen Profisportlern zwar grundsätzlich angenommen werden. Freilich folgt daraus nicht, dass deshalb bei diesen Sportlern eine auflösende Bedingung des Lizenzentzugs wirksam vereinbart ist. Daher ist es ratsam, in den Arbeitsvertrag zumindest mit aufzunehmen, dass die Bedingung im ernsthaften Interesse und gemäß dem Wunsch des Profisportlers erfolgte.

dd) Zwischenergebnis

Als Sachgrund für eine auflösende Bedingung im Vertrag, nach der das Arbeitsverhältnis endet, wenn der Verein die Spielerlaubnis für eine bestimmte Spielklasse nicht mehr erhält oder entzogen bekommt, kommt allein § 14 Abs. 1 Satz 2 Nr. 6 TzBfG in Betracht, wenn der Profisportler die Vereinbarung einer solchen Bedingung ausdrücklich wünscht. Aus Beweisgründen ist es dringend empfehlenswert, dies – möglichst direkt im Arbeitsvertrag – schriftlich festzuhalten.

b) Abstiegsklausel

Auch bei den sog. Abstiegsklauseln herrscht Uneinigkeit über deren Zulässigkeit.

458 ErfK/*Müller-Glöge*, § 14 TzBfG, Rn. 23.
459 Vgl. APS/*Backhaus*, § 14 TzBfG, Rn. 82.

aa) Interesse/Wunsch des Sportlers

Höchstrichterliche Rechtsprechung existiert zu diesem Bereich nur bezüglich der Trainer. Das BAG hat in einer Entscheidung, die einen mit einer Abstiegsklausel versehenen Bundesligatrainervertrag betraf, festgestellt, dass als rechtfertigender Sachgrund für eine derartige auflösende Bedingung ein Interesse des Arbeitnehmers grundsätzlich in Betracht kommt.[460]

Das Urteil hatte sich noch mit der Rechtslage vor Inkrafttreten des TzBfG zu befassen, was den Aussagegehalt aber nicht schmälert. Der Trainer hatte mit dem arbeitgebenden Bundesligaverein einen befristeten Anstellungsvertrag für die Zeit vom 24.03.1999 bis 30.06.2002 abgeschlossen. Zusätzlich wurde in § 7 des Vertrags vereinbart, dass der Vertrag (nur) für die Teilnahme des Vereins am Spielbetrieb der 1. und 2. Bundesliga gilt. Die von dem Trainer betreute Fußballmannschaft erreichte am Ende der Spielzeit 1999/2000 zwar den sportlichen Verbleib in der zweiten Bundesliga. Allerdings wurde dem Verein wegen des fehlenden Nachweises der wirtschaftlichen Leistungsfähigkeit die Lizenz für die Spielzeit 2000/2001 nach den damals noch ausschlaggebenden Bestimmungen des Lizenzspielerstatuts des DFB verweigert. Der Verein nahm in der Folge ab der Saison 2000/2001 nicht mehr am Spielbetrieb der Liga teil, sondern stieg in die damalige Regionalliga ab. Er vertrat die Auffassung, dass das Arbeitsverhältnis aufgrund der Regelung in § 7 des Anstellungsvertrags mit Ende der Spielzeit 1999/2000 und folglich mit Ablauf des 30.06.2000 endete. Der Trainer machte hingegen Lohnforderungen über den 30.06.2000 hinaus und hilfsweise eine Abfindung geltend. Dagegen wandte der Verein ein, dass die auflösende Bedingung dem Wunsch des Trainers entsprochen habe. Es sei für ihn als renommierten Trainer, der seine eigene Vermarktungsstrategie betreibe, undenkbar gewesen, eine Regionalligamannschaft zu trainieren. Damit hätte er weder seinen Ruf noch seinen Marktwert erhalten können. Zudem seien die Gehälter in der Regionalliga wesentlich niedriger. Das Gericht stellte zunächst klar, dass die Vereinbarung in § 7 des Arbeitsvertrags nicht nur das Ausscheiden der Lizenzspielermannschaft aus der ersten und zweiten Bundesliga auf Grund sportlicher Ergebnisse, sondern auch aus anderen Gründen – wie etwa der Nichterteilung einer neuen Lizenz – umfasse.[461] Obschon das BAG die Klage wegen nicht ausreichender Feststellungen und Würdigungen zur erneuten Verhandlung und Entscheidung an das LAG zurück verwiesen hat, machte es deutlich, dass die vereinbarte Bedingung durchaus zulässig sein kann, wenn auf Grund unstreitiger oder zu ermittelnder Tatsachen festgestellt werden könne, dass die Aufnahme ei-

460 BAG, Urteil v. 04.12.2002 – 7 AZR 492/01, NZA 2003, S. 611 (614).
461 BAG, Urteil v. 04.12.2002 – 7 AZR 492/01, NZA 2003, S. 611 (614).

ner auflösenden Bedingung in einem auf Dauer abgeschlossenen Arbeitsvertrag oder als zusätzlicher Beendigungstatbestand in einem Zeitvertrag dem Interesse des Arbeitnehmers entspreche. Entscheidend sei bei dieser Vertragsgestaltung, ob der Arbeitnehmer auch bei einem Angebot auf Abschluss eines unbefristeten Vertrags nur ein befristetes Arbeitsverhältnis vereinbart, oder ob er den Kontrakt abgelehnt hätte.[462]

Das LAG Düsseldorf hatte in einer früheren Entscheidung festgestellt, dass ein sachlicher Grund für eine Abstiegsklausel in einem Arbeitsvertrag zwischen einem Eishockey-Verein und einem Eishockeyspieler, wonach das Arbeitsverhältnis endet, wenn der Verein von der 1. in die 2. Eishockey-Bundesliga absteigt, nicht gegeben ist.[463] Das Gericht machte zwar klar, dass die Vereinbarung einer auflösenden Bedingung gerechtfertigt sein könne, wenn die Klausel ganz überwiegend dem Interesse des Arbeitnehmers diene. Nach Auffassung des LAG war die Auflösungsklausel aber ganz überwiegend im Interesse des Vereins vereinbart worden. Denn dieser sähe sich bei einem Abstieg in die 2. Bundesliga wirtschaftlichen Zwängen ausgeliefert und könne sich unproblematisch von dem Spieler trennen, während der Spieler zumindest dann benachteiligt sei, wenn er seinem bisherigen Verein treu bleiben will oder muss. Diese Entscheidung stimmt im Ergebnis mit der Auffassung des BAG überein, wonach eine Abstiegsklausel letztendlich nur auf ausdrücklichen Wunsch des Profisportlers (nach § 14 Abs. 1 Satz 2 Nr. 6 TzBfG) wirksam vereinbart werden kann.

Ähnlich sehen das auch die meisten Stimmen im Schrifttum.[464] Hier wird vor allem darauf abgestellt, dass der Wunsch von Trainern wie Sportlern als Sachgrund in Betracht zu ziehen ist, weil deren berufliches Ansehen von Leistungen auf bestimmtem Niveau abhängig ist.[465] Der Marktwert und damit auch die Verdienstmöglichkeit der Sportler hängen entscheidend von der Spielklasse ab, in der sie tätig sind. Es ist also durchaus nachvollziehbar, wenn von den Sportlern aufgrund eines Abstiegs des Vereins eine schnelle Lösungsmöglichkeit gewünscht wird. Ein Automatismus ist das freilich nicht. Sehr junge, (noch) nicht etablierte oder ältere Sportler werden es in Ermangelung einer attraktiven Wechselmöglichkeit teilweise doch vorziehen, auch in einer niedrigeren Spielklasse weiter bei ihrem bisherigen Klub tätig zu sein. Je erfolgreicher der Sportler ist, desto mehr spricht andererseits für sein Interesse an einer Abstiegsklausel. Die

---

462 BAG, Urteil v. 04.12.2002 – 7 AZR 492/01, NZA 2003, S. 611 (614).

463 LAG Düsseldorf, Urteil v. 26.05.1995 – 10 (15) Sa 1886/94, LAGE BGB § 620 Bedingung Nr. 5.

464 ErfK/*Müller-Glöge*, § 21 TzBfG, Rn. 4; KR/*Lipke*, § 21 TzBfG, Rn. 27b; APS/*Backhaus*, § 14 TzBfG, Rn. 299; KDZ/*Däubler*, § 21 TzBfG, Rn. 18; MünchKommBGB/*Hesse*, § 21 TzBfG, Rn. 18.

465 ErfK/*Müller-Glöge*, § 21 TzBfG, Rn. 4.

individuelle Stellung des Sportlers auf dem Markt indiziert aber bestenfalls dessen Wunsch an einer solchen Regelung. Ein ausreichender Nachweis dieses Wunsches liegt darin freilich noch nicht.

bb) Grundlegende wirtschaftliche und sportliche Veränderungen

Zumeist werden Abstiegsklauseln ebenfalls für unzulässig gehalten, soweit diese nicht auf Wunsch des Arbeitnehmers vereinbart wurden, da auch hier – wie bei einer Auflösung des Arbeitsvertrages wegen Lizenzentzugs – die wirtschaftlichen Risiken des Arbeitgebers einseitig und ohne jede Interessenabwägung auf den Arbeitnehmer abgewälzt werden.[466] Dagegen wird eingewandt, dass ein Spielklassenwechsel die Planungssituation des Vereins regelmäßig grundlegend verändere.[467] Zumindest bei einem Abstieg von der 2. Fußballbundesliga in eine niedrigere Spielklasse sollen Abstiegsklauseln wegen der eklatanten wirtschaftlichen und sportlichen Unterschiede zwischen Lizenz- und Amateurfußball deshalb zulässig sein.[468] Diese Argumente sind aus Sicht der Vereine nachvollziehbar, ändern jedoch nichts an dem Grundsatz, dass der Arbeitgeber die wirtschaftlichen Risiken des Betriebs zu tragen hat.[469] Zugegeben haben es die Sportler – Trainer und die einzelnen Sportler im Mannschaftsgefüge – im Gegensatz zum Lizenzentzug wegen unzureichender wirtschaftlicher Stärke durch ihr Engagement bis zu einem gewissen Grad selbst in der Hand, ob ihr Verein absteigt oder die Klasse halten kann.[470] Für den Abstieg eines Vereins sind indes meist zahlreiche Gründe verantwortlich, auf welche die Sportler größtenteils keinen Einfluss haben. So kann sich beispielsweise ein über Jahre schlechtes Wirtschaften bzw. ein erfolgloses Management auf die Einkaufsmöglichkeiten des Vereins auf dem Transfermarkt auswirken, was sich negativ auf die Spielqualität der Mannschaft sowie die allgemeine Wettbewerbssituation niederschlagen und in der Folge zum Abstieg führen kann. Hierauf hat der einzelne Sportler keinen oder zumindest keinen maßgeblichen Einfluss. Ließe man den Einwand der Einflussmöglichkeit also gelten, könnte der Verein seine als Arbeitgeber zu tragenden Risiken allzu leicht auf die Arbeitnehmer abwälzen.

Für die Wirksamkeit einer Abstiegsklausel spricht, dass die Sportler im Falle eines Abstiegs oftmals ohnehin zur außerordentlichen Kündigung berechtigt

---

466 ErfK/*Müller-Glöge*, § 21 TzBfG, Rn. 4; KR/*Lipke*, § 21 TzBfG, Rn. 27b; APS/*Backhaus*, § 14 TzBfG, Rn. 299; KDZ/*Däubler*, § 21 TzBfG, Rn. 18; MünchKommBGB/*Hesse*, § 21 TzBfG, Rn. 18.

467 Annuß/Thüsing/*Annuß*, TzBfG, § 21, Rn. 19.

468 *Küpperfahrenberg*, S. 104.

469 Vgl. Palandt/*Weidenkaff*, § 615 BGB, Rn. 21 f.

470 Vgl. *Kania*/*Moritz*, JuS 1996, S. 517 (519).

sind, die auflösende Bedingung aber unproblematischer zu dem gleichen Ergebnis führt. Der Abstieg in eine niedrigere Spielklasse kann gegebenenfalls dazu berechtigen, das Arbeitsverhältnis außerordentlich gemäß § 626 BGB zu kündigen. Schließlich hat ein Abstieg erhebliche finanzielle Folgen. Neben dem Rückgang von Zuschauereinnahmen sind regelmäßig Einbußen bei Sponsoreneinnahmen und dem Vertrieb von Marketingprodukten zu erwarten. Erfüllen sich diese negativen Aussichten, kann es dem Verein abhängig von seiner wirtschaftlichen Gesamtsituation nicht mehr zumutbar sein, eine Mannschaft hoch dotierter Spieler zu unterhalten. Deshalb könnte es als unnötiger Formalismus betrachtet werden, die Vertragspartner darauf zu verweisen, zur Beendigung des Arbeitsverhältnisses eine ausdrückliche Kündigungserklärung aussprechen zu müssen und nicht vielmehr eine auflösende Bedingung für ausreichend zu erachten.[471] Allerdings besteht ein erheblicher Unterschied, ob der Vertrag nun automatisch durch die auflösende Bedingung oder gestalterisch durch Ausspruch einer (außerordentlichen oder ordentlichen) Kündigung endet. Will der Verein den Vertrag kündigen, muss und wird sich das zuständige Gremium hinsichtlich der Spieler, von denen es sich zu trennen beabsichtigt, zumindest Gedanken machen, ob es sie tatsächlich aus wirtschaftlichen Gründen nicht mehr beschäftigen kann und will, bevor es eine Kündigung ausspricht. Die auflösende Bedingung befreit den Klub faktisch von diesem vor geschalteten Gedankenschritt. Zudem erfüllt der Ausspruch der Kündigung eine gewisse Warnfunktion für den Sportler. Aufgrund deren aktiven Ausspruchs wird er eher als bei der ohne weitere Handlungen eintretenden Bedingung darauf aufmerksam, sich gegebenenfalls innerhalb der kurzen Klagefrist von 3 Wochen nach Zugang der schriftlichen Kündigung (§ 4 Satz 1 KSchG) gegen die Kündigung wehren zu müssen. Der Lauf der ebenfalls nur dreiwöchigen Frist zur Geltendmachung der Unwirksamkeit der auflösenden Bedingung (§ 21 TzBfG i.V.m. § 17 Satz 1 TzBfG) beginnt dagegen „geräuschloser" bereits bei Bedingungseintritt. Der Sportler ist vom Klub dafür zwar rechtzeitig – mindestens zwei Wochen vorher – schriftlich über die Vertragsbeendigung zu unterrichten (§ 21 TzBfG i.V.m. § 15 Abs. 2 TzBfG). Andernfalls endet der Vertrag erst mit Ablauf dieser zweiwöchigen Auslauffrist oder besteht bei fehlender Unterrichtung zunächst bis zu deren Nachholung fort.[472] Dennoch wird diese Mitteilung praktisch nicht die gleiche Aufmerksamkeit erregen wie ein Kündigungsausspruch. Die Zulässigkeit der auflösenden Bedingung des Abstiegs in eine niedrigere Spielklasse kann demnach nicht mit dem Argument gestützt werden, dass den Parteien in diesem Fall ohnehin ein außerordentliches Kündigungsrecht zustünde.

---

471 So *Küpperfahrenberg*, S. 105; *Meyer-Cording*, RdA 1982, S. 13 (16).
472 Vgl. MünchKommBGB/*Hesse*, § 15 TzBfG, Rn. 17 f.

Die erheblichen, allen voran wirtschaftlichen, Veränderungen bei einem Abstieg in eine niedrigere Spielklasse reichen ebenso wie das Argument der Förmelei wegen der ohnehin bestehenden Möglichkeit zur außerordentlichen Kündigung als Sachgrund nicht aus.

cc) Zwischenergebnis

Die Interessenlage der Vereine, aufgrund der erheblichen wirtschaftlichen Auswirkungen eines Abstiegs nicht weiter an gewisse Spieler gebunden zu sein, ist verständlich. Darin ist jedoch noch kein ausreichender Sachgrund im Sinne von § 14 Abs. 1 TzBfG zu sehen. Weder lässt sich diese Situation unter einen der normierten Sachgründe einordnen, noch hat sie das Gewicht eines eigenständigen Sachgrundes. Insbesondere rechtfertigt der hier an anderer Stelle zur Befristung entwickelte ungeschriebene Sachgrund der Besonderheiten im professionellen Mannschaftssport keine Abstiegsklauseln. Die diesem Sachgrund zugrunde liegende Interessenlage der Parteien ist nicht auf auflösende Bedingungen übertragbar. Während eine Befristungsmöglichkeit in der Gesamtschau im Interesse beider Vertragsparteien liegt, bevorzugt eine Abstiegsklausel einseitig die Vereinsinteressen. Die Aufnahme der auflösenden Bedingung des Abstiegs in den Arbeitsvertrag ist daher nur zulässig, wenn sie auf ausdrücklichen Wunsch des Profisportlers vereinbart wird. Sinnvoll kann eine Regelung wie in § 10 Nr. 4 des Musterarbeitsvertrages der DFL[473] sein, wonach die Parteien bei einem Abstieg des Vereins zunächst in Vertragsverhandlungen treten. Diese Vertragsgestaltung ist für Klub wie Profisportler interessengerecht, erlaubt es ihnen doch auf diese Art, flexibel auf die neue und oftmals erst nach dem letzten Spieltag eintretende Situation zu reagieren.

c) Insolvenz

Denkbar ist auch die Vereinbarung einer auflösenden Bedingung für den Fall der Insolvenz des Klubs. Danach könnte das Arbeitsverhältnis enden, wenn über das Vermögen des Vereins das Insolvenzverfahren eröffnet wird. Fraglich ist auch hier, auf welchen Sachgrund diese Bedingung gestützt werden könnte. Nach ganz überwiegender Auffassung kann zumindest die (bereits eingetretene) Insolvenz als solche keinen Sachgrund für eine Befristung darstellen.[474] Aber auch für

---

473 Abgedruckt in PHB SportR, Anhang C. 2.

474 LAG Düsseldorf, Urteil v. 08.03.1994 – 16 Sa 163/94, LAGE BGB § 620 Nr. 33; APS/*Backhaus*, § 14 TzBfG, Rn. 240; KR/*Lipke*, § 14 TzBfG, Rn. 114, 114a; KDZ/*Däubler*, § 14 TzBfG, Rn. 40; es bestehen aber selbstverständlich Ausnahmen, wie etwa für Abwicklungstätigkeiten.

den ungewissen, hypothetischen Eintritt einer Insolvenz ist – außer § 14 Abs. 1 Satz 2 Nr. 6 TzBfG – kein tauglicher Sachgrund denkbar. Schließlich würde der Klub auch bei dieser Bedingung unzulässigerweise sein wirtschaftliches Risiko auf die Profisportler übertragen. Zudem wäre dem Verein – ähnlich der auflösenden Bedingung bei Lizenzentzug – die erforderliche Prognose nicht in ausreichendem Maße möglich.

Nicht zuletzt wäre eine auflösende Bedingung bei Insolvenz für beide Seiten, insbesondere aber für die Profisportler, unsinnig.[475] Denn beiden Vertragsparteien steht – auch bei Vorliegen eines befristeten Vertrags mit Ausschluss der ordentlichen Kündigung – nach § 113 InsO ohnehin ein spezielles Kündigungsrecht zu. § 113 Abs. 1 Satz 1 InsO garantiert für den Fall der Insolvenz ein Recht zur ordentlichen Kündigung von Arbeitsverhältnissen.[476] Wird dem Sportler aufgrund der Insolvenz gekündigt, steht ihm nach § 113 Abs. 1 Satz 3 InsO sogar ein Anspruch auf Schadensersatz in Höhe des bis zum gewöhnlichen Ende des Vertrags entgangenen Verdienstes zu. Er muss sich dann aber anderweitigen Erwerb (bspw. durch einen schnellen Vereinswechsel) anrechnen lassen, auch wenn er den anderweitigen Erwerb schuldhaft unterlassen hat, er etwa keinen (für ihn zumutbaren) neuen Vertrag mit einem anderen Klub unterschreibt.[477]

d) Wegfall der Publikumsgunst

Fraglich ist, ob eine auflösende Bedingung wirksam sein kann, die darauf abstellt, ob das Publikum den Sportler noch wünscht.[478] Vergleichend wird auf den Fall der Vereinbarung einer auflösenden Bedingung bei Wegfall der Rolle eines Fernsehschauspielers verwiesen. Das Bundesarbeitsgericht hielt eine derartige auflösende Bedingung für zulässig, wenn die Entscheidung über den Wegfall der Rolle Ausdruck der durch Art. 5 Abs. 3 GG geschützten künstlerischen Gestaltungsfreiheit des Arbeitgebers ist.[479] Diese sei ein Sachgrund, der die auflösende Bedingung des Wegfalls der Rolle rechtfertigen könne. Zutreffend steht den Klubs als Arbeitgebern aber kein gleichsam grundrechtlich geschütztes Interesse wie die Rundfunk-, Wissenschafts- oder Kunstfreiheit zur Seite.[480]

Davon abgesehen ist auch daran zu denken, dass es praktisch nahezu unmöglich wäre festzustellen, wann die Fans den jeweiligen Spieler nicht mehr in den

475 Siehe zu den Auswirkungen der Insolvenzeröffnung auf die Beendigung des Arbeitsverhältnisses auch Adolphsen/Nolte/Lehner/Gerlinger/*Kreißig*, SportR, Rn. 2861.

476 MünchKommInsO/*Löwisch/Caspers*, § 113, Rn. 16.

477 Vgl. MünchKommInsO/*Löwisch/Caspers*, § 113, Rn. 32.

478 *Lakies*, Rn. 296.

479 BAG, Urteil v. 02.07.2003 – 7 AZR 612/02, NZA 2004, S. 311 (312).

480 Vgl. dazu auch die Ausführungen unter 1. Teil, IV.7.

Reihen ihrer Mannschaft auflaufen sehen wollen. Die Entscheidung des Bedingungseintritts müsste nachvollziehbar sein. Das BGB enthält keine allgemeinen Regeln darüber, wann eine Bedingung eingetreten ist. In welchen Umständen die Verwirklichung des gewollten Bedingungsinhalts zu sehen ist, muss demnach durch Auslegung ermittelt werden[481], falls diesbezüglich keine genaue Regelung im Vertrag getroffen wurde. Um die Unwägbarkeiten einer Auslegung zu vermeiden, müsste eine konkrete Regelung getroffen werden, wann von einem Wegfall der Gunst der Fans auszugehen ist. Für eine genaue und faire Regelung würden sich dann komplizierte Fragen stellen, die zudem im Detail ausgehandelt werden müssten, was erschwerend hinzukäme. Welcher Prozentanteil an Ablehnung müsste beispielsweise erreicht werden und wie wäre das Votum durchzuführen – per Internet, Briefwahl oder live im Stadion? Freilich ist es auch undenkbar, dass sich die Klubs durch solche Vereinbarungen ihrer Entscheidungsgewalt berauben würden. Was, wenn die Fans den Spieler loswerden wollen, sich diese Entscheidung aber negativ auf die Vereinsinteressen auswirken würde? Wenn es sich etwa um einen sehr guten, aber trotzdem unbeliebten Sportler handelt, den der Klub im Moment auf keinen Fall abgeben möchte.

Festzuhalten bleibt, dass die auflösende Bedingung des Wegfalls der Publikumsgunst durch keinen normierten Sachgrund zu rechtfertigen ist.

e) Ausbleibender sportlicher Erfolg / fehlende Finanzmittel

Als weitere auflösende Bedingungen kommen der ausbleibende sportliche Erfolg und fehlende Finanzmittel des Vereins in Betracht. Vor Einführung des TzBfG wurde die Zulässigkeit derartiger Bedingungen mit dem Argument der Umgehung kündigungsschutzrechtlicher Bestimmungen und mit der unzulässigen Verlagerung des unternehmerischen Risikos des Arbeitgebers verneint.[482] Der fehlende sportliche Erfolg rufe die Wirkung einer fristlosen Kündigung hervor, ohne das deren Voraussetzungen gegeben seien, was wegen Umgehung des § 626 BGB nach § 134 BGB zur Unwirksamkeit solcher Klauseln führe. Obschon der Umgehungsgedanke wegen der Entkopplung des Befristungsrechts vom Kündigungsschutz heute nicht mehr greift, sind diese auflösenden Bedingungen mangels eines rechtfertigenden Grundes unzulässig. Weder greift ein normierter Sachgrund noch der hier entwickelte Sachgrund der Besonderheiten des professionellen Mannschaftssports. Die Gefahr des ausbleibenden (sportlichen) Erfolgs des Arbeitgebers ebenso wie etwaig fehlende Finanzmittel stellen keine sportspezifischen Besonderheiten dar, sondern bestehen in jedem Wirtschaftszweig.

481 Staudinger/*Bork*, § 158, Rn. 13.

482 *Prokop*, SpuRt 1995, S. 263 (263).

Weiter ist in diesen Bedingungen ein Verstoß gegen das Transparenzgebot sowie gegen das Erfordernis der objektiven Bestimmbarkeit zu sehen.

f) Suspendierung durch den Verein

Mehr noch als Spieler werden Trainer oftmals noch während der laufenden Spielzeit vom Klub „suspendiert". Dieser untechnische Ausdruck bedeutet rechtlich betrachtet lediglich das vollständige oder teilweise Ruhen der Rechte und Pflichten aus dem Arbeitsverhältnis, ohne dass das rechtliche Band des Vertrages aufgelöst wird.[483] Eine einseitige Suspendierung seitens des Arbeitgebers ist indes nicht ohne weiteres möglich, da der Arbeitnehmer einen Beschäftigungsanspruch hat.[484] Dieser folgt zunächst aus dem Arbeitsvertrag selbst. Er lässt sich zudem aus dem Persönlichkeitsrecht des Arbeitnehmers aus Art. 1 und Art. 2 GG ableiten, das im Arbeitsvertragsrecht über die Generalklausel des § 242 BGB zu berücksichtigen ist.[485] Daher sind als Voraussetzung für eine einseitige Suspendierung anerkennenswerte Gründe erforderlich, die unter Berücksichtigung der Interessen des Arbeitnehmers für den Arbeitgeber eine Weiterbeschäftigung unzumutbar erscheinen lassen und eine sofortige Reaktion des Arbeitgebers erfordern.[486] Als Gründe kommen vornehmlich der Verdacht einer strafbaren Handlung oder einer schwerwiegenden Vertragspflichtverletzung in Betracht.[487] Ausreichend ist es auch, wenn eine weitere Beschäftigung Schäden hervorrufen könnte.[488] Ein hinreichender Grund wäre im professionellen Mannschaftssport etwa in der Preisgabe von bedeutsamen Vereinsinterna, in schwerwiegenden Differenzen über die Führung des sportlichen Bereichs[489] oder in einer erheblich nachteiligen Darstellung des Vereins und/oder einzelner Funktionsträger in der Öffentlichkeit zu sehen. Die (einseitige) Suspendierung hat regelmäßig die Freistellung des Arbeitnehmers bei Fortzahlung der Bezüge während der Freistellung

483 APS/*Preis*, Grundlagen, K, Rn. 74.

484 Vgl. Küttner/*Kania*, Beschäftigungsanspruch, Rn. 2; HK-ArbR/*Boemke*, § 611 BGB, Rn. 388; speziell zum Beschäftigungsanspruch von Sportlern MünchHbArbR/*Gitter*, 2. Aufl., § 202, Rn. 49 ff.; nach Meinung von *Orth*, S. 131, haben zumindest Lizenzfußballspieler keinen umfassenden allgemeinen Beschäftigungsanspruch, da sie wüssten, dass sie der Grundkonzeption des Spiels folgend keinen Anspruch auf einen Spieleinsatz hätten.

485 BAG, GS Beschluss v. 27.02.1985 – GS 1/84, DB 1985, S. 2197 (2198); grundlegend BAG, Urteil v. 10.11.1955 – 2 AZR 591/54, DB 1956, S. 114 (15).

486 BAG, Urteil v. 15.06.1972 – 2 AZR 345/71, DB 1972, S. 1878 (1878); Küttner/*Kania*, Beschäftigungsanspruch, Rn. 7 m.w.N.

487 Schaub/*Koch*, § 110, Rn. 10; ErfK/*Müller-Glöge*, § 620 BGB, Rn. 44.

488 ErfK/*Müller-Glöge*, § 620 BGB, Rn. 44.

489 *Busch*, S. 214.

zur Folge.[490] Gegebenenfalls müssen die Bezüge der Profisportler bei dauerhafter Freistellung also bis zur Vertragsbeendigung durch Ablauf des befristeten Vertrages gezahlt werden. Hierbei ist allerdings zu beachten, dass eine zeitlich unbegrenzte Suspendierung grundsätzlich unzulässig ist. Sie darf nur so lange dauern, bis der Sachverhalt, welcher der Suspendierung zugrunde liegt, vollständig aufgeklärt ist. Dann kann und muss sich der Arbeitgeber entscheiden, ob er den Arbeitnehmer weiterbeschäftigen oder kündigen will.[491] Andernfalls würde der Beschäftigungsanspruch des Arbeitnehmers zu stark eingeschränkt werden. Zudem ist zu berücksichtigen, dass das Recht zur ordentlichen Kündigung im befristeten Arbeitsverhältnis nach § 15 Abs. 3 TzBfG regelmäßig ausgeschlossen ist. Es bliebe dem Arbeitgeber also nur die außerordentliche Kündigung. Nun sind aber durchaus Gründe denkbar, die zwar eine Suspendierung, indes aber keine außerordentliche Kündigung rechtfertigen können. Schließlich erfordert die Suspendierung (unter Fortzahlung des Gehalts) keine derart schwerwiegenden Gründe, wie sie für eine wirksame außerordentliche Kündigung erforderlich sind.[492] Allerdings wird man auch bei einer Suspendierung – wie bei der außerordentlichen Kündigung – nicht den Grundsatz der Verhältnismäßigkeit außer Acht lassen dürfen. Verspricht daher eine Abmahnung des Profisportlers Erfolg, wird eine Suspendierung bis zum Ende der Vertragslaufzeit nicht durchsetzbar sein. Anders dagegen, wenn das Vertrauen in den Spieler – beispielsweise durch Preisgabe bedeutsamer Vereinsinterna oder öffentlicher Diffamierung von prominenten Funktionsträgern des Vereins – unwiderruflich zerstört ist und eine künftige Verhaltensbesserung keine hinreichenden Auswirkungen mehr entfalten kann. In derartigen Konstellationen wird man bei befristeten Arbeitsverhältnissen in der Regel eine Suspendierung bis zum Ende der Vertragslaufzeit zulassen müssen.

Dagegen hat das Arbeitsgericht Solingen entschieden, dass die Suspendierung eines befristet beschäftigten Berufsfußballers die Dauer von 2 Monaten keinesfalls überschreiten darf.[493] Der 36 jährige Spieler hatte mit dem Erstligaverein einen auf 2 Jahre befristeten Vertrag. Nach Ablauf von ca. 4 Monaten stellte der Verein den Spieler sehr früh für die restliche Vertragslaufzeit vom Spiel- und Trainingsbetrieb frei. Mit dem erfolgreichen Antrag auf Erlass einer einstweiligen Verfügung begehrte er, zumindest am Training der Bundesligamannschaft teilnehmen zu dürfen. Der Verein begründete die Suspendierung damit, dass die

490 Vgl. BeckOK ArbR/*Hesse*, § 620 BGB, Rn. 96,97, (Stand: 01.09.2012); APS/*Preis*, Grundlagen, K, Rn. 74; ErfK/*Müller-Glöge*, § 620 BGB, Rn. 44.

491 MünchKommBGB/*Hesse*, Vorb. zu §§ 620-630 BGB, Rn. 45.

492 Vgl. Schaub/*Koch*, § 110, Rn. 10.; MünchKommBGB/*Henssler*, § 626 BGB, Rn. 28 bezeichnet die Suspendierung im Vergleich zur außerordentlichen Kündigung als milderes Mittel.

493 ArbG Solingen, Urteil v. 16.01.1996 – 2 Ga 1/96, BB 1996, S. 1618 (1619).

Teilnahme des Spielers am Mannschaftstraining der ersten Bundesligamannschaft eine erhebliche Unruhe in den Kader bringen und sich zudem negativ auf den Spielbetrieb auswirken würde. Diese Gründe reichten nach richtiger Ansicht des Gerichts nicht für eine dauerhafte Suspendierung aus. Die vom Gericht statuierte Höchstfrist von 2 Monaten erscheint indes zu starr und wird den zahlreich denkbaren anderen Fallkonstellationen nicht gerecht. Die zulässige Dauer der Suspendierung ist vielmehr von der Intensität der vom Arbeitgeber geltend gemachten Gründe abhängig und im jeweiligen Einzelfall festzustellen. Insoweit wird bei einer – wie im Fall des Arbeitsgerichts Solingen – noch sehr lange bestehenden Vertragslaufzeit nur eine besonders schwerwiegende Vertragsverletzung, die sich vom Gewicht schon einem außerordentlichen Kündigungsgrund annähert, wie beispielsweise die Preisgabe besonders sensibler Vereinsinterna, die dauerhafte Suspendierung des Sportlers rechtfertigen können.

Im Profisport werden zeitlich beschränkte Suspendierungen nicht selten als Instrument der Maßregelung benutzt. Ist nicht nur eine solche vorübergehende Suspendierung, sondern eine dauerhafte Freistellung – ggf. bis zum Vertragsende – gewünscht, kann es für den Klub aus wirtschaftlichen Gründen gegebenenfalls empfehlenswert sein, den Vertrag vorzeitig zu beenden. Eine ordentliche oder gar außerordentliche Kündigung wird hierbei regelmäßig nicht in Betracht kommen. Sei es, weil die ordentliche Kündigung im befristeten Vertrag – wie meist – schon nicht vereinbart ist, kein ausreichender (außerordentlicher)[494] Kündigungsgrund besteht, oder die Kündigungsgründe schlicht nicht hinreichend nachgewiesen werden können. Als Mittel zur Vertragsbeendigung bleibt dann nur der Abschluss eines Aufhebungsvertrags. Dem geht, soweit seitens des Sportlers überhaupt die Bereitschaft zur einvernehmlichen Vertragsbeendigung besteht, vor allem das Feilschen um die Höhe der zu zahlenden Abfindung voraus. Eine bereits in den Arbeitsvertrag aufgenommene Regelung für den Fall der Suspendierung des Arbeitnehmers hätte unter dem Gesichtspunkt einer wirtschaftlichen, schnellen und „geräuschlosen“ Trennung erhebliche Vorteile. Die Vereine könnten deshalb Interesse an einer Regelung haben, nach der das Vertragsverhältnis automatisch endet, wenn der Profisportler vom Verein (gegen Zahlung einer Abfindung in Höhe der für die Vertragslaufzeit ausstehenden Bezüge) von seinen Pflichten freigestellt wird. Eine derartige „Suspendierungsklausel“ könnte beispielsweise folgenden Wortlaut haben:

„(1) Der Verein ist berechtigt, den Sportler einseitig von seinen Pflichten freizustellen, wenn dafür ein hinreichender Grund besteht und das Interesse des Vereins an einer Suspendie-

494 Vgl. dazu LAG Baden-Württemberg, Urteil v. 23.10.2000 – 9 Sa 60/00, BeckRS 2000 30452232, das sich mit der fristlosen Kündigung eines Trainervertrages zu befassen hatte, siehe auch *Birkefeld/Zeißig*, in: Prisma des Sportrechts, S. 196 ff.

rung dasjenige des Sportlers an seiner Beschäftigung überwiegt. Ein hinreichender Grund ist insbesondere bei einer schwerwiegenden Vertragsverletzung gegeben.

(2) Im Falle der Freistellung endet der Vertrag am darauf folgenden Monatsende. Der Sportler hat in diesem Fall einen mit Vertragsbeendigung fälligen Anspruch auf eine Abfindungszahlung in Höhe der gesamten für die Vertragslaufzeit noch ausstehenden Bezüge gemäß § [•].“

Eine derartige auflösende Bedingung begegnet indes erheblichen Bedenken. Freilich ist an Abs. 1 der Klausel insoweit noch nichts auszusetzen, als sie hinsichtlich der Suspendierungsmöglichkeit ansich in dieser Form wohl den Erfordernissen der Rechtsprechung genügt. Zweifel sind dagegen im Hinblick auf die nötige objektive Bestimmbarkeit des Eintritts der auflösenden Bedingung der Freistellung angebracht.[495] Da die Freistellung von vom Verein noch festzulegender Gründe und von einer durch ihn vorzunehmenden Interessenabwägung abhängt, steht der Eintritt der auflösenden Bedingung letztlich in dessen Belieben. Die Zulässigkeit der Klausel scheitert zudem daran, dass kein tauglicher Sachgrund gemäß § 21 i.V.m. § 14 Abs. 1 TzBfG ersichtlich ist. Auch hier hilft der Sachgrund der Besonderheiten des professionellen Mannschaftssports nicht weiter, weil sich die Interessenlage nicht von derer in anderen Wirtschaftsbereichen unterscheidet. Mit Ausnahme von § 14 Abs. 1 Satz 2 Nr. 6 TzBfG (Wunsch des Arbeitnehmers) kommen normierte Sachgründe ebenfalls nicht zum Zuge, obschon die Klausel sicherlich kaum jemals auf den Wunsch des Sportlers hin in das Vertragswerk aufgenommen werden wird.

5. Ergebnis zu VII.

Die Vereinbarung einer auflösenden Bedingung bedarf nach § 21 TzBfG immer eines sachlichen Grundes gemäß § 14 Abs. 1 TzBfG. Bei der auflösenden Bedingung des Lizenzverlusts, des Abstiegs sowie der Insolvenz kommt jeweils lediglich der Sachgrund des § 14 Abs. 1 Satz 2 Nr. 6 TzBfG (Wunsch des Arbeitnehmers) in Betracht. Um diesen Wunsch bei späteren Streitigkeiten belegen zu können, sollte er deutlich zum Ausdruck kommen und daher schriftlich – vorzugsweise im Anstellungsvertrag selbst – niedergelegt werden. Ob ein Gericht diesen Nachweis in einem Rechtsstreit als hinreichend erachten wird, ist indes ungewiss und hinge maßgeblich von dem jeweiligen weiteren Vorbringen der Parteien und der jeweiligen Berufssituation des Sportlers ab. Letztlich ist aufgrund dieser Unwägbarkeiten von der Vereinbarung solcher auflösender Bedingungen generell Abstand zu nehmen.

495 Vgl. dazu die Ausführungen unter 1. Teil, VII.3.

Für die zuletzt untersuchten auflösenden Bedingungen des Wegfalls der Publikumsgunst, des ausbleibenden sportlichen Erfolgs bzw. der fehlenden Finanzmittel sowie der Suspendierung seitens des Vereins, bestehen schon keinerlei rechtfertigende Sachgründe. Derartige Klauseln würden zudem am Transparenzgebot bzw. der fehlenden objektiven Bestimmbarkeit des Eintritts der auflösenden Bedingung scheitern.

VIII. Eigenständige gesetzliche Regelung für befristete Arbeitsverhältnisse im Profisport?

Abschließend ist noch darüber nachzudenken, ob eine eigenständige gesetzliche Regelung für befristete Arbeitsverträge im Profisport sinnvoll wäre. So wird nicht zuletzt wegen der erheblichen Herausforderungen des Norminterpreten, die bestehende Befristungspraxis des Sports rechtlich abzusichern, ein dringlicher Handlungsbedarf des Gesetzgebers gesehen.[496] Wie aus der Darstellung dieses ersten Teils der Untersuchung hervorgeht, bestehen erhebliche Begründungsschwierigkeiten, befristete Arbeitsverhältnisse im professionellen Mannschaftssport anhand der geltenden gesetzlichen Regelungen in § 14 Abs. 1 TzBfG zu rechtfertigen. Diese Schwierigkeiten bestehen bezüglich der Spieler in noch größerem Ausmaße als bei Trainern. Der Grund dafür liegt in dem gänzlichen Fehlen einer höchstrichterlichen Rechtsprechung zur Zulässigkeit befristeter Spielerverträge. Die dazu in der Literatur vereinzelt anzutreffenden Argumentationen helfen ebenfalls nicht weiter. Trotz einer existierenden älteren Rechtsprechung des BAG zur Zulässigkeit von befristeten Trainerverträgen, stehen aber auch diese auf rechtlich unsicherem Boden.

Abhilfe könnte eine spezialgesetzliche Befristungsregelung für den Profisport schaffen, ähnlich dem Gesetz über befristete Arbeitsverträge in der Wissenschaft vom 12.04.2007 (Wissenschaftszeitvertragsgesetz – WissZeitVG[497]) oder dem Gesetz über befristete Arbeitsverträge mit Ärzten in der Weiterbildung (ÄArbVtrG[498]) vom 15.05.1986.[499] Beim WissZeitVG wurde der Gesetzgeber wegen seines Auftrags aus Art. 5 Abs. 3 GG, die Pflege der freien Wissenschaft und ihre Vermittlung an die nachfolgende Generation durch die Bereitstellung von personellen, finanziellen und organisatorischen Mittel zu ermöglichen und

496 *Gutzeit*, in: Facetten des Sportrechts, S. 69.

497 BGBl. 2007 I, S. 506 ff.

498 BGBl. 1986 I, S. 742 f.

499 In diesem Sinne auch *Bauer/Pulz*, SpuRt 2001, S. 56 (58).

zu fördern, tätig.[500] Demgegenüber ist der Gesetzgeber im Bereich des Sports nicht aus verfassungsrechtlichen Erwägungen angehalten, spezielle Regelungen zu treffen. Der Text des Grundgesetzes nimmt vom Sport und insbesondere dem Verhältnis von Staat und Sport keine Notiz.[501] Besondere Förderungszusagen zugunsten des Sports kennt das geltende Verfassungsrecht nicht, obgleich die öffentliche Förderung des Sports politisch unbestrittene Staatsaufgabe ist.[502]

Ein Tätigwerden des Gesetzgebers ist dadurch aber keinesfalls ausgeschlossen. Im Gegenteil. Ausweislich der Gesetzesbegründung zum WissZeitVG sollte das Befristungsrecht, wie es sich für die Fälle der Drittmittelfinanzierung in der Rechtsprechung des Bundesarbeitsgerichts in diesem Bereich gezeigt hat, mit diesem Gesetz für die befristete Beschäftigung des wissenschaftlichen und akzessorischen Personals konturiert und rechtssicher ausgestaltet werden.[503] Genau dieses Erfordernis besteht auch im Bereich des Profisports. Die Arbeitsvertragsparteien sehen sich dort mit einer unübersichtlichen und zum Großteil völlig ungewissen Rechtslage konfrontiert.

Andernfalls müssen die Betroffenen weiterhin einer Konkretisierung seitens der höchstrichterlichen Rechtsprechung harren. Ob diese dann auch zu mehr Klarheit und Rechtssicherheit führen würde, darf – nicht zuletzt angesichts der in ihrer Gesamtheit konturlosen höchstrichterlichen Rechtsprechung zu befristeten Trainerverträgen – mit Recht bezweifelt werden. Die Entscheidungen des BAG zur Zulässigkeit befristeter Trainerverträge sind spärlich gesät und – insbesondere für den professionellen Mannschaftssport – nur bedingt aussagekräftig. Dass auf eine höchstrichterliche Klärung noch länger zu warten sein wird, ist indes absehbar. Die seit dem Bosman-Urteil des EuGH[504] im Jahre 1995 gängige Befristungspraxis von Spielerverträgen wurde bis heute keiner höchstrichterlichen Prüfung zugänglich gemacht. Diesbezügliche Streitigkeiten endeten bislang spätestens vor den Landesarbeitsgerichten. Der Grund dafür ist aus Sicht der Vereine wie der Spieler nur allzu verständlich. Die Spieler können und wollen sich, nicht zuletzt wegen der ihnen nur begrenzt zur Verfügung stehenden Lebensarbeitszeit, keinen langen Prozessen hingeben. Die Klubs werden dahingegen kein gesteigertes Interesse an einer (endgültigen?) Klärung der Zulässigkeit der gängigen Befristungspraxis durch eine Gerichtsentscheidung haben, solange

500 BT-Drucks. 16/3438, S. 8; diese Verpflichtung umfasse auch die Aufforderung, die erforderlichen arbeitsrechtlichen Rahmenbedingungen für die Beschäftigung des wissenschaftlichen Personals an den Hochschulen und außeruniversitären Forschungseinrichtungen zu gewährleisten.

501 *Steiner*, in: HStR IV, § 87, Rn. 2.

502 *Steiner*, in: HStR IV, § 87, Rn. 3.

503 BT-Drucks. 16/3438, S. 10.

504 EuGH, Urteil v. 15.12.1995 – Rs. C-415/93, Slg. 1995, I-4921 Rn. 127 = NZA 1996, S. 191 ff. = NJW 1996, S. 505 ff.

diese in ihrem Sinne weitgehend funktioniert. Gerade diese Aspekte sprechen für eine klare Regelung durch den Gesetzgeber. Im Ergebnis würden davon Arbeitgeber wie Arbeitnehmer profitieren.

IX. Zusammenfassung 1. Teil

Die Arbeitsverhältnisse der Trainer und Spieler im professionellen Mannschaftssport weisen Besonderheiten auf, die eine Befristung dieser Arbeitsverträge letztlich rechtfertigen. Gesetzestechnisch fußt die Zulässigkeit dieser Befristungen nicht wie vielfach angenommen auf dem normierten Sachgrund der Eigenart der Arbeitsleistung in § 14 Abs. 1 Satz 2 Nr. 4 TzBfG, sondern auf einem eigenständigen, ungeschriebenen Sachgrund. Dieser Sachgrund kann mit den *Besonderheiten im professionellen Mannschaftssport* umschrieben werden. Die diesem Sachgrund zugrunde liegenden verallgemeinerungsfähigen Prüfungskriterien erlauben den Schluss, dass Befristungen im professionellen Mannschaftssport generell als zulässig zu erachten sind.

Obschon mit dem hier vertretenen Standpunkt unter dem TzBfG mehr Rechtssicherheit in der Befristungspraxis einkehren würde, besteht hinsichtlich der vertraglichen Höchstbindungsdauer weiterer Handlungsbedarf, da Spieler de lege lata trotzdem überlange an den arbeitgebenden Verein gebunden werden können. Spieler haben im Vergleich zu durchschnittlichen Arbeitnehmern – auch verglichen mit Trainern – eine stark verkürzte Lebensarbeitszeit. Für ihr berufliches Fortkommen sind häufige Vereinswechsel bzw. die Möglichkeit neuer Vertragsverhandlungen aber von zentraler Bedeutung. Um dies auch tatsächlich zu ermöglichen, ist die gemäß § 15 Abs. 4 TzBfG derzeit faktisch zulässige vertragliche Höchstbindungsdauer von 5 Jahren bei Spielerverträgen auf 3 Jahre zu verkürzen.[505]

Die bis dato bestehende und auf absehbare Zeit bleibende erhebliche Rechtsunsicherheit hinsichtlich der Zulässigkeit befristeter Sportarbeitsverträge sowie der Vergleich mit bereits existierenden Sonderregelungen für Befristungen in verschiedenen anderen Bereichen des Arbeitslebens sprechen für eine spezialgesetzliche Regelung auch für den Profisport. Nicht zu vergessen ist dabei immer die immense gesellschaftliche und wirtschaftliche Bedeutung des Profisports – insbesondere des Profifußballs –, die in einer eigenen gesetzlichen Regelung ihren Niederschlag finden könnte und sollte.

Neben Befristungsregelungen erfreuen sich auch auflösende Bedingungen wie etwa die automatische Vertragsbeendigung bei Lizenzentzug oder bei einem Ab-

505 Vgl. *Vogt*, in: Facetten des Sportrechts, S. 160 ff.

stieg in eine niedere Spielklasse ungebrochener Beliebtheit in Sportleistungsverträgen. Im Gegensatz zu Befristungen bedürfen diese zu ihrer Rechtfertigung ausnahmslos eines sachlichen Grundes. Auflösende Bedingungen in Sportleistungsverträgen von Profisportlern sind anders als Befristungen lediglich dann zulässig, wenn sie nach § 14 Abs. 1 Satz 2 Nr. 6 TzBfG auf den ausdrücklichen Wunsch des Profisportlers hin vereinbart werden.

2. Teil: Optionsvereinbarungen

I. Einführung

Neben der Frage der Zulässigkeit befristeter Arbeitsverhältnisse im professionellen Mannschaftssport ist auch die arbeitsrechtliche Zulässigkeit von so genannten Optionsvereinbarungen weitgehend ungeklärt. Ein Optionsrecht gibt dem Berechtigten die (befristete oder unbefristete) Befugnis, durch einseitige Willenserklärung unmittelbar ein inhaltlich bereits fixiertes Vertragsverhältnis herbeizuführen oder zu verlängern.[506] Es begründet ein Gestaltungsrecht des Berechtigten.[507] Weit verbreitet sind Verlängerungsoptionen vor allem in gewerblichen Miet- und Pachtverträgen, die das Recht des Mieters begründen, einen befristet abgeschlossenen Vertrag um eine weitere Zeitperiode zu verlängern.[508] In der sportrechtlichen Praxis werden Optionen als Verlängerungsoptionen[509] in das befristete Vertragswerk zwischen Verein und Sportler mit aufgenommen. Diese Optionen ermöglichen es wahlweise nur einer oder auch beiden Vertragsparteien, das befristete Arbeitsverhältnis für einen festgelegten Zeitraum über die ursprünglich festgelegte Vertragslaufzeit hinaus einmal oder mehrfach befristet zu verlängern. Daneben sind Verlängerungsoptionen denkbar, die auf die Erreichung bestimmter Vorgaben abzielen. Abhängig von der jeweiligen Berechtigung zur Herbeiführung der Vertragsverlängerung bzw. von dem Erfordernis der Erreichung bestimmter Voraussetzungen für eine Vertragsverlängerung ist im Folgenden zwischen einseitigen-, zweiseitigen- und sonstigen Verlängerungsoptionen zu unterscheiden.

506 MünchKommBGB/*Busche*, Vorb v § 145, Rn. 70; Palandt/*Ellenberger*, Einf v § 145 BGB, Rn. 23.

507 MünchKommBGB/*Busche*, Vorb v § 145, Rn. 70; Palandt/*Ellenberger*, Einf v § 145 BGB, Rn. 23.

508 Vgl. dazu *Casper*, S. 39 f., 452 ff. sowie allgemein zu Verlängerungsoptionen in Mietverträgen Staudinger/*Emmerich*, Vorbemerkungen zu § 535, Rn. 101 ff.

509 Zur besseren Lesbarkeit wird im Folgenden für den Begriff der Verlängerungsoption auch die Formulierung Vertragsverlängerungsoption, Verlängerungsklausel oder Option synonym verwandt.

II. Einseitige Verlängerungsoptionen

Im Falle der einseitigen Verlängerungsoption steht es nur einer der Vertragsparteien zu, den befristeten Vertrag innerhalb eines festgelegten Zeitraums durch einseitige Erklärung gegenüber dem Vertragspartner für eine bestimmte Dauer (regelmäßig ein Jahr) zu verlängern. Zumeist wird es vertraglich dem Verein zustehen, das einseitige Optionsrecht ausüben zu können. Nur dann begegnet diese Regelung auch rechtlichen Bedenken, da eine den Profisportler als Arbeitnehmer begünstigende Regelung aus arbeitsschutzrechtlichem Blickwinkel nicht zu beanstanden wäre. Eine einseitige Verlängerungsoptionsklausel zugunsten des arbeitgebenden Klubs kann beispielsweise folgenden Wortlaut haben:

> „Der Spieler verpflichtet sich, den Vertrag unter den vereinbarten Bedingungen [jeweils] um 1 Jahr fortzusetzen, falls der Verein dies wünscht und bis zum [•] schriftlich gegenüber dem Spieler erklärt hat, diese Option ausüben zu wollen."

Die Aufnahme einseitiger Verlängerungsoptionen in den Arbeitsvertrag zugunsten des Vereins kann auf verschiedenen Motiven beruhen. So hat der Verein die Möglichkeit, den Spieler hinsichtlich seines Leistungspotentials und seiner Eingliederungsfähigkeit in das Mannschaftsgefüge zu beobachten. Andererseits kann der Verein bei einem möglichen Wunsch des Spielers zu einem anderen Verein zu wechseln durch die Ausübung der Option eine Ablösesumme aushandeln. Der Verein hat mit dieser Vertragsgestaltung alle Trümpfe in seiner Hand. Hat er beispielsweise wegen eines Leistungsabfalls des Spielers kein Interesse mehr daran diesen zu halten, kann er den Vertrag schlichtweg auslaufen lassen, indem die Option nicht ausgeübt wird. Besteht der Wunsch des Vereins, den Spieler auch nach Vertragsablauf zu verpflichten, wird er die Verlängerungsoption ausüben und somit den Spieler entweder weiter an sich binden oder von dessen zukünftigem Verein (zumindest) eine Ablösesumme kassieren.

Fraglich ist, wie die Zulässigkeit einer einseitigen Verlängerungsoption, die ausschließlich zu Gunsten des Vereins besteht, zu bewerten ist. Denkbar ist ein Verstoß gegen das Freizügigkeitsrecht der Arbeitnehmer aus Art. 45 AEUV (vormals Art. 39 EG), gegen die Wettbewerbsregelungen in Art. 101 und 102 AEUV (vormals Art. 81, 82 EG), gegen die Berufsfreiheit aus §§ 138 Abs. 1, 242 BGB i.V.m. Art. 12 Abs. 1 GG, gegen den allgemeinen Grundsatz des Verbots von einseitigen Kündigungserschwerungen zulasten des Arbeitnehmers aus § 622 Abs. 6 BGB sowie gegen das Benachteiligungsverbot aus § 307 BGB. Zu prüfen ist auch eine etwaige Umgehung der Höchstbefristungsregelung in § 15 Abs. 4 TzBfG.

1. Verstoß gegen Art. 45 AEUV

a) Anwendbarkeit

Einseitige Verlängerungsoptionen könnten gegen das Freizügigkeitsrecht der Sportler aus Art. 45 AEUV verstoßen. Dabei stellt sich zunächst die Frage der Anwendbarkeit von Art. 45 AEUV auf diese Vertragsgestaltung. Die Einordnung des Sports im System des Vertrags über die Arbeitsweise der Europäischen Union bzw. vormals des sog. EG-Vertrages bereitet nämlich nach wie vor Schwierigkeiten.[510] Diese ergeben sich vor allem daraus, dass die Grundfreiheiten nicht für den Bereich des Sports konzipiert sind und sich dieser zunehmend von einer bloßen Freizeitbeschäftigung zu einem Wirtschaftssektor gewandelt hat und damit mehr und mehr Gegenstand von Streitigkeiten wird. Ganz besonders gilt das für den professionell betriebenen Mannschaftssport und hier allen voran den Profifußball.

Der Anwendungsbereich des Vertrages ist für den Sport nach ständiger Rechtsprechung des EuGH eröffnet, wenn die sportliche Betätigung einen Teil des Wirtschaftslebens i.S.v. Art. 3 EUV (vormals Art. 2 EG) ausmacht und ein grenzüberschreitender Sachverhalt gegeben ist.[511] Von einem grenzüberschreitenden Sachverhalt ist insbesondere dann auszugehen, wenn sich ein Angehöriger eines Mitgliedstaats in einen anderen Mitgliedstaat begibt, um dort einer abhängigen Beschäftigung nachzugehen.[512] Bei rein innerdeutschen Sachverhalten, also wenn ein Spieler mit deutscher Staatsangehörigkeit nur innerhalb Deutschlands von einem Verein zum anderen wechseln möchte, kommt ein Verstoß gegen Art. 45 AEUV daher nicht in Betracht. Die daraus folgende sog. Inländerdiskriminierung ist nach ständiger Rechtsprechung des EuGH nicht untersagt.[513] Falls die einseitige Verlängerungsoption aber einen Profisportler, der Staatsangehöriger eines Mitgliedstaates der EU ist und nach Ablauf seines Vertrages – wie oft – zu einem Verein eines anderen Mitgliedstaates wechseln möchte, an diesem Wechsel hindert, könnte sie gegen sein Freizügigkeitsrecht aus Art. 45 AEUV verstoßen.

Die europäische Rechtsprechung betrachtet den Bereich des Profisports grundsätzlich als Teil des Wirtschaftslebens, nimmt aber bestimmte Praktiken und Regelungen von der Grundfreiheitenkontrolle aus, wenn dadurch ausländi-

---

510 Grabitz/Hilf/*Randelzhofer/Forsthoff*, Art. 39 EGV, Rn. 28.

511 Vgl. EuGH, Rs. 13/76, Slg. 1976, 1405, Rn. 14/16 (Donà); Rs. C-415/93, Slg. 1995, I-4921 Rn. 127 (Bosman); Rs. C-176/96, Slg. 2000, I-2681 Rn. 34 (Lehtonen); verb. Rs. C-51/96, 191/97, Slg. 2000, I-2549 Rn. 43 (Deliège).

512 Streinz/*Franzen*, Art. 45 AEUV, Rn. 33.

513 Streinz/*Franzen*, Art. 45 AEUV, Rn. 34 m.w.N.

sche Sportler von bestimmten Begegnungen aus nichtwirtschaftlichen Gründen ausgeschlossen werden, etwa bei Spielen von Nationalmannschaften verschiedener Länder.[514] Der befristete Arbeitsvertrag mit Verlängerungsoption zwischen Klub und Sportler dürfte dem EuGH zufolge daher vom Anwendungsbereich des Art. 45 AEUV umfasst sein. Art. 45 AEUV richtet sich nach der Rechtsprechung des EuGH nämlich nicht nur an den staatlichen Normsetzer, sondern entfaltet darüber hinaus auch Drittwirkung auf Regelungen unter Privatrechtssubjekten, soweit diesen – wie etwa großen Sportverbänden – aufgrund einer faktischen Machstellung staatsähnliche Positionen zugesprochen werden (sog. intermediäre Gewalten).[515] Im Fall Bosman erstreckte sich der Gewährleistungsgehalt des Art. 45 Abs. 2 AEUV auf die Transferregelungen, weil diese auf Verbandsebene (kollektiv) geregelt waren. Ganz anders stellt es sich aber bei einseitigen Verlängerungsoptionen dar. Diese werden nicht auf Verbandsebene kollektiv festgelegt, sondern individualvertraglich vereinbart. Daran ändert auch nichts, wenn den Klubs von ihren Verbänden Vertragsmuster zur Verfügung gestellt werden, die Verlängerungsklauseln enthalten. Diese Muster sind nicht zwingend zu verwenden und haben im Unterschied zu Verbandsregeln keinen Normcharakter. Ebenso fehlt es an einer staatsähnlichen Machtstellung der Vereine. Ob auch solche individuellen Abreden unter Privatpersonen am Maßstab des Art. 45 Abs. 2 AEUV zu messen sind, ist umstritten.[516] Der EuGH hat die Arbeitnehmerfreizügigkeit jüngst auch auf privatrechtliche Verhältnisse ausgedehnt, die nicht auf kollektiven Regelungen beruhen.[517] Im Kern geht es bei dieser Frage um das Spannungsverhältnis zwischen dem europarechtlichen Grundsatz des „effet utile"[518] (vormals aus Art. 10 EG, jetzt im Wesentlichen ersetzt durch Art. 4 EUV) und der Vertragsfreiheit Privater. Der EuGH möchte durch die unmittelbare Drittwirkung der Grundfreiheiten zum einen verhindern, dass Beschränkungen, die der EU-Vertrag den Mitgliedstaaten untersagt, durch Handlungen Privater in Ausnutzung ihrer Vertragsfreiheit errichtet werden.[519] Zum anderen soll eine einheitliche Anwendung des Gemeinschaftsrechts gesichert werden.[520] Die besseren Argumente sprechen dabei gegen eine (unmittelbare) Erstreckung von

514 Streinz/*Franzen*, Art. 45 AEUV, Rn. 29 m.w.N.

515 Streinz/*Franzen*, Art. 45 AEUV, Rn. 92 m.w.N.

516 Streinz/*Franzen*, Art. 45 AEUV, Rn. 94 ff. m.z.w.N.

517 EuGH, Urteil v. 06.06.2000 – Rs. C 281/98, Slg. 2000 I, S. 4161 ff. (Angonese); EuZW 2000, S. 468 ff.

518 Danach soll grundsätzlich jede europarechtliche Norm so ausgelegt werden, dass sie maximale Nutzung pro europäische Integration entfaltet, vgl. Mickel/Bergmann/*Bergmann*, Handlexikon der EU, Effet utile.

519 *Streinz/Leible*, EuZW 2000, S. 459 (459).

520 *Streinz/Leible*, EuZW 2000, S. 459 (459).

Art. 45 AEUV auf individuelle Vereinbarungen unter Privatpersonen. Zunächst konterkariert eine unmittelbare Drittwirkung von Grundfreiheiten das Kompetenzgefüge zwischen der EU und den Mitgliedstaaten, sowie zwischen Legislative und Judikative.[521] Zudem wird dadurch erheblich in die für einen liberalen Binnenmarkt unerlässliche Privatautonomie eingegriffen. Im Ergebnis ist die Anwendbarkeit von Art. 45 AEUV auf Vertragsverlängerungsoptionen daher abzulehnen.

b) Eingriff

Selbst wenn man Art. 45 AEUV auf einseitige Vertragsverlängerungsoptionen für anwendbar hält, bleibt zweifelhaft, ob diese überhaupt einen Eingriff in die Grundfreiheit der Sportler darstellen.

Zieht der Verein die Option, ist der Sportler für die Dauer der Verlängerung zwar weiterhin dienstverpflichtet und mithin daran gehindert, zu einem anderen Verein (eines anderen Mitgliedsstaats) zu wechseln. Darin könnte nach der Diktion des EuGH ein Eingriff in das Freizügigkeitsrecht gesehen werden. Im Bosman-Urteil stellte er nämlich fest:

> *„Bestimmungen, die einen Staatsangehörigen eines Mitgliedstaats daran hindern oder davon abhalten, sein Herkunftsland zu verlassen, um von seinem Recht auf Freizügigkeit Gebrauch zu machen, stellen daher Beeinträchtigungen dieser Freiheit dar, auch wenn sie unabhängig von der Staatsangehörigkeit der betroffenen Arbeitnehmer Anwendung finden"*[522].

Damit wurde klar, dass der EuGH Art. 45 AEUV nicht nur als bloßes Diskriminierungsverbot, sondern als allgemeines Beschränkungsverbot auslegt.[523] Das Urteil beschäftigte sich indes mit Regelungen, welche die Freizügigkeit des Sportlers *nach* Beendigung seines Vertrages betrafen. Der Spieler war nach den Transferbestimmungen seines Fußballverbandes trotz Vertragsablauf von einer Freigabeerklärung seines alten Arbeitgebers abhängig, die wiederum mit der Zahlungsverpflichtung einer Ablösesumme des neuen Arbeitgebers an den bisherigen Arbeitgeber verbunden war. Bei Vertragsverlängerungsoptionen verhält es sich grundlegend anders. Wird die Verlängerungsoption gezogen, wird der noch laufende Vertrag lediglich mit den bestehenden Konditionen verlängert, der Sportler weiter vertraglich gebunden. Die Bindung an einen Vertrag ist aufgrund des allgemeinen Rechtsgrundsatzes der Privatautonomie dagegen auch europa-

---

521 *Streinz/Leible*, EuZW 2000, S. 459 f.

522 EuGH, Urteil v. 15.12.1995 – Rs. C-415/93 (Bosman), NJW 1996, S. 505 (510).

523 PHB SportR-*Summerer*, 7/117; Streinz/*Franzen*, Art. 45 AEUV, Rn. 86, *Hilf/Pache*, NJW 1996, S. 1169 (1172); *Hobe/Tietje*, JuS 1996, S. 486 (489).

rechtlich grundsätzlich als zulässig zu erachten.[524] Freilich würde sich eine sehr lange Vertragsbindung ohne Kündigungsmöglichkeit negativ auf die Freizügigkeit auswirken. In der Fünf-Jahres-Grenze des § 624 BGB bzw. des § 15 Abs. 4 TzBfG finden sich aber nationalgesetzliche Schranken zur Verhinderung überlanger Vertragsbindungen. Mit diesen Regelungen ist der deutsche Gesetzgeber seiner Verpflichtung aus ex Art. 10 EG nachgekommen. Danach haben die Mitgliedstaaten Störungen der Grundfreiheiten aufgrund von Handlungen von Privatpersonen abzuwehren.[525] § 624 BGB und § 15 Abs. 4 TzBfG reichen grundsätzlich aus, um eine übermäßig lange Vertragsbindung und eine damit einhergehende Beschränkung der Freizügigkeit von Sportlern auszuschließen.[526] In einseitigen Verlängerungsoptionen ist nach alldem schon kein Eingriff in das Freizügigkeitsrecht aus Art. 45 AEUV zu sehen.

c) Rechtfertigung

Sieht man in einseitigen Optionen entgegen der hier vertretenen Ansicht einen Eingriff in die grundfreiheitlich garantierte Freizügigkeit, könnten diese gleichwohl gerechtfertigt sein. Zwar passen die Rechtfertigungsgründe aus Art. 45 Abs. 3 AEUV (öffentliche Ordnung, Sicherheit und Gesundheit) zunächst nur für die Mitgliedstaaten und nicht für Private. Nach Auffassung des EuGH können hingegen auch Private diese Rechtfertigungsgründe geltend machen. Demnach spräche nichts dagegen, dass die Rechtfertigungsgründe in Bezug auf die öffentliche Ordnung, Sicherheit und Gesundheit auch von Privatpersonen geltend gemacht werden.[527] Der öffentliche oder private Charakter der betreffenden Regelung habe keinen Einfluss auf die Tragweite oder den Inhalt dieser Rechtfertigungsgründe. Sie sind zudem nicht auf den geschriebenen „ordre public" – Vorbehalt des Art. 45 Abs. 3 AEUV beschränkt und können grundsätzlich jeden mit dem Vertrag vereinbaren berechtigten Zweck verfolgen.[528] Als weiteres Erfordernis kommt hinzu, dass die Anwendung der beschränkenden Maßnahme ge-

---

524 Vgl. *Roloff*, S. 263; *Oberthür*, NZA 2003, S. 462 (467); *Kelber*, NZA 2001, S. 11 (15); *Weber*, RdA 2001, S. 183 (184); *Rittner*, JZ 1990, S. 838 (842 f.).

525 Streinz/*Franzen*, Art. 45 AEUV, Rn. 96; *Streinz/Leible*, EuZW 2000, S. 459 (463); *Burgi*, EWS 1999, S. 327 (329 f.); dahingehend auch EuGH, Urteil v. 09.12.1997 – Rs. C-265/95 (Kommission/Frankreich), Slg. 1997 I, S. 6959, Rn. 31 ff., EuZW 1998, S. 84 (85).

526 Siehe dazu aber den Vorschlag zur Verkürzung der vertraglichen Höchstbindungsdauer von *Vogt*, in: Facetten des Sportrechts, S. 160 ff.

527 EuGH, Urteil v. 15.12.1995 – Rs. C-415/93 (Bosman), NJW 1996, S. 505 (509); kritisch Streinz/*Franzen*, Art. 45 AEUV, Rn. 95; siehe zur ungeklärten dogmatischen Einordnung *Streinz/Leible*, EuZW 2000, S. 459 (463).

528 EuGH, Urteil v. 15.12.1995 – Rs. C-415/93 (Bosman), NJW 1996, S. 505 (510); Streinz/*Franzen*, Art. 45 AEUV, Rn. 84.

eignet sein muss, die Verwirklichung des verfolgten Zwecks zu gewährleisten und nicht über das hinausgeht, was zur Erreichung dieses Zwecks erforderlich ist (Verhältnismäßigkeitsprinzip).[529]

Nach einer Ansicht kann zur Rechtfertigung einseitiger Verlängerungsoptionen direkt auf eine Aussage des EuGH im Bosman-Urteil abgestellt werden, nachdem angesichts der beträchtlichen sozialen Bedeutung, die der sportlichen Tätigkeit und insbesondere dem Fußball in der Gemeinschaft zukomme, anzuerkennen sei, dass die Zwecke berechtigt sind, die darin bestehen, die Aufrechterhaltung eines Gleichgewichts zwischen den Vereinen unter Wahrung einer bestimmten Chancengleichheit und der Ungewissheit der Ergebnisse zu gewährleisten, sowie die Einstellung und Ausbildung junger Spieler zu fördern.[530] Gerade der Aspekt der Einstellung junger Spieler streite dabei für die Zulässigkeit einer einseitigen Verlängerungsoption, da ohne eine solche Option viele Spieler gar nicht, oder jedenfalls nicht so einfach, den Weg in eine Bundesligamannschaft finden würden. Dies trifft sicher zu, wenn man davon ausgeht, dass junge Spieler zunächst nur einen mit kurzer Laufzeit (bspw. 1 Jahr) befristeten Vertrag bekommen, der bei Bewährung dann durch Ausübung einer Option verlängert werden kann. Wird der Vertrag mit einem jungen Spieler dagegen von vornherein auf längere Zeit (bspw. 3 Jahre) befristet abgeschlossen, würde sich dies nicht mehr mit obiger Argumentation rechtfertigen lassen.

Die Optionen lassen sich – auch bezüglich älterer bzw. erfahrener Spieler – indes auch unter dem Aspekt der Aufrechterhaltung eines Gleichgewichts und der Wahrung einer bestimmten Chancengleichheit rechtfertigen. Optionen tragen dazu bei, dass sich die besten Spieler nicht ausschließlich bei den finanziell potentesten Klubs konzentrieren bzw. bei der Abgabe des Spielers an den neuen Verein zumindest ein finanzieller Ausgleich stattfindet, mit dem sich der abgebende Verein wieder mit guten Spielern versorgen und damit wenigstens theoretisch qualitativ auf Augenhöhe bleiben kann. Das spielerische Potential eines Spielers und damit sein (Markt-) Wert für den Verein ist von vielen Unwägbarkeiten auf und abseits des Spielfeldes abhängig. Der Spieler kann sich auch erst im Laufe seiner Verpflichtung zu einem für seinen Verein spielerisch wertvollen Mannschaftsteil entwickeln. Im Extremfall findet der Spieler erst im letzten Vertragsjahr seine Form. Ohne Option wäre er dann zum Saisonende ablösefrei zu haben. Es besteht für den bisherigen Verein nun die große Gefahr, dass sein Spieler von finanzstärkeren Klubs mit lukrativen Angeboten abgeworben wird.

529 Vgl. EuGH, Urteil v. 15.12.1995 – Rs. C-415/93 (Bosman), NJW 1996, S. 505 (510); EuGH, Urteil v. 30.11.1995 – Rs. C-55/94 (Gebhard), NJW 1996, S. 579 (581); EuGH, Urteil v. 31.03.1993 – Rs. C-19/92 (Kraus), NVwZ 1993, S. 661 (662); PHB SportR-*Summerer*, 7/117.

530 *Menke*, NJW 2007, S. 2820 (2822 f.).

Der bisherige Verein verliert dann nicht nur einen wichtigen Spieler, sondern erlangt auch keine Mittel, um die entstandene Lücke adäquat wiederbesetzen zu können. Dieser Gefahr können Optionen vorbeugen. Die Interessen der Spieler bleiben durch die sich aus § 15 Abs. 4 TzBfG ergebende Höchstbindungsdauer angemessen gewahrt. Verlängerungsoptionen tragen also zu einer Flexibilisierung des Qualitäts- und Finanzmitteltransfers bei. An anderer Stelle wird die Befristung mit Verlängerungsoption ebenfalls für zulässig erachtet, da sie sich als sachgerechter Interessenausgleich für beide Arbeitsvertragsparteien darstelle. Infolge schnell veränderter Umstände dürften nämlich weder der Verein noch der Profisportler ein Interesse an einer längerfristigen arbeitsvertraglichen Bindung haben.[531]

d) Umgehung der Bosman-Rechtsprechung

Teils wird bei der europarechtlichen Bewertung von einseitigen Verlängerungsoptionen an das Bosman-Urteil des EuGH[532] angeknüpft und in der Vereinbarung einer einseitigen Verlängerungsoption eine Umgehung dieser Entscheidung gesehen.[533] Seit dem Bosman-Urteil sind Verbandsregeln verboten, die bei einem Wechsel eines Berufsfußballspielers, der Staatsangehöriger eines Mitgliedstaates der EU ist und zu einem Verein in einem anderen Mitgliedstaat wechselt, die Zahlung von Transfer-, Ausbildungs- oder Förderungsentschädigungen an den abgebenden Verein vorsehen. Es wird vertreten, dass die Aufnahme von Verlängerungsoptionen in den Sportleistungsvertrag das einzig erkennbare Ziel habe, eine nachvertragliche Ablösezahlung zu erlangen, was aber seit dem grundlegenden Urteil des EuGH verboten sei.[534] Dem ist entgegenzuhalten, dass dem Bosman-Urteil gerade dies so nicht zu entnehmen ist. Die Entscheidung lässt keinen Ansatz erkennen, warum das „Herauskaufen" von Spielern aus noch laufenden Verträgen durch Ablösezahlungen unzulässig sein sollte.[535] Das Bosman-Urteil wie auch das sich an diese Entscheidung anlehnende Kienass-Urteil des BAG[536]

531 KR/*Lipke*, § 14 TzBfG, Rn 209a.

532 EuGH, Urteil v. 15.12.1995 – Rs. C-415/93, Slg. 1995, I-4921 Rn. 127 = NZA 1996, S. 191 ff. = NJW 1996, S. 505 ff.

533 *Krogmann*, S. 221; *Kindler*, NZA 2000, S. 744 (748); i.E. ebenso *Kirschenhofer*, S. 92, dessen Untersuchung aber auf eine alte Regelung im DFB-Musterarbeitsvertrag (§ 11 Abs. 4) abstellt, deren Optionsregelung nur für den Fall vereinbart war, dass die bisherigen Transferentschädigungsregelungen (aufgrund des Bosman-Urteils des EuGH) ganz oder teilweise entfallen sollten; ohne Begründung auch *Blang*, S. 243.

534 *Kindler*, NZA 2000, S. 744 (748).

535 *Arens/Scheffer*, in: AR-Blattei SD, 1480.2, Rn. 309; *Reichold*, EWiR 1997, S. 439 (440); *Wertenbruch*, EuZW 1996, S. 91 (92); i.E. auch *Roloff*, S. 261 und *Weber*, S. 247.

536 BAG, Urteil v. 20.11.1996 – 5 AZR 518/95, NZA 1997, S. 647 ff.

untersagen lediglich Transferzahlungen nach Vertragsablauf. Eine Umgehung des Bosman-Urteils wäre nur dann anzunehmen, wenn durch die Verlängerungsklausel dennoch eine Verpflichtung zur Zahlung von Transferentschädigungen nach Beendigung des Vertrags bestehen würde.[537] Eine Vertragsverlängerung führt aber nicht zwingend zu einer Transferentschädigung bzw. zu einer Ablösezahlung. Ob ein anderer Verein tatsächlich eine Ablösezahlung leistet, ist für den Klub bei Vereinbarung der Option keinesfalls mit Sicherheit vorhersehbar. Außerdem erfolgt die Ablösezahlung nicht nach Beendigung des Vertrags sondern aus Anlass der vorzeitigen Vertragsauflösung. Das gleiche Szenario kann sich auch bei einem lediglich befristeten Vertrag ohne Vertragsverlängerungsklausel stellen. Auch hier kann es zu einer Ablösezahlung kommen, wenn sich der abgebende Verein seine Zustimmung zur vorzeitigen Beendigung des Vertrags vom aufnehmenden Verein abkaufen lässt. Hierbei wird man wohl nicht auf die Idee kommen, eine Umgehung des Bosman-Urteils zu proklamieren. Vor allem aber handelt es sich bei den vertraglich vereinbarten Optionen im Gegensatz zu den streitigen Vorschriften in den beiden Urteilen nicht um Verbandsregelungen, weshalb die Sachverhalte nicht vergleichbar sind.[538]

Gegen das Argument einer Umgehung des Bosman-Urteils wird zu recht auch eingewandt, dass sich die Unwirksamkeit eines Rechtsgeschäftes nach allgemeinen Grundsätzen nur aus der Umgehung von Verbotsgesetzen und nicht aus der Umgehung einzelner Urteile ergeben könne.[539] Die Rechtsprechung könne Verbotsgesetze allenfalls begründen, wenn sie gesetzesgleich im Wege der Rechtsfortbildung tätig werde. Der EuGH habe in seinem Bosman-Urteil zwar eine Rechtsfortbildung des Art. 45 AEUV hin zum allgemeinen Beschränkungsverbot vorgenommen. Ablösesummen nach Vertragsende habe er aber nicht gesetzesgleich verboten. Dies sei in einem Vorlageverfahren auch nicht möglich, da sich der EuGH allein mit der Auslegung und Fortbildung europäischen Rechts, nicht aber nationalen Privatrechts befassen könne. Dass Urteile von am Verfahren nicht beteiligten Personen nicht umgangen werden können liegt auch darin begründet, dass Urteile immer nur Einzelfälle betreffen und sie in der Regel[540] lediglich inter partes gelten. Freilich können und sollen aus Urteilen generell Rückschlüsse auf die Bewertung von Rechtsfragen gezogen und hinsichtlich anderer zu entscheidender Einzelfälle daraufhin Gerichtsentscheidungen antezipiert

537 Vgl. LAG Köln, Beschluss v. 13.08.1996 – 11 Ta 173/96, NZA 1997, S. 317 (318).

538 *Kelber*, NZA 2001, S. 11 (16).

539 *Roloff*, S. 261 unter Verweis auf Palandt/*Ellenberger*, § 134 BGB, Rn. 28; Staudinger/*Sack*, § 134 BGB, Rn. 145.

540 Eine Ausnahme ist bspw. in § 31 Abs. 2 BVerfGG normiert, nachdem den Entscheidungen des BVerfG in bestimmten Fällen Gesetzeskraft zukommen kann. Vgl. auch Staudinger/*Merten*, Art. 2 EGBGB, Rn. 39 ff.

werden. Eine Umgehung, die zur Unzulässigkeit einer Regelung führt, kann sich aus einem Urteil jedenfalls nicht ergeben.

Weiter wird gegen eine Umgehung der Bosman-Rechtsprechung eine Entscheidung des LAG Köln[541] angeführt, das in seinem Beschluss vom 13.08.1996 eine derartige Umgehung bei zweiseitigen Optionsklauseln eingedenk der Vertragsparität legitimiert habe, die dann zu bejahen sei, wenn der Spieler sich beraten und er ein mit der Verlängerungsoption verbundenes höheres Gehalt ausgehandelt habe.[542] Zum anderen sei es nach Meinung des Gerichts höchst bedenklich davon auszugehen, das einzig erkennbare Ziel einer einseitigen Verlängerungsoption in der Generierung einer Ablösesumme zu sehen. So habe der Verein im allein ausschlaggebenden Zeitpunkt der Vereinbarung der Option ein berechtigtes Interesse daran, den Spieler bei Erzielung der erhofften Leistung längerfristig an sich zu binden. Auch sei der Spieler nach Ablauf des Verlängerungszeitraums und damit nachvertraglich in jedem Falle ablösefrei. Die schlichte Ausübung der Option verpflichte insoweit nicht zur Zahlung einer Ablösesumme. Dies stimmt mit der hier geäußerten Einschätzung überein, dass Verlängerungsoptionen zu einer Flexibilisierung des Qualitäts- und Finanzmitteltransfers beitragen können.

Verlängerungsoptionen, die nicht an äußere Umstände, wie etwa an eine Änderung der Transferbestimmungen (wie es vor dem Bosman-Urteil § 11 Abs. 4 des DFB-Lizenzspielervertrages[543] noch vorsah) anknüpfen, werden unter Beachtung der Fünf-Jahres-Grenze des § 624 BGB (bzw. nach Inkrafttreten des TzBfG gemäß § 15 Abs. 4 TzBfG) ohne nähere Begründung auch an anderer Stelle für unbedenklich gehalten.[544]

e) Zwischenergebnis

Einseitige Verlängerungsoptionen verstoßen nach hier vertretener Ansicht in mehrerer Hinsicht nicht gegen die Arbeitnehmerfreizügigkeit aus Art. 45 AEUV.

---

541 LAG Köln, Beschluss v. 13.08.1996 – 11 Ta 173/96, NZA 1997, S. 317 f.

542 *Menke*, NJW 2007, S. 2820 (2822 f.).

543 § 11 Abs. 4 lautete: „Werden diese Bestimmungen (über den Transfer von Spielern/Anmerkung des Verfassers) dahingehend geändert, daß die bisherige Transferentschädigungsregelung (§§ 29 f. LiSpSt) teilweise oder ganz entfällt, so verpflichtet sich der Spieler, den Vertrag unter den seitherigen Bedingungen um ein Jahr fortzusetzen, falls der Verein es wünscht. Unter den gleichen Umständen verpflichtet sich der Verein, den Vertrag mit dem Spieler um ein Jahr zu den seitherigen Bedingungen fortzusetzen, falls es der Spieler wünscht. Verein und Spieler müssen in diesem Fall bis zu dem der Vertragsbeendigung vorausgehenden 30.04. erklärt haben, ob sie von dieser Option Gebrauch machen wollen. Unterbleibt eine Erklärung, so endet der Vertrag entsprechend der in § 10 getroffenen Vereinbarung.“.

544 *Löwisch/Falkenkötter*, LAGE § 611 BGB Berufssport Nr. 9, S.9 (9).

Der Anwendungsbereich des Art. 45 AEUV ist bei Arbeitsverträgen zwischen Verein und Spieler schon nicht eröffnet. Selbst bei unterstellter Anwendbarkeit von Art. 45 AEUV würde es aufgrund des auch europarechtlich zu beachtenden Instituts der Privatautonomie an einem Eingriff in die Freizügigkeit fehlen. Sieht man in einseitigen Optionen dennoch einen Eingriff, wären sie gleichwohl als Flexibilisierungsinstrument im steten Qualitäts- und Finanzmitteltransfer zwischen den Vereinen gerechtfertigt.

2. Verstoß gegen europäisches Wettbewerbsrecht (Art. 101 f. AEUV)

a) Anwendbarkeit auf den professionellen Mannschaftssport

Seit sich der EuGH in der Rechtssache Meca-Medina u.a./Kommission[545] erstmals zur Anwendung des Art. 101 AEUV auf Sportverbände äußerte, ist auch der Sportbereich in den Focus europäischer Wettbewerbsvorschriften geraten. In dem Fall wehrten sich zwei Langstreckenschwimmer gegen eine vom Internationalen Olympischen Komitee (IOC) erlassene und vom Internationalen Schwimmverband (FINA) durchgeführte Verbandsregelung, die zu einer zweijährigen Dopingsperre der Sportler führte. Nach Ansicht der Sportler verstieß die Regelung gegen europäisches Wettbewerbsrecht. Der Gerichtshof stellte in seinem Urteil zwar klar, dass die Dopingkontrollregeln des IOC dem gemeinschaftlichen Wettbewerbsrecht unterliegen. Die Klage wurde aber abgewiesen, da die Dopingregeln den Art. 101 f. AEUV nicht zuwider liefen, da sie nicht über das hinausgingen, was für den ordnungsgemäßen Ablauf sportlicher Wettkämpfe erforderlich sei.

Dass europäisches Wettbewerbsrecht grundsätzlich auch im Sportbereich zu beachten ist, steht seit der Meca-Medina-Entscheidung des EuGH also fest. Die Art. 101 f. AEUV sind nämlich auf alle Wirtschaftszweige anwendbar.[546] Eine Bereichsausnahme, wie sie nach Art. 42 AEUV (vormals Art. 36 EG) für die Landwirtschaft existiert, gibt es für den Sport nicht.[547] Die europäischen Wettbewerbsregeln wenden sich indes nur an Unternehmen und Unternehmensvereinigungen.[548] Der kartellrechtliche Unternehmensbegriff ist dabei weit und umfas-

---

545 EuGH, Urteil v. 18.07.2006 – Rs. C-519/04 P, Slg. 2006 I, S. 6991 ff. (Meca-Medina), EuZW 2006, S. 593 ff.

546 Schwarze/*Brinker*, Art. 101 AEUV, Rn. 10; Streinz/*Eilmansberger*, vor Art. 101 AEUV, Rn. 24 f., 34.

547 Vgl. EuGH, Urteil v. 13.04.2000 – Rs. C-176/96 2000 I, S. 2681 (2728) (Lehtonen), EuZW 2000, S. 375 (377); *Schwarze/Hetzel*, EuR 2005, S. 581 (584 f.); *Röthel*, EuZW 2000, S. 379.

548 Calliess/Ruffert/*Weiß*, Art. 101 AEUV, Rn. 13.

send zu verstehen.[549] Das entscheidende Kriterium für die Zuordnung zum Unternehmensbegriff ist die Ausübung einer wirtschaftlichen Tätigkeit, wobei aber keine Gewinnerzielungsabsicht nötig ist.[550] Damit sind auf dem Gebiet des Sports zunächst Sportvereine und -verbände als Normadressaten der Art. 101 f. AEUV umfasst.[551] Die Rechtsform ist für die kartellrechtliche Unternehmereigenschaft unwesentlich.[552] Folglich können unter den wettbewerbsrechtlichen Unternehmerbegriff auch natürliche Personen fallen, die selbständig wirtschaftlich tätig werden.[553] Demnach können auch selbständige Profisportler Unternehmen in diesem Sinne und damit vom EU-Wettbewerbsrecht umfasst sein.[554] Die hier interessierenden Spieler und Trainer im professionellen Mannschaftssport sind vom persönlichen Anwendungsbereich der Wettbewerbsregeln dagegen nicht umfasst, da sie keine selbständige Tätigkeit ausüben. Sie sind ausnahmslos als Arbeitnehmer i.S.v. Art. 45 AEUV zu qualifizieren.[555] Arbeitnehmer können aber keine Unternehmen i.S.d. Wettbewerbsrechts sein.[556] Demnach sind nur die arbeitgebenden Vereine von den Wettbewerbsbestimmungen umfasst.

b) Optionen als Wettbewerbsverstoß

Nachdem die grundsätzliche Anwendbarkeit der EU-Wettbewerbsregeln auf die Klubs geklärt ist, stellt sich die Frage, ob einseitige Vertragsverlängerungsoptionen die Qualität eines Wettbewerbsverstoßes haben. Nach Art. 101 Abs. 1 AEUV sind alle wettbewerbsbeschränkenden Maßnahmen (Vereinbarungen zwischen Unternehmen, Beschlüsse von Unternehmensvereinigungen und aufeinander abgestimmte Verhaltensweisen) verboten, welche den Handel zwischen den Mitgliedstaaten zu beeinträchtigen geeignet sind und eine Verhinderung, Ein-

---

549 Streinz/*Eilmansberger*, vor Art. 101 AEUV, Rn. 24.

550 Streinz/*Eilmansberger*, vor Art. 101 AEUV, Rn. 24, 26.

551 Vgl. PHB SportR-*Summerer*, 7/183.

552 St. Rspr. seit EuGH, Urteil v. 23.04.1991, Rs. C-41/90, Slg. 1991, I-1979, Rn. 21 (Höfner); Schwarze/*Brinker*, Art. 101 AEUV, Rn. 27.

553 Streinz/*Eilmansberger*, Art. vor 101 AEUV, Rn. 29.

554 Vgl. EuGH, Urteil v. 11.04.2000 – verb. Rs. C-51/96, 191/97, Slg. 2000, I-2549 Rn. 13 (Deliège); *Heermann*, WuW 2009, S. 394 (401); *Schwarze/Hetzel*, EuR 2005, S. 581 (589).

555 Vgl. EuGH, Urteil v. 18.07.2006 – Rs. C-519/04 P, Slg. 2006 I, S. 6991 ff. (Meca-Medina), EuZW 2006, S. 593 (595); EuGH, Urteil v. 13.04.2000 – Rs. C-176/96 2000 I, S. 2681 (2731 f.) (Lehtonen), EuZW 2000, S. 375 (378); EuGH, Urteil v. 15.12.1995 – Rs. C-415/93, Slg. 1995 I, S. 4921 ff., NJW 1996, S. 505 (510) (Bosman); EuGH, Urteil v. Rs. 13/76, Slg. 1976, 1405, Rn. 14/16 (Donà), BeckRS 2004 71499; PHB SportR-*Summerer*, 7/111; *Krogmann*, S. 198.

556 von der Groeben/Schwarze/*Schröter*, Vorbem. zu den Artikeln 81 bis 85 EG, Rn. 24; Streinz/*Eilmansberger*, vor Art. 101 AEUV, Rn. 24 ff.; EuGH, Urteil v. 16.09.1999 – Rs. C-22/98 (Becu u.a.), Slg. 1999 I, S. 5665 (5692).

schränkung oder Verfälschung des Wettbewerbs innerhalb des Gemeinsamen Marktes bezwecken oder bewirken. Solche Maßnahmen sind nichtig, Art. 101 Abs. 2 AEUV.

Die allgemeine Praxis der Vereinbarung von Optionsklauseln im professionellen Mannschaftssport könnte in Ermangelung einer bestehenden Vereinbarung zwischen den Klubs nur dann wettbewerbsrechtlich relevant werden, wenn darin eine aufeinander abgestimmte Verhaltensweise der Vereine zu sehen ist. Von einer abgestimmten Verhaltensweise wird gesprochen, wenn eine irgendwie geartete Koordinierung zwischen Unternehmen stattfindet, die zwar noch nicht bis zum Abschluss eines Vertrages im eigentlichen Sinne gediehen ist, jedoch bewusst eine praktische Zusammenarbeit an die Stelle des mit Risiken verbundenen Wettbewerbs treten lässt.[557] Diese Kriterien sind im Sinne des Grundgedankens der Wettbewerbsvorschriften zu sehen, wonach jeder Unternehmer selbständig zu bestimmen hat, welche Politik er auf dem Gemeinsamen Markt zu betreiben gedenkt.[558] Zufälliges oder auch bewusstes Parallelverhalten im Sinne einer Anpassung an das Wettbewerbsverhalten anderer Unternehmen, wie etwa die Anpassung an die vom Preisführer praktizierten Preise, ist dabei durchaus zulässig.[559] Nach alldem ist in der Vertragspraxis der Klubs keine Koordinierung zu sehen. Die häufig vorkommenden Optionsvereinbarungen beruhen nicht auf einer Zusammenarbeit der Vereine, sondern haben sich im Laufe der Zeit als branchenüblich manifestiert, da so flexibel auf die im Mannschaftssport bestehenden Unwägbarkeiten reagiert werden kann. Darin ist – wenn überhaupt – lediglich ein zulässiges Parallelverhalten zu erkennen.

Daneben resultiert aus Optionen auch keine Beschränkung des Wettbewerbs. Art. 101 Abs. 1 AEUV verbietet umfassend grundsätzlich alle Beschränkungen (Verhinderung, Einschränkungen, Verfälschungen) des Wettbewerbs.[560] Dabei enthält der EU-Vertrag keine Definition des Wettbewerbsbegriffs; aus der Präambel und Art. 3 Abs. 1 lit. b AEUV (vormals Art. 3 Abs. 1 lit. g EG) ist lediglich abzuleiten, dass der „redliche" und „unverfälschte" Wettbewerb als bedeutendes Mittel zur Erreichung der Ziele der EU angesehen wird.[561] Der EuGH und die Kommission vertreten einen weiten Begriff der Wettbewerbsbeschränkung, der jede künstliche Veränderung der Marktbedingungen genügen lässt.[562] Die

---

557 Vgl. Streinz/*Eilmansberger*, Art. 101 AEUV, Rn. 12; Grabitz/Hilf/*Stockenhuber*, Art. 81 EGV, Rn. 107 m.z.w.N. zur ständigen Entscheidungspraxis des EuGH (sog. Farben-Entscheidungen).

558 Vgl. Streinz/*Eilmansberger*, Art. 101 AEUV, Rn. 13; Grabitz/Hilf/*Stockenhuber*, Art. 81 EGV, Rn. 108, jeweils m.w.N. zur Rechtsprechung des EuGH.

559 Streinz/*Eilmansberger*, Art. 101 AEUV, Rn. 14 m.w.N.

560 Grabitz/Hilf/*Stockenhuber*, Art. 81 EGV, Rn. 116.

561 Grabitz/Hilf/*Stockenhuber*, Art. 81 EGV, Rn. 116.

562 Calliess/Ruffert/*Weiß*, Art. 101 AEUV, Rn. 84.

Möglichkeit der einzelnen Vereine sich durch beliebige Einstellung von Spielern Konkurrenz zu machen, wird durch die Verlängerungsoptionen nicht eingeschränkt. Im Gegensatz zu verbandsrechtlichen Transferregelungen, die einem Vereinswechsel durch verschiedene Vorgaben entgegenstehen können, bewirken die Optionen lediglich eine Vertragsverlängerung. Die Konkurrenzsituation der Klubs wir dadurch nicht tangiert. Durch die Optionen wird vielmehr der Qualitäts- und Finanzmitteltransfer unter den Vereinen erleichtert, was den Wettbewerb unterstützt.[563]

c) Ergebnis

Die Wettbewerbsbestimmungen stehen Verlängerungsoptionen nicht entgegen. Deren Vereinbarung ist weder eine verbotene Verhaltenskoordinierung im Sinne des Art. 101 AEUV noch haben sie wettbewerbsbeschränkenden Charakter. Im Gegenteil können Optionen zur Förderung des Wettbewerbs unter den Vereinen beitragen.

3. §§ 138 Abs. 1, 242 BGB i.V.m. Art. 12 Abs. 1 GG

a) Anwendbarkeit

Einseitige Optionen könnten gegen Verfassungsrecht verstoßen. Zu klären ist dabei vorweg, wie das Grundrecht auf Berufsfreiheit aus Art. 12 Abs. 1 GG zwischen den Privatrechtssubjekten Verein und Spieler Geltung erlangen kann. Denn die Grundrechte sind in erster Linie Abwehrrechte des Bürgers gegen den Staat und dienen dazu, die Freiheitssphäre des Einzelnen vor Eingriffen der öffentlichen Gewalt zu sichern.[564] Art. 12 Abs. 1 GG enthält zudem – wie andere Grundrechte auch – eine objektiv-rechtliche Wertentscheidung, die als verfassungsrechtliche Grundentscheidung für alle Bereiche des Rechts gilt.[565] Der Rechtsgehalt der Grundrechte als objektive Normen entfaltet sich im Privatrecht durch das Medium der dieses Rechtsgebiet unmittelbar beherrschenden Vorschriften[566], also vor allem über die Generalklauseln der §§ 138, 242 BGB. Diese

563 Siehe dazu die Ausführungen unter 2. Teil, II.1.c).

564 Schmidt-Bleibtreu/Hofmann/Hopfauf/*Müller-Franken*, Vorb. v. Art. 1, Rn. 12 ff.

565 Grundlegend dazu BVerfG, Urteil v. 15.01.1958 – 1 BvR 400/51, BVerfGE 7, S. 198 ff.; Maunz/Dürig/*Scholz*, Art. 12, Rn. 76.

566 St. Rspr. des BVerfG seit BVerfG, Urteil v. 15.01.1958 – 1 BvR 400/51, BVerfGE 7, S. 198 (205).

Ausstrahlungswirkung[567] kann sich auch auf die Prüfung der Zulässigkeit einseitiger Verlängerungsoptionen auswirken. Obwohl die grundsätzliche Frage, ob Grundrechtsnormen auf das bürgerliche Recht einwirken und vor allem wie diese Wirkung im Einzelnen stattfinden soll, weiterhin umstritten ist[568], kann von einer herrschenden Ansicht gesprochen werden, dass auch privatrechtliche Regelungen die Grundrechte wahren müssen. Ausschlaggebend für die Beantwortung der Frage, ob eine einseitige Verlängerungsklausel gegen Art. 12 Abs. 1 GG verstößt ist letztendlich, ob ein besonders schwerwiegendes Ungleichgewicht der Vertragsparteien gegeben ist und dies zu einer ungewöhnlich belastenden Regelung führt.[569] Dann ist nach herrschender Ansicht in die regulierende Kraft der Privatautonomie korrigierend einzugreifen.

b) Schutzbereich und Eingriff

Art. 12 Abs. 1 GG schützt als einheitliches Grundrecht die Berufsfreiheit.[570] Das Grundrecht auf Berufsfreiheit umfasst das Recht, den gewählten Arbeitsplatz beizubehalten, aufzugeben und zu wechseln.[571] Einseitige Verlängerungsoptionen könnten den Spieler in seinem beruflichen Fortkommen und damit in seiner Berufsfreiheit behindern. Übt der Verein sein Optionsrecht aus, wird der Spieler daran gehindert, den Arbeitgeber zu wechseln und somit gegebenenfalls einen vorteilhafteren Vertrag auszuhandeln. Auch wenn die Option nicht ausgeübt wird, kann darin eine Behinderung des Spielers liegen. Die Erklärung, ob die Verlängerungsoption ausgeübt wird oder nicht, wird regelmäßig bis zu einem bestimmten Zeitpunkt auszusprechen sein.[572] Bis zu diesem Zeitpunkt ist es dem Spieler nicht möglich, ernsthafte Verhandlungen mit potentiellen neuen Klubs zu führen. Durch diesen Umstand wird das Zeitfenster für Verhandlungen und einen dadurch eventuell erfolgreichen Vertragsabschluss zu Lasten des Spielers stark verkürzt, was sich wiederum negativ auf seine Verhandlungsposition auswirkt.

---

567 Die Bezeichnungen unterscheiden sich oftmals. Während das BVerfG regelmäßig von der Ausstrahlungswirkung spricht, vgl. jüngst BVerfGE 112, S. 332 (358), wird im Schrifttum vielfach der Begriff der mittelbaren Drittwirkung gebraucht, vgl. nur Maunz/Dürig/*Scholz*, Art. 12, Rn. 81.

568 Schmidt-Bleibtreu/Hofmann/Hopfauf/*Müller-Franken*, Vorb. v. Art. 1, Rn. 16 m.w.N.; während das BAG bis vor kurzem von einer unmittelbaren Drittwirkung des Art. 12 Abs. 1 GG ausging, verfügen die Grundrechte nach Ansicht von BVerfG und BGH nur über eine mittelbare Drittwirkung, vgl. dazu Maunz/Dürig/*Scholz*, Art. 12, Rn. 79 ff. m.w.N.

569 Jarass/Pieroth/*Jarass*, Art. 12, Rn. 18a, 56 f. m.w.N.

570 Sachs/*Tettinger/Mann*, Art. 12, Rn. 8.

571 BAG, Urteil v. 20.11.1996 – 5 AZR 518/95 (Kienass), NZA 1997, S. 647 (651); LAG Berlin, Urteil v. 21.06.1979 – 4 Sa 127/78, NJW 1979, S. 2582 (2582).

572 Vgl. das Beispiel unter 2. Teil, II.

c) Verhältnismäßigkeit

Es bleibt zu klären, ob der Eingriff in die Berufsfreiheit des Spielers verhältnismäßig und mithin gerechtfertigt ist.

Das Arbeitsgericht Nürnberg hatte jüngst in einem Verfahren des einstweiligen Rechtsschutzes über die Wirksamkeit einer einseitigen Verlängerungsoption in einem befristeten Vertrag eines Fußballprofis zu entscheiden.[573] Die Klausel lautete wie folgt:

> „Der Spieler verpflichtet sich, den Vertrag unter den seitherigen Bedingungen um 1 Jahr fortzusetzen, falls die SGF es wünscht. Die SGF muss bis zum 30.04.2007 schriftlich erklärt haben, ob sie von der Option Gebrauch machen will."

Der Verein hatte die einseitig zu seinen Gunsten vereinbarte Verlängerungsoption ausgeübt. Der Spieler wollte den Verein aber wechseln und wehrte sich gegen die Vertragsverlängerung mit einem Antrag auf Erlass einer einstweiligen Verfügung, der abgelehnt wurde. Das Gericht stellte im Rahmen seiner im einstweiligen Rechtsschutz vorzunehmenden Interessenabwägung fest, dass die Erfolgsaussichten einer Klage im Hauptsacheverfahren derzeit als ausgeglichen anzusehen seien und folglich der Erlass einer einstweiligen Verfügung nicht erforderlich sei. Das Hauptsacheverfahren wurde nicht mehr durchgeführt, da der Spieler letztendlich doch gegen Zahlung einer Ablösesumme den Verein wechselte und sich der Streit damit für die Parteien erledigt hatte.

Das Gericht stellte zumindest fest, dass die Verlängerungsoptionsklausel den Spieler dann in seinem Grundrecht aus Art. 12 Abs. 1 GG unangemessen beeinträchtigen kann, wenn ihr keine Gegenleistung gegenübersteht.[574] Aufgrund des beiderseitigen Sachvortrags war ein diesbezüglicher Verstoß für das Gericht aber nicht zweifelsfrei erkennbar.

In einem jüngeren Urteil des Arbeitsgerichts Ulm wurde im Rahmen der Angemessenheitskontrolle nach § 307 Abs. 1 Satz 1 BGB festgestellt, dass eine einseitige Verlängerungsoption die Berufsfreiheit des Arbeitnehmers nach Art. 12 Abs. 1 Satz 1 GG erkennbar behindert.[575] Eine einseitige Optionsklausel diene nur dazu, dem abgebenden Verein eine zusätzliche Einnahme in Form einer Transferentschädigung zu verschaffen. Das Interesse des Vereins an einer Einnahmequelle aus einem Spielertransfer habe hinter dem grundgesetzlich geschützten Interesse des Spielers an der Berufsfreiheit zurückzutreten.

---

573 ArbG Nürnberg, Beschluss. v. 04.06.2007 – 3 Ga 32/07, SpuRt 2007, S. 213 f.

574 ArbG Nürnberg, Beschluss v. 04.06.2007 – 3 Ga 32/07, SpuRt 2007, S. 213 (214).

575 ArbG Ulm, Urteil v. 14.11.2008 – 3 Ca 244/08, BeckRS 2008 57769, NZA-RR 2009, S. 298 ff.

Dagegen kann man anführen, dass Art. 12 Abs. 1 GG nicht verletzt ist, da die Befristung eines Arbeitsvertrages mit Verlängerungsoption einen sachgerechten Ausgleich der Interessen der Spieler und des Vereins darstellt.[576] Denn infolge sich schnell verändernder Umstände dürften weder der Verein noch der Profisportler ein Interesse an einer längerfristigen arbeitsvertraglichen Bindung haben. Hier ist indes zwischen einseitigen und zweiseitigen Optionen zu unterscheiden. Wenn lediglich der Verein (oder der Spieler) ein Verlängerungsoptionsrecht hat, besteht gerade kein sachgerechter Ausgleich der jeweiligen Interessen.

Ein Verstoß gegen Art. 12 Abs. 1 GG wird zum Teil verneint, wenn die Verlängerungsoptionsklausel an eine finanzielle Besserstellung des Spielers gekoppelt ist.[577] Insoweit seien die Erwägungen der Rechtsprechung zu den Aus- und Weiterbildungskosten entsprechend heranzuziehen. Für die dort vorzunehmende Interessenabwägung käme es vorrangig darauf an, ob und inwieweit der Arbeitnehmer mit der Aus- und Weiterbildung einen geldwerten Vorteil erlangt. Eine arbeitnehmerseitige Beteiligung an diesen Kosten solle dann ausscheiden, wenn sie allein dem Interesse des Arbeitnehmers diene. Übertragen auf den Fall der einseitigen Verlängerungsoption bedeute dies, dass eine solche Klausel den Interessen des Spielers dann nicht widerspricht, wenn er einen messbaren geldwerten Vorteil für die Vereinbarung selbst oder den Fall der Verlängerung erlangt.

Ausschlaggebend für die Beantwortung der Frage, ob einseitige Verlängerungsoptionen gegen Art. 12 Abs. 1 GG verstoßen, ist, ob ein besonders schwerwiegendes Ungleichgewicht der Vertragsparteien gegeben ist, weil ein Vertragspartner kraft seines Übergewichts Vertragsbestimmungen einseitig setzen kann und dies zu einer ungewöhnlich belastenden Regelung führt.[578] Dann ist in die regulierende Kraft der Privatautonomie korrigierend einzugreifen. Man kann davon ausgehen, dass Profisportler vor Vertragsschluss hinreichend beraten werden. Unter dieser Prämisse kann eher nicht angenommen werden, dass der Klub dem Spieler die Vertragsbedingungen diktiert. Dieser Umstand allein spricht gegen ein schwerwiegendes Ungleichgewicht. Dies gilt jedenfalls für Spieler, die sich bereits in der Branche etabliert haben. Etwas anders mag es sich freilich für „Jungspieler“ darstellen, die mit weniger Verhandlungsmasse in die Vertragsverhandlungen gehen. Hier sind durchaus Situationen denkbar, in denen der Verein seine Interessen sehr einseitig durchsetzen kann, auch wenn der Spieler bei

576 KR/*Lipke*, § 14 TzBfG, Rn. 209a.

577 *Menke*, NJW 2007, S. 2820 (2822).

578 BVerfG, Beschluss v. 15.07.1998 – 1 BvR 1554/89, 963, 964/94, BVerfGE 98, S. 365 (395); Jarass/Pieroth/*Jarass*, Art. 12 GG, Rn. 18a, 56 f. m.w.N.

den Verhandlungen fachkundig beraten wird. So wird auch ein beratener Nachwuchsspieler einen sich anbietenden Einstieg in die Profikarriere trotz für ihn nachteiliger Konditionen oftmals nicht ablehnen und auf ein vermeintlich besseres Angebot warten. Indes darf durchaus bezweifelt werden, ob einseitige Verlängerungsoptionen eine ungewöhnlich belastende Regelung darstellen. Davon könnte etwa gesprochen werden, wenn die Regelung in erheblichem Maße von anderen, vergleichbaren Vereinbarungen abweicht. Betrachtet man das Befristungsrecht als vergleichbare Regelung, liegt in der Option keine ungewöhnliche Belastung. Befristungen ohne Sachgrunderfordernis sind grundsätzlich bis zu einer Höchstdauer von zwei Jahren möglich, ohne dass hier von einer ungewöhnlichen Belastung gesprochen werden könnte. Die einseitige Option der Vertragsverlängerung hat demgegenüber lediglich die Verlängerung des Vertrags für ein Jahr zur Folge.

d) Zwischenergebnis

Die über die privatrechtlichen Generalklauseln zu beachtende Berufsfreiheit der Spieler aus Art. 12 Abs. 1 GG wird durch einseitige Verlängerungsoptionen nicht unverhältnismäßig eingeschränkt.

4. § 622 Abs. 6 BGB

a) Verstoß gegen den allgemeinen Grundsatz des Verbots von Kündigungserschwerungen

Aus der Regelung des § 622 Abs. 6 BGB, nachdem für die Kündigung des Arbeitsverhältnisses durch den Arbeitnehmer keine längere Frist vereinbart werden darf als für die Kündigung des Arbeitgebers, hat sich der allgemeine Grundsatz eines Verbots von Kündigungserschwerungen entwickelt.[579]

Einen Verstoß einer einseitigen Verlängerungsoption gegen § 622 Abs. 6 BGB lehnte das Arbeitsgericht Nürnberg[580] in der oben angesprochenen Entscheidung ab, da wegen dem beiderseitigen Ausschluss der ordentlichen Kündigung im streitgegenständlichen Arbeitsvertrag keine unzulässige Kündigungserschwerung zu erblicken sei. Es stellte zwar fest, dass die Verlängerungsoption grundsätzlich gegen den Rechtsgedanken aus § 622 Abs. 6 BGB verstoßen kön-

579 ErfK/*Müller-Glöge*, § 622, Rn. 44; MünchKommBGB/*Hesse*, § 622, Rn. 104.
580 ArbG Nürnberg, SpuRt 2007, S. 213 f.

ne, lehnte dies jedoch (wiederum) unter Hinweis auf die, wegen des beiderseitigen Sachvortrags nicht zweifelsfrei erkennbare, Tatsachengrundlage ab.

An diesem Urteil wurde kritisiert, dass das Gericht die Bedeutung einer Verlängerungsoption grundlegend verkennt, wenn es ausführt, dass in der einseitigen Verlängerungsoption keine unzulässige Kündigungserschwerung gemäß dem Rechtsgedanken des § 622 Abs. 6 BGB zu sehen ist.[581] Denn die Benachteiligung des Spielers sei darin zu erkennen, dass er sich erst nach zwei Jahren vom Verein trennen könne, dieser sich aber im Ergebnis bereits nach einem Jahr vom Spieler.

Auch andere sehen in den einseitigen Verlängerungsoptionsklauseln einen Verstoß gegen § 622 Abs. 6 BGB.[582] Durch die Vereinbarung von derartigen Klauseln werde lediglich ein anderer gestalterischer Weg gewählt, die Grundsätze des Verbots von Kündigungserschwerungen zu umgehen.[583] Diese Ansicht bezieht sich dabei auch auf andere Stimmen im Schrifttum[584], die sogar in einer zweiseitigen Vertragsverlängerungsklausel eine unzulässige Beschränkung der Entscheidungsfreiheit der Spieler sehen. Die Nichtigkeit einer einseitigen Vertragsverlängerungsoption ergebe sich zudem aus der Rechtsprechung, die zweiseitige Optionsklauseln nur bei Wahrung der formalen Vertragsparität billige.[585] Eine Umgehung der durch § 622 Abs. 6 BGB geschützten Dispositionsfreiheit sei deshalb gegeben, weil es für den Arbeitnehmer keinen Unterschied mache, ob ein auf drei Jahre befristeter Vertrag nach zwei Jahren einseitig nur vom Arbeitgeber gekündigt werden kann, oder von vornherein ein zweijähriger Vertrag mit einer einseitigen Verlängerungsoption zu Gunsten des Arbeitgebers besteht.[586] In beiden Fällen entscheide der Arbeitgeber ohne Mitwirkungsmöglichkeit des Arbeitnehmers darüber, ob dieser zwei oder drei Jahre gebunden ist. Ins Feld geführt wird auch, dass § 622 Abs. 6 BGB jegliche Kündigungserschwerung für den Arbeitnehmer verhindern wolle.[587] Mit der einseitigen Verlängerungsoption biete sich für den Arbeitgeber die Möglichkeit, die Vertragsdauer verbindlich zu bestimmen, was dem Arbeitnehmer verschlossen sei. Die Ausübung des Options-

---

581 *Lindhorst*, SpuRt 2007, S. 215.

582 *Lange*, SpuRt 2011, S. 98 (99); Rein, NZA-RR 2009, S. 462 (463); *Blang*, S. 242; *Wertenbruch*, SpuRt 2004, S. 134 (135); *Kindler*, NZA 2000, S. 744 (745); *Rüsing*, Sportarbeitsrecht, S. 45 f.; *Roloff*, S. 276.

583 *Kindler*, NZA 2000, S. 744 (745).

584 *Arens/Jaques*, SpuRt 1997, S. 41 (43) – der Beitrag befasst sich mit § 11 des Mustervertrages des DFB in einer alten Fassung.

585 Vgl. LAG Köln, Beschluss v. 13.08.1996 – 11 Ta 173/96, NZA 1997, S. 317 (318); LAG Köln, Urteil v. 20.11.1998 – 11 Sa 125/98, LAGE § 611 BGB Berufssport Nr. 11.

586 *Wertenbruch*, SpuRt 2004, S. 134 (135); *Kindler*, NZA 2000, S. 744 (745).

587 *Rein*, NZA-RR 2009, S. 462 (463).

rechts sei – wie die Kündigung auch – ein Gestaltungsrecht. Folglich sei § 622 Abs. 6 BGB bei einseitigen Optionsrechten immer einschlägig.

Auch das Arbeitsgericht Ulm konstatierte jüngst einen Verstoß gegen § 622 Abs. 6 BGB, verfolgte aber hinsichtlich der Rechtsfolge einen gänzlich anderen Ansatz.[588] In dem zu entscheidenden Fall hatten der klagende Fußballspieler und der beklagte Verein, dessen 1. Mannschaft abgestiegen war, einen auf eineinhalb Jahre befristeten Vertrag geschlossen, dessen Vertragstext im Wesentlichen dem Musterspielvertrag des DFB entsprach. Darüber hinaus hatten die Parteien jedoch eine einseitige Vertragsverlängerungsoption für ein weiteres Jahr zugunsten des Vereins vereinbart, welche dieser auch vertragsgemäß ausübte. Dem Spieler war aus nachvollziehbaren Gründen an der Möglichkeit eines ablösefreien Vereinswechsels gelegen und machte deshalb die Unwirksamkeit der Verlängerungsklausel geltend. Diesem Antrag kam das Gericht auch nach. Zunächst bestand in der (erstmaligen) sachgrundlosen Befristung des Arbeitsvertrags gemäß § 14 Abs. 2 Satz 1, 1. HS TzBfG kein Hindernis, da die Norm die kalendermäßige Befristung eines Arbeitsvertrages ohne Vorliegen eines sachlichen Grundes bis zur Dauer von zwei Jahren zulässt. Der Vertrag war ursprünglich nur für die Dauer von eineinhalb Jahren geschlossen und mit dem Verein bestand zuvor kein Arbeitsverhältnis. Das Gericht gab aber zu bedenken, dass das Arbeitsverhältnis gemäß § 16 Satz 1, 1. HS TzBfG bei Wirksamkeit der Verlängerungsklausel auf unbestimmte Zeit zu Stande gekommen wäre.[589] Dann wäre nämlich die Höchstbefristungsdauer von zwei Jahren überschritten worden. Die Unwirksamkeit folge aber nicht bereits aus einer Umgehung des § 622 Abs. 6 BGB. Die Vereinbarung eines einseitigen Verlängerungsrechts sei zwar ein Umgehungsgeschäft zu § 622 Abs. 6 BGB, habe aber nicht dessen Nichtigkeit gemäß § 134 BGB zur Folge. Denn damit würde man der Unwirksamkeit des Umgehungsgeschäfts eine weitergehende Rechtsfolge zumessen als der des umgangenen Geschäfts. Das BAG fülle die planwidrige Gesetzeslücke auf der Rechtsfolgenseite des § 622 Abs. 6 BGB durch eine analoge Anwendung des § 89 Abs. 2 Satz 2 HGB aus. Nach dieser Vorschrift gilt bei Vereinbarung einer kürzeren Kündigungsfrist für den Unternehmer die für den Handelsvertreter vereinbarte Frist. Übertragen auf eine einseitige Verlängerungsoption würde das nach Ansicht des Gerichts bedeuten, dass das einseitige Optionsrecht des Vereins nicht entfällt, sondern auch der Spieler ein solches hat.[590] Die Optionsklausel sei aber nach § 307 Abs. 1 Satz 1 BGB unwirksam, da sie den Spieler entgegen den Geboten von Treu und

588 ArbG Ulm, Urteil v. 14.11.2008 – 3 Ca 244/08, BeckRS 2008 57769, NZA-RR 2009, S. 298 ff.

589 ArbG Ulm, Urteil v. 14.11.2008 – 3 Ca 244/08, BeckRS 2008 57769, NZA-RR 2009, S. 298 (299).

590 Näher dazu unter 2. Teil, II.4.b).

Glauben unangemessen benachteilige.[591] Die einseitige Optionsklausel diene nur dazu, dem abgebenden Verein eine zusätzliche Einnahmequelle in Form einer Transferentschädigung zu verschaffen. Dieses legitime Interesse des Vereins müsse hinter dem grundgesetzlich geschützten Interesse des Spielers an seiner Berufsfreiheit zurücktreten. Die Optionsklausel behindere den Spieler in der Möglichkeit, einen anderen Verein zu finden und seinen Verdienst zu verbessern. Denn durch die bei einem Vereinswechsel zu zahlende Transferentschädigung würde zum einen die Aufnahmebereitschaft von neuen Arbeitgebern reduziert und zum anderen die Verdienstmöglichkeit des Spielers eingeschränkt. Schließlich könne der budgetierte neue Verein dem Spieler eine höhere Vergütung zahlen, wenn keine Transferentschädigung zu zahlen sei.

Eine andere Meinung hält den Rechtsgedanken aus § 622 Abs. 6 BGB bei einseitigen Verlängerungsoptionen schon nicht für anwendbar, da die befristeten Arbeitsverhältnisse der Profisportler schon keine Kündigungsmöglichkeit vorsehen und mithin auch keine Kündigungserschwerung gegeben sein kann.[592] Eine analoge Anwendung des Rechtsgedankens aus § 622 Abs. 6 BGB auf einseitige Verlängerungsoptionen scheide wegen Fehlens einer vergleichbaren Interessenlage aus, da es nicht um die Verkürzung eines Dienstverhältnisses, sondern im Gegenteil um die Verlängerung eines solchen gehe. Auch aus Schutzzweckgesichtspunkten fehle es an einer vergleichbaren Interessenlage. Denn letztlich stehe der Spieler nicht in der typischen Arbeitnehmerschutzposition. Dieses Argument kann allerdings nicht greifen. Die grundsätzliche Frage, ob Profisportler aufgrund ihrer besonderen Stellung überhaupt dem Schutz der arbeitsrechtlichen Vorschriften zugunsten von Arbeitnehmern bedürfen, stellt sich schon bei der Frage der Statuseinordnung der Profisportler als Arbeitnehmer. Bejaht man die Arbeitnehmereigenschaft der Profisportler – nur dann ist auch der persönliche Anwendungsbereich des § 622 Abs. 6 BGB eröffnet – kann kurz darauf nicht behauptet werden, der Spieler stehe nicht in der typischen Arbeitnehmerschutzposition. Diese Argumentation widerspricht sich. Richtig ist, dass § 622 Abs. 6 BGB nur auf Arbeitsverhältnisse mit unbestimmter Dauer Anwendung findet. Das ergibt sich aus der Verweisung in § 620 Abs. 2 BGB. § 622 Abs. 6 BGB ist im Rahmen von befristeten Arbeitsverträgen mit Profisportlern folglich nur dann anzuwenden, wenn die ordentliche Kündigung gemäß § 15 Abs. 3 TzBfG einzelvertraglich vereinbart ist, was regelmäßig nicht der Fall ist.

Es erscheint auch aus einem anderen Aspekt durchaus zweifelhaft, ob einseitige Verlängerungsoptionen gegen § 622 Abs. 6 BGB verstoßen. Ausschlagge-

---

591 ArbG Ulm, Urteil v. 14.11.2008 – 3 Ca 244/08, BeckRS 2008 57769, NZA-RR 2009, S. 298 (299).

592 *Menke*, NJW 2007, S. 2820 (2821).

bend für diese Beurteilung ist wiederum der Anwendungsbereich der Norm. Aus dem dort enthaltenen Verbot längerer Kündigungsfristen für den Arbeitnehmer wird abgeleitet, dass die Kündigung durch den Arbeitnehmer auch nicht auf andere Weise gegenüber der Kündigung des Arbeitgebers erschwert werden darf.[593] So wird vom allgemeinen Grundsatz des Verbots von Kündigungserschwerungen gesprochen, der auch zur Unzulässigkeit faktischer Kündigungsbeschränkungen führt. Von einer faktischen Kündigungsbeschränkung spricht man, wenn Vereinbarungen, welche die Kündigungsfrist als solche nicht beeinflussen, auf andere Weise den Kündigungsentschluss des Arbeitnehmers erschweren. Beispielsweise ist die Vereinbarung einer Vertragsstrafe[594] für den Fall der ordentlichen Kündigung des Arbeitnehmers ebenso unzulässig wie Vereinbarungen, die im Fall einer ordentlichen Kündigung Verdiensteinbußen[595] nach sich ziehen oder Rückzahlungsklauseln[596], die den Arbeitnehmer verpflichten, Gratifikationen, Urlaubsgeld, Umzugskosten oder Prämien zurückzuzahlen, wenn er überhaupt oder vor einem bestimmten Zeitpunkt kündigt. Wie diese Beispiele zeigen, geht es immer um Regelungen, die den Arbeitnehmer bei einer Kündigung finanziell benachteiligen und dadurch geeignet sind, ihn von einer Kündigung abzuhalten oder zumindest den Kündigungsentschluss zu beeinflussen. Die Vereinbarung einer einseitigen Verlängerungsklausel kann dagegen nicht als Kündigungserschwerung gewertet werden.[597] Durch die Option wird es dem Verein ermöglicht, den Arbeitsvertrag bis zu einem gewissen Stichtag um ein weiteres Jahr zu verlängern. Um eine irgendwie geartete Beeinflussung der Kündigungsentscheidung des Spielers geht es nicht. Mithin gibt es auch keine faktische Kündigungsbeschränkung und keinen Verstoß gegen den Rechtsgedanken aus § 622 Abs. 6 BGB. Zu berücksichtigen ist zudem, dass der dem § 622 Abs. 6 BGB entnommene allgemeine Grundsatz der Unzulässigkeit faktischer Kündigungsbeschränkungen heute seit dem Inkrafttreten des Schuldrechtsmodernisierungsgesetzes[598] überholt ist.[599] Die Angemessenheit von Vereinbarungen, die faktisch eine Kündigungsbeschränkung darstellen, ist heute anhand der §§ 307 ff. BGB zu beurteilen, wobei § 622 Abs. 6 BGB zusammen mit anderen

593 MünchKommBGB/*Hesse*, § 622, Rn. 104.

594 BAG, Urteil v. 09.03.1972 – 5 AZR 246/71, AP BGB § 622 Nr. 12.

595 Das ist etwa der Fall, wenn eine Provisionszusage an eine jahresbezogene Mindestumsatzgrenze gekoppelt ist, so dass der Arbeitnehmer, der zum Halbjahresende kündigt, keinerlei Provisionen erhält, BAG, Urteil v. 12.01.1973 – 3 AZR 211/72, AP § 87a Nr. 4.

596 ErfK/*Müller-Glöge*, § 622, Rn. 44 m.w.N.

597 A.A. *Lange*, SpuRt 2011, S. 98 (99), der in einseitigen Optionen ein Umgehungsgeschäft sieht, das nach Sinn und Zweck der Norm ebenfalls umfaßt sein soll.

598 Gesetz zur Modernisierung des Schuldrechts vom 26.11.2001, BGBl. 2001 I, S. 3138.

599 ErfK/*Preis*, §§ 305-310 BGB, Rn. 4; ErfK/*Müller-Glöge*, § 622 BGB, Rn. 44.

Normen dabei als gesetzliches Leitbild herangezogen werden kann.[600] Freilich ist letzterer Aspekt nur dogmatischer Natur. Festzuhalten bleibt aber im Ergebnis, dass in einseitigen Optionen keine Kündigungsbeschränkung gesehen werden kann, § 622 Abs. 6 BGB mithin nicht anwendbar ist.[601]

b) Rechtsfolge eines Verstoßes gegen § 622 Abs. 6 BGB

Geht man entgegen der hier vertretenen Ansicht von der Anwendbarkeit des § 622 Abs. 6 BGB auf einseitige Verlängerungsoptionen aus, stellt sich die Frage nach der Rechtsfolge eines Verstoßes. Für den von § 622 Abs. 6 BGB unmittelbar geregelten Fall des Verbots längerer Kündigungsfristen nur zugunsten des Arbeitgebers ist es allgemeine Meinung, dass die gesetzeswidrige Vereinbarung gemäß § 134 BGB nichtig ist.[602] Dies hat aber nicht die Unwirksamkeit des gesamten Vertrags gemäß § 139 BGB zur Folge, weil aus Arbeitnehmerschutzgründen davon auszugehen ist, dass die Arbeitsvertragsparteien den Vertrag auch ohne den nichtigen Teil geschlossen hätten.[603] Als Konsequenz daraus entspricht es der herrschenden Ansicht, dass für beide Parteien dann die längere Kündigungsfrist gelten soll.[604] Begründet wird dies größtenteils mit einer analogen Anwendung von § 89 Abs. 2 Satz HGB.[605] Hiernach gilt bei Vereinbarung einer kürzeren Frist für den Unternehmer die für den Handelsvertreter vereinbarte Frist. Diese Analogie hilft aber nicht weiter, wenn es nicht um für den Arbeitnehmer nachteilige Kündigungsfristen sondern um faktische Kündigungserschwerungen wie die Vereinbarung eines einseitigen Vertragsverlängerungsrechts des Arbeitgebers geht. § 89 Abs. 2 Satz 2 HGB regelt insoweit keinen vergleichbaren Sachverhalt.[606]

Anderer Auffassung ist das ArbG Ulm.[607] Es überträgt in Anlehnung an die Rechtsprechung des BAG die analoge Anwendung von § 89 Abs. 2 Satz 2 HGB ohne nähere Begründung auch auf einseitige Optionsvereinbarungen in Sportarbeitsverträgen und kommt so zu dem Schluss, dass beiden Vertragsparteien ein

---

600 ErfK/*Müller-Glöge*, § 622 BGB, Rn. 44; *Preis/Roloff*, ZfA 2007, S. 43 (84).

601 Offen lassend *Roloff*, S. 272.

602 BAG, Urteil v. 02.06.2005 – 2 AZR 296/04, AP BGB § 622 Nr. 63; APS/*Link*, § 622, Rn. 183.

603 Vgl. MünchKommBGB/*Busche*, § 139 BGB, Rn. 11; APS/*Link*, § 622, Rn. 183.

604 BAG, Urteil v. 02.06.2005 – 2 AZR 296/04, AP BGB § 622 Nr. 63; Staudinger/*Preis*, § 622, Rn. 56; APS/*Link*, § 622, Rn. 185; MünchKommBGB/*Hesse*, § 622, Rn. 107.

605 Vgl. BAG, Urteil v. 02.06.2005 – 2 AZR 296/04, AP BGB § 622 Nr. 63; Staudinger/*Preis*, § 622, Rn. 56; APS/*Link*, § 622, Rn. 185; *Roloff*, S. 273; KR/ *Spilger*, § 622, Rn. 202 geht den Weg über eine ergänzende Vertragsauslegung.

606 Vgl. *Herbert/Oberrath*, NZA 2004, S. 121 (122) zur Vereinbarung eines einseitigen Ausschlusses der Kündigung vor Arbeitsantritt durch den Arbeitnehmer.

607 ArbG Ulm, Urteil v. 14.11.2008 – 3 Ca 244/08, NZA-RR 2009, S. 298 (299).

Optionsrecht zusteht. Aus der einseitigen Option wird so im Ergebnis kraft § 89 Abs. 2 Satz 2 HGB analog eine zweiseitige Option.[608]

An dieser Lösung wird berechtigterweise kritisiert, dass keine – für die Analogie nötige – vergleichbare Interessenlage der Parteien gegeben sei, da ein beiderseitiges Optionsrecht weder den Interessen des Vereins noch des Spielers gerecht werde.[609] Der Spieler strebte im Fall des ArbG Ulm eine Beendigung des Vertragsverhältnisses an, um den vom Abstieg bedrohten Verein ablösefrei wechseln zu können und somit seine Berufschancen zu verbessern. Er habe also keinerlei Interesse daran, das ihm eingeräumte Optionsrecht auszuüben. Der Verein könne ihn dagegen weiterhin durch Ausübung seines Verlängerungsrechts binden. Andererseits habe auch der Verein regelmäßig kein Interesse an einem Optionsrecht des Spielers, könne dieser doch so bei ausbleibender Leistung seinen Arbeitsplatz sichern.

Dem ist im Ergebnis zuzustimmen. Die Anwendung von § 89 Abs. 2 Satz 2 HGB auf einseitige Optionen scheitert schon an den Anwendungsvoraussetzungen der Analogie. Sie ist die Übertragung der für einen oder mehrere bestimmte Tatbestände im Gesetz vorgesehenen Regel auf einen anderen, aber rechtsähnlichen Tatbestand.[610] Eine Analogie setzt dabei voraus, dass das Gesetz eine planwidrige Regelungslücke enthält und der zu beurteilende Sachverhalt in rechtlicher Hinsicht so weit mit dem vom Gesetzgeber geregelten Tatbestand vergleichbar ist, dass angenommen werden kann, der Gesetzgeber wäre bei einer Interessenabwägung, bei der er sich von den gleichen Grundsätzen hätte leiten lassen wie bei dem Erlass der herangezogenen Gesetzesvorschrift, zu dem gleichen Abwägungsergebnis gekommen.[611] An dieser Ähnlichkeit fehlt es vorliegend. Zum einen ist schon § 89 HGB selbst nur analog auf befristete Verträge anwendbar, da die Norm nach ihrem Wortlaut nur Verträge umfasst, die auf unbestimmte Zeit eingegangen sind. Im Fall der Optionen würde diese Norm also doppelt analog angewandt. § 89 Abs.2 Satz 2 HGB bezweckt des Weiteren eine Fristenparität der Vertragsparteien. Zudem ist wie gezeigt auch die Anwendbarkeit von § 622 Abs. 6 BGB auf einseitige Optionen nicht gegeben. § 89 HGB regelt – wie § 622 BGB – Kündigungsfristen. Eine analoge Anwendung von § 89 Abs. 2 Satz 2 HGB ist für die nicht geregelte Rechtsfolge bei einem Verstoß gegen das Verbot längerer Kündigungsfristen zulasten des Arbeitnehmers deshalb zwar grundsätzlich tragfähig. Die Anwendung auf Optionsvereinbarungen erscheint dagegen – vor allem mit Blick auf das Urteil des ArbG Ulm – als

608 Dahingehend auch *Schulz*, Grundrechtskollisionen im Profisport, S. 151.

609 *Rein*, NZA-RR 2009, S. 462 (464).

610 Palandt/*Heinrichs*, Einleitung, Rn. 48.

611 BGH, Urteil v. 14.12.2006 – IX ZR 92/05, NJW 2007, S. 992 (993) m.w.N.

konstruiert. Die Analogie darf nicht zu einem ergebnisorientierten Kunstgriff mutieren, mit dem gesetzgeberische Basiswertungen zugunsten von unfundierten Eigenwertungen ausgehebelt werden.[612] Deshalb ist die analoge Gesetzesanwendung nicht inflationär anzuwenden, sondern hat sie sich dicht an deren Anwendungsvoraussetzungen zu orientieren. Wenn man – entgegen der hier vertretenen Auffassung – einseitige Verlängerungsoptionen überhaupt als faktische Kündigungserschwerungen einstuft und damit erst eine Umgehung von § 622 Abs. 6 BGB begründen kann, führt das nicht automatisch zur Übertragbarkeit der Analogie zu Kündigungsfristen im Handelsvertreterrecht. Andere Stimmen kommen mit unterschiedlicher Argumentation zu dem gleichen Ergebnis.[613] Als Argument gegen eine Analogie zum Handelsvertreterrecht wird dabei angeführt, dass sich § 89 HGB mit der Kündigung durch den Unternehmer befasse und dessen Kündigung erschwere, während § 622 Abs. 6 BGB eine Erleichterung der Kündigung durch den Arbeitnehmer bewirke. Verboten sei – im Gegensatz zu § 89 Abs. 2 Satz 1 HGB – nicht die kürzere Kündigungsfrist für den Arbeitgeber sondern die längere Kündigungsfrist für den Arbeitnehmer. Gegen eine analoge Anwendung von § 89 Abs. 2 Satz 2 HGB spreche auch der Schutzzweck von § 622 Abs. 6 BGB, der allgemein dem Schutz der Beendigungsfreiheit der „schwächeren" Vertragspartei diene.[614] Das Interesse eines Fußballprofis sei im Gegensatz zu anderen Arbeitnehmern aber gerade nicht auf eine möglichst lange Fortführung des Arbeitsverhältnisses, sondern auf dessen Beendigung zum Ende der eigentlichen Vertragslaufzeit gerichtet.

Unter Heranziehung eines älteren Urteils des BAG[615] wird – auch ohne einen Rückgriff auf § 89 Abs. 2 Satz 2 HGB – als Rechtsfolge ebenfalls eine beidseitige Bindung der Vertragsparteien bejaht.[616] In dem Fall schlossen die Parteien einen befristeten Vertrag zur Vorbereitung des beklagten Mitarbeiters für die Tätigkeit an einem Entwicklungsprojekt. In diesem Vorbereitungsvertrag war zugunsten der klagenden Gesellschaft (Trägerin der Entwicklungshilfe) ein einseitiges Optionsrecht vereinbart, nachdem diese den Mitarbeiter bis zum Ablauf von einem Monat nach Beendigung des Vertrages für einen Auslandsdienstvertrag bis zur Dauer von 2 Jahren verpflichten konnte. Das BAG bewertete die Vertragsklausel insoweit als zulässig, als der Gesellschaft trotz einer nur zu ihren Gunsten bestehenden Option zum Vertragsschluss kein freies und unkontrolliertes Lösungsrecht zustehe.[617] Der Vertrag enthalte zwar keine nähere Regelung

---

612 *Würdinger*, AcP 206 (2006), S. 946 (975 f.).

613 Vgl. *Kindler*, NZA 2000, S. 744 (746); *Ebeling*, jurisPR-ArbR 2/2009, Anm. 1.

614 *Lange*, SpuRt 2011, S. 98 (99)

615 BAG, Urteil v. 27.07.1977 – 5 AZR 337/76, AP § 611 BGB Entwicklungshelfer Nr. 2.

616 *Roloff*, S. 273 f.

617 BAG, Urteil v. 27.07.1977 – 5 AZR 337/76, AP § 611 BGB Entwicklungshelfer Nr. 2.

darüber, unter welchen Voraussetzungen die Gesellschaft die Zusammenarbeit mit dem Mitarbeiter beenden könne. Sinn und Zweck des Vorbereitungsvertrages ließen jedoch erkennen, dass die Gesellschaft dies nur bei Vorliegen sachlicher Gründe tun könne, etwa wenn sich die politische Situation im vorgesehenen Entwicklungsland ändere oder sich während des Vorbereitungsvertrags die Ungeeignetheit des Mitarbeiters für den Entwicklungsdienst herausstelle. Der Vertrag schaffe nach seiner gesamten Zielsetzung zugleich eine rechtlich gesicherte Anwartschaft des Mitarbeiters gegenüber der Gesellschaft auf Abschluss eines Auslandsdienstvertrages, welche die Gesellschaft nicht jederzeit nach freiem Ermessen aufheben könne.

Auf einseitige Optionen in befristeten Sportlerverträgen lässt sich die Argumentation des BAG nicht übertragen. Dem Fall lag die seltene Konstellation eines Vorbereitungsvertrages zugrunde. Dieser weicht schon insofern vom Grundtypus eines Arbeitsvertrages ab, als er von beiden Vertragsparteien im Hinblick auf einen sich daran erst anschließenden „normalen" Arbeitsvertrag abgeschlossen wird. Mit dieser Aussicht treten die Parteien in vielfacher Weise in Vorleistung. So wendet der Arbeitgeber zum Beispiel erheblichen Aufwand zur zielgerichteten Ausbildung des Arbeitnehmers auf, ohne in diesem Stadium von dessen Arbeitsleistungen profitieren zu können. Für den Arbeitnehmer wird das andererseits mit – im Vergleich zu ihm möglichen anderen Tätigkeiten – erheblichen Verdiensteinbußen verbunden sein. Diese besonderen Umstände können für eine eingeschränkte Lösungsmöglichkeit der Parteien sprechen. Der Sportleistungsvertrag zwischen Verein und Sportler wird dagegen nicht in Ansehung eines sich daran erst anschließenden „vollwertigen" Arbeitsvertrags geschlossen, geschweige denn, dass die Parteien diesbezüglich in irgendeiner Art in Vorleistung treten. Es entsteht mithin keine, dem vom BAG entschiedenen Fall vergleichbare, besonders gefestigte Rechtsposition, die eine Anwartschaft[618] auf Fortführung des Vertrags begründen könnte.

Sieht man in einseitigen Vertragsverlängerungsoptionen faktische Kündigungserschwerungen im Sinne des § 622 Abs. 6 BGB, hat dies schlicht die Nichtigkeit der Vereinbarung gemäß § 134 BGB zur Folge.[619] Die Klausel fällt dann ersatzlos weg mit dem Ergebnis, dass keine Verlängerungsoption vereinbart ist. Nur diese Rechtsfolge wird den Interessen der Vertragsparteien gerecht. Eine Analogie zu § 89 Abs. 2 Satz 2 HGB mit der Folge eines zweiseitigen Op-

---

618 Siehe zum Anwartschaftsrecht allgemein Staudinger/*Bork*, Vorbemerkungen zu §§ 158-163 BGB, Rn. 53 ff.

619 MünchKommBGB/*Hesse*, § 622, Rn. 108 allgemein für faktische Kündigungserschwerungen; *Kindler*, NZA 2000, S. 744 (746); *Ebeling*, jurisPR-ArbR 2/2009, Anm. 1; *Rein*, NZA-RR 2009, S. 462 (464).

tionsrechts scheitert an den Anwendungsvoraussetzungen einer analogen Anwendung.

c) Zwischenergebnis

Einseitige Verlängerungsoptionen verstoßen nicht gegen den allgemeinen Grundsatz des Verbots von Kündigungserschwerungen aus § 622 Abs. 6 BGB. Zum einen handelt es sich bei den Verlängerungsklauseln nicht um eine Kündigungserschwerung im Sinne der Vorschrift. Auch ist der Anwendungsbereich der Norm bei befristeten Arbeitsverträgen zumeist nicht eröffnet. Zum anderen ist der Grundsatz des Verbots von Kündigungserschwerungen seit Inkrafttreten des Schuldrechtsmodernisierungsgesetzes überholt, die Angemessenheit der Vereinbarung gegebenenfalls anhand der §§ 307 ff. BGB zu beurteilen. Sieht man entgegen der hier vertretenen Auffassung in der Vereinbarung einseitiger Optionen dennoch einen Verstoß gegen § 622 Abs. 6 BGB, hat dies nicht die Entstehung eines zweiseitigen Optionsrechts analog § 89 Abs. 2 Satz 2 HGB, sondern schlicht deren Nichtigkeit gemäß § 134 BGB zur Folge. Die Klausel fällt dann ersatzlos weg.

5. Verstoß gegen §§ 305 ff. BGB

a) Anwendbarkeit der §§ 305 ff. BGB

Die Einzelarbeitsverträge zwischen Verein und Spieler werden in den meisten Fällen AGB im Sinne von § 305 Abs. 1 BGB sein. Allgemeine Geschäftsbedingungen sind nach § 305 Abs. 1 BGB Vertragsbedingungen, die für eine Vielzahl von Verträgen vorformuliert sind, und die der Verwender (Verein) der anderen Vertragspartei (Spieler) bei Abschluss des Vertrages stellt. Von einer „Vielzahl von Verträgen" ist auszugehen, wenn eine mindestens dreimalige Verwendung beabsichtigt ist.[620] Ausreichend ist es sogar, wenn der Verein ein Vertragsmuster nur einmalig verwendet. So etwa, wenn das Vertragsmuster von anderen – beispielsweise vom DFB oder der DFL – vorformuliert wurde.[621] Weil Arbeitnehmer als Verbraucher im Sinne von § 13 BGB einzustufen sind[622], findet zudem gemäß § 310 Abs. 3 Nr. 2 BGB eine Inhaltskontrolle auch bei nur einmaliger Verwendung der Vertragsbedingung statt, soweit der Spieler auf Grund der Vor-

---

620 BGH, Urteil v. 27.09.2001 – VII ZR 388/00, NJW 2002, S. 138 (139).

621 Vgl. ErfK/*Preis*, §§ 305-310 BGB, Rn. 22.

622 BAG, Urteil v. 25.05.2005 – 5 AZR 572/04, AP BGB § 310 Nr.1, NZA 2005, S. 1111 (1115).

formulierung keinen Einfluss auf den Inhalt der Vertragsbedingung nehmen konnte. Bei echten Individualabreden sind die Vorschriften des Rechts der AGB dagegen nicht anwendbar, § 305 Abs. 1 Satz 3 BGB. Dann ist im Grundsatz davon auszugehen, dass der Arbeitnehmer seine Interessen selbst angemessen vertreten kann.[623] Es stellt sich daher die Frage, ob und wann es sich bei Sportleistungsverträgen um Individualvereinbarungen handelt. Davon kann gesprochen werden, wenn seitens des Vereins eine ernsthafte Verhandlungsbereitschaft besteht, und ein wirkliches Aushandeln der Vertragsbestimmungen stattgefunden hat. Problematischer als die ernsthafte Verhandlungsbereitschaft erscheint das Merkmal des Aushandelns. Denn „aushandeln" bedeutet mehr als bloßes Verhandeln.[624] Es genügt nicht, dass der Vertragsinhalt lediglich erläutert oder erörtert wird.[625]

Das Arbeitsgericht Nürnberg lehnte in der bereits an anderer Stelle dargestellten Entscheidung einen Verstoß gegen § 307 Abs. 1 BGB mit der Begründung ab, der Spieler sei bei Vertragsabschluss durch einen Berater unterstützt worden.[626] Damit sei davon auszugehen, dass Vertragsdauer, Verlängerungsoption und Vergütung des Spielers im Vorfeld durch beiderseitige Vertragsverhandlungen Inhalt des Arbeitsvertrages geworden seien. Folglich ging das Gericht davon aus, dass schon gar keine Allgemeinen Geschäftsbedingungen gegeben waren. Diese Feststellung des Gerichts wurde zu Recht kritisiert. Das Gericht verkenne hinsichtlich seiner knappen Ausführungen zu § 307 Abs. 1 BGB die strengen höchstrichterlichen Maßstäbe zur Abgrenzung Allgemeiner Geschäftsbedingungen von Individualabreden.[627] Tatsächlich kann die Entscheidung, ob nun eine Individualvereinbarung vorliegt, nicht lediglich daran festgemacht werden, dass der Spieler vor und während des Vertragsschlusses einen (ausreichend qualifizierten) Berater zur Seite hatte. Dies kann nur ein Indiz für ein Aushandeln der Vertragsbestimmungen sein. Die Beweislast für ein erfolgtes Aushandeln trifft den Verein als Verwender.[628] Dies folgt aus der Grundregel der Beweislastverteilung, wonach jede Partei die Behauptungs- und Beweislast dafür trägt, dass der Tatbestand der ihr günstigen Rechtnorm erfüllt ist.[629] Ob eine ein-

---

623 ErfK/*Preis*, §§ 305-310 BGB, Rn. 22.

624 Palandt/*Grüneberg*, § 305, Rn. 20.

625 ErfK/*Preis*, §§ 305-310 BGB, Rn. 24.

626 ArbG Nürnberg, Beschluss v. 04.06.2007 – 3 Ga 32/07, SpuRt 2007, S. 213 (215); eine kurze Darstellung des Sachverhalts findet sich unter 2. Teil, II.3.c).

627 *Lindhorst*, SpuRt 2007, S. 215.

628 Vgl. BGH, Urteil v. 03.04.1998 – V ZR 6/97, NJW 1998, S: 2600 (2601); ErfK/*Preis*, §§ 305-310 BGB, Rn. 24 a.E.

629 Thomas/Putzo/*Reichold*, Vorbem § 284, Rn. 23; vgl. auch BGH, Urteil v. 29.01.1982 – V ZR 82/81, NJW 1982, S. 1035 (1035).

seitige Verlängerungsoption tatsächlich ausgehandelt wurde, kann also nicht pauschal beurteilt werden. Es spricht aber viel dafür, dass gerade bei sich im Vertrag zu findenden einseitigen Optionen kein wirkliches Aushandeln des Kontrakts stattgefunden hat. Es ist schwer vorstellbar, dass eine für den Spieler eher nachteilige Option tatsächlich ausgehandelt wurde, also die Option seitens des Vereins tatsächlich zur Disposition stand. Folglich wird in den meisten Fällen der Weg für eine Inhaltskontrolle nach §§ 307 ff. BGB frei sein.

b) Überraschende Klausel (§ 305c Abs. 1 BGB)

Einseitige (wie zweiseitige) Verlängerungsklauseln könnten abgesehen von der Inhaltskontrolle nach § 307 Abs. 1 Satz 1 BGB schon dann unwirksam sein, wenn sie als überraschend i.S.d. § 305c Abs. 1 BGB einzustufen sind. Demnach sind Bestimmungen, die nach den Umständen, insbesondere nach dem äußeren Erscheinungsbild des Vertrags, so ungewöhnlich sind, dass der Vertragspartner des Verwenders mit ihnen nicht zu rechnen braucht, unwirksam. Die Klausel müsste zum einen objektiv ungewöhnlich und zum anderen in subjektiver Hinsicht für den Sportler überraschend sein.[630] Die objektive Ungewöhnlichkeit ist nur dann gegeben, wenn der Inhalt der Klausel nach dem konkreten Vertragstyp nicht üblich ist und die als Vertragspartner angesprochenen Verkehrskreise mit Klauseln dieses Inhalts im Zusammenhang mit dem Vertragstyp nicht rechnen.[631] Beide Voraussetzungen sind beim Sportleistungsvertrag nicht gegeben. Verlängerungsoptionsklauseln sind nicht unüblich sondern werden regelmäßig vereinbart.[632] Die Sportler rechnen daher auch mit derartigen Klauseln. Überraschenden Klauseln muss zudem ein Überrumpelungs- und Übertölpelungseffekt innewohnen.[633] Daran mangelt es schon deshalb, weil es in den Kreisen des professionellen Mannschaftssports in Ansehung der gängigen Vertragspraxis allgemein bekannt sein dürfte, dass in Sportleistungsverträgen oftmals Verlängerungsoptionen enthalten sind. Zumindest wird in den Vertragsverhandlungen über diesen essentiellen Punkt gesprochen werden. Im Streitfall hätte der Verein diesen, den Überraschungsmoment ausschließenden, Aspekt zu beweisen, während der

630 Vgl. Ulmer/Brandner/Hensen/*Ulmer/Schäfer*, § 305c BGB, Rn. 11; Wolf/Lindacher/Pfeiffer/*Stoffels*, AGB-Recht, ArbR, Rn. 45; ErfK/*Preis*, §§ 305-310 BGB, Rn. 29.

631 Vgl. Ulmer/Brandner/Hensen/*Ulmer/Schäfer*, § 305c BGB, Rn. 14; ErfK/*Preis*, §§ 305-310 BGB, Rn. 29.

632 Das zeigt schon der Musterarbeitsvertrag der DFL, abgedruckt in PHB SportR, Anhang C. 2., sowie verschiedene Gerichtsentscheidungen wie der Beschluss des ArbG Nürnberg v. 04.06.2007 – 3 Ga 32/07, SpuRt 2007, S. 213 f., oder das Urteil des LAG Köln v. 20.11.1998 – 11 Sa 125/98, LAGE § 611 BGB Berufssport Nr. 11.

633 St. Rspr., vgl. nur BAG, Urteil v. 16.04.2008 – 7 AZR 132/07, NZA 2008, S. 876 (877).

Sportler die objektiven und subjektiven Anwendungsvoraussetzungen zu beweisen hätte.[634]

Freilich sind Vertragskonstellationen denkbar, in denen eine Verlängerungsklausel falsch verortet bzw. sogar bewusst versteckt wird, oder zwischen anderen Regelungen kaum auffindbar ist, und sich daraus ein Überraschungsmoment ergibt.[635] Für die Optionsregelung in § 10 Nr. 3 des DFL-Musterarbeitsvertrags[636] wird vertreten, dass sie überraschend i.S.v. § 305c Abs. 1 BGB ist, da sie zum einen dem Leitbild eines befristeten Vertrages zuwiderlaufe und zum anderen einen Überrumpelungseffekt habe.[637] Es widerspräche dem Leitbild eines befristeten Vertrages, wenn unter dem Oberbegriff „Vertragsbeginn und – ende“ eine automatische Vertragsverlängerung geregelt sei. Die Befristung eines Vertrages setze einen Vertrauenstatbestand im Hinblick auf eine automatische Vertragsbeendigung nach Zeitablauf. Damit sei eine Regelung, nach der ein Vertragspartner der Gegenseite zusätzlich mitteilen muss, dass er an der Beendigung des Vertragsverhältnisses zum Ablauf der jeweiligen Vertragszeit festhalte, unvereinbar. Erforderlich sei zumindest ein entsprechender Hinweis auf die Verlängerung in der Überschrift. Der Überrumpelungseffekt ergebe sich daraus, dass ein typischer Durchschnittsarbeitnehmer unter der besagten Überschrift keine Klausel vermuten würde, die für die Beendigung eines befristeten Arbeitsvertrages ein zusätzliches Tätigwerden verlange.

Dabei wird verkannt, dass es eben nicht auf den Durchschnittsarbeitnehmer, sondern auf den durchschnittlichen Profisportler ankommt. Jenen dürfte die Existenz von Verlängerungsklauseln aufgrund der langjährigen Vertragspraxis aber hinreichend bekannt sein. Da Verlängerungsoptionen auch in befristeten Miet- und Pachtverträgen durchaus üblich sind[638], erscheint die Klausel selbst aus dem Blickwinkel eines Durchschnittsarbeitnehmers keinen ausreichenden Überraschungsmoment zu haben. Da die besagte Verlängerungsoption die Laufzeit des Vertrages betrifft, ist sie unter der Überschrift „Vertragsbeginn und – ende“ auch richtig verortet. Schließlich hat die Option lediglich ein Hinauszögern des ursprünglichen Vertragsendes zur Folge. Das ändert nichts daran, dass die Option eine Regelung bzgl. der Beendigung des Vertrages enthält, ganz gleich ob es sich um einen befristeten Vertrag handelt. Gleichwohl würde es zugegeben der Übersichtlichkeit dienen, wenn ein Hinweis auf die Verlängerung in die Überschrift mit aufgenommen würde. Das Fehlen dieses Hinweises macht

---

634 Ulmer/Brandner/Hensen/*Ulmer/Schäfer*, § 305c BGB, Rn. 25.

635 Vgl. Palandt/*Grüneberg*, § 305c BGB, Rn. 4.

636 Abgedruckt in PHB SportR, Anhang C. 2.; vgl. auch das Klauselbeispiel Variante 1 unter 2. Teil, III.

637 *Weber*, S. 318.

638 Vgl. *Casper*, S. 39, 452 ff.

die Klausel aber noch nicht unwirksam. Nach alldem sind Verlängerungsoptionen grundsätzlich nicht als überraschende Klauseln einzustufen.

c) Inhaltskontrolle (§ 307 Abs. 1 Satz 1 BGB)

Die Inhaltskontrolle ist kein Automatismus, wenn AGB vorliegen. Nach § 307 Abs. 3 BGB findet eine Inhaltskontrolle nur statt, wenn durch die AGB von Rechtsvorschriften abweichende, oder diese ergänzende Regelungen getroffen werden. Die Rechtsprechung legt den Begriff der Rechtsvorschriften weit aus, so dass darunter nicht nur alle materiellen Gesetze fallen, sondern auch ungeschriebene Rechtsgrundsätze und Richterrecht, die sich als Bestandteil der Rechtsordnung begreifen lassen.[639] Es stellt sich die Frage, von welcher Rechtsvorschrift oder welchem Rechtsgrundsatz eine einseitige Optionsklausel abweicht. Als relevanter Rechtsgrundsatz könnte insoweit das Verbot einseitiger Kündigungserschwerungen aus § 622 Abs. 6 BGB in Betracht kommen.[640] Durch die einseitige Option könnte zudem die Berufsfreiheit der Spieler aus Art. 12 Abs. 1 GG[641], sowie bei einem grenzüberschreitenden Sachverhalt deren Freizügigkeitsrecht aus Art. 45 AEUV[642] eingeschränkt sein.

aa) Leitlinien der Angemessenheitskontrolle

Nach § 307 Abs. 1 Satz 1 BGB sind Bestimmungen in AGB unwirksam, wenn sie den Vertragspartner entgegen Treu und Glauben unangemessen benachteiligen. Unangemessen ist jede Beeinträchtigung eines rechtlich anerkannten Interesses des Arbeitnehmers, die nicht durch begründete und billigenswerte Interessen des Arbeitgebers gerechtfertigt ist, oder durch gleichwertige Vorteile ausgeglichen wird.[643] Die Konkretisierung unangemessener Vertragsgestaltung bedarf einer normativen Struktur, welche imstande ist, die Inhaltskontrolle zu leiten.[644] Dadurch bewegt sich die Prüfung der Angemessenheit einer Vertragsbestimmung nicht im „luftleeren Raum" und wird nachvollziehbarer. Generalisierend kann dabei auf die Art des Arbeitsvertrages, die Stellung des Arbeitnehmers, das Erscheinungsbild des Gesamtvertrags, die Risikoverteilung, Kündigungserschwerungen sowie auf verfassungsrechtliche Wertungen abgestellt wer-

639 BGH, Urteil v. 10.12.1992 – I ZR 186/90, BGHZ 121, S. 13 (18); Staudinger/*Coester* (2006), § 307, Rn. 294 m.w.N.
640 Siehe dazu die Ausführungen unter 2. Teil, II.4.
641 Siehe dazu auch die Ausführungen unter 2. Teil, II.3.
642 Siehe dazu auch die Ausführungen unter 2. Teil, II.1.
643 St. Rspr. des BAG, vgl. nur Urteil v. 04.03.2004 – 8 AZR 196/03, AP BGB § 309 Nr. 3.
644 ErfK/*Preis*, §§ 305-310 BGB, Rn. 45.

den.[645] Auf Grund der Einordnung von Arbeitnehmern als Verbraucher sind nach § 310 Abs. 3 Nr. 3 BGB bei der Beurteilung der unangemessenen Benachteiligung auch die den Vertragsschluss begleitenden Umstände zu berücksichtigen. Es kommt also auf die persönlichen Eigenschaften, die Geschäftserfahrung und Verhandlungsstärke, die Beurteilungsfähigkeit, das Angewiesensein auf die Leistung, auf intellektuelle Stärken und Schwächen sowie auf die konkrete Situation des Vertragsschlusses an, d.h. ob der Verwender seinen Vertragspartner überrascht, überrumpelt oder den wahren Vertragsinhalt verschleiert.[646]

bb) Angemessenheit einseitiger Verlängerungsklauseln

Anzulegen ist ein genereller Beurteilungsmaßstab und eine typisierende Betrachtung.[647] Bedeutsam für die Prüfung der Angemessenheit einseitiger Optionen ist vor allem der Blick auf die Art des Arbeitsvertrages und die Stellung des Sportlers. Der Sportleistungsvertrag ansich als „Arbeitsvertrag besonderer Art" lässt einseitige Verlängerungsklauseln nicht schon erforderlich machen. Unbestreitbar müssen Vereine wie Spieler ein gewisses Maß an Planungssicherheit sowie Entwicklungsmöglichkeiten in sportlicher und finanzieller Art haben. Dafür steht ihnen aber schon das Mittel der Befristung zur Verfügung. An befristeten Arbeitsverhältnissen partizipieren sowohl Vereine als auch Spieler. Beide haben für die Dauer der Befristung Planungssicherheit. Ebenso haben beide Vertragsparteien dadurch die Möglichkeit, sich sportlich wie finanziell zu verbessern. Es bedarf folglich weiterer Aspekte für die Beurteilung der Angemessenheit einer Option.

(1) Häufigkeit und Dauer der Vertragsverlängerung / Gesamtlaufzeit des Vertrags

Interessant ist der Aspekt der Häufigkeit und Dauer der Vertragsverlängerung. Kann die Option nur einmalig ausgeübt werden, hält sich die Beeinträchtigung des Spielers in Grenzen. Wäre dagegen eine mehrfache Verlängerung auf Wunsch des Klubs vereinbart, würde dies einen erheblichen Unsicherheitsfaktor für den Spieler darstellen. Er hätte dann praktisch keine Planungssicherheit. Er wäre jedes Jahr aufs Neue bis zum vereinbarten Stichtag der Ausübung im Ungewissen über seine berufliche Zukunft. Diese Beeinträchtigung wäre nicht mehr

645 ErfK/*Preis*, §§ 305-310 BGB, Rn. 46 ff.

646 ErfK/*Preis*, §§ 305-310 BGB, Rn. 42 m.w.N.; vgl. auch Wolf/Lindacher/Pfeiffer/*Stoffels*, AGB-Recht, ArbR, Rn. 64.

647 Vgl. nur Bamberger/Roth/*Schmidt*, § 307, Rn. 29.

als akzeptabel einzustufen. Ein Interesse des Vereins, den Spieler nach zufrieden stellender Leistung im jeweiligen Spieljahr weiter an sich zu binden, kann dies nicht mehr rechtfertigen.

Beträgt die Dauer der Verlängerung mehr als ein Jahr, bestehen ebenfalls erhebliche Bedenken. Der Spieler wäre für einen zu langen Zeitraum an seinen Verein gebunden, ohne auf die Verlängerung Einfluss nehmen zu können. Zu berücksichtigen ist neben der Verlängerungsdauer ansich auch die Gesamtlaufzeit des Vertrags bei Ausübung der Verlängerungsoption. Der BGH hat bezüglich einer Vertragsverlängerungsoption in einem Tankstellenvertrag entschieden, dass es bei der Inhaltskontrolle einer Optionsklausel maßgeblich auf die Gesamtlaufzeit des Vertrages ankommt, weil die mögliche Unangemessenheit der Klausel darin besteht, dass sich Erst- und Verlängerungslaufzeit in ihrer Wirkung summieren und so zu einer unangemessenen Beschränkung der wirtschaftlichen Bewegungsfreiheit und Selbständigkeit des betroffenen Vertragspartners führen können.[648] Ob die Gesamtvertragsdauer unvertretbar ist, ist dabei unter Berücksichtigung aller schutzwürdigen Interessen beider Vertragsteile im Einzelfall zu entscheiden.[649] Es lässt sich demzufolge folgendes festhalten: je länger die Gesamtvertragslaufzeit mit der Option ausfällt, umso eher ist von deren Unangemessenheit auszugehen.

(2) Kompensation

In Betracht zu ziehen ist eine Kompensation der Beeinträchtigung der Interessen des Spielers durch Sonderzahlungen oder, an die (jeweilige) Verlängerung angepasste, Steigerungen des Gehalts. Eine Gehaltssteigerung ist generell schon deshalb angemessen, weil der Verein mit der Verlängerung des Vertrags sein Interesse an dem Spieler manifestiert. Er erhofft sich also mit und durch ihn eine Steigerung oder Erhaltung des sportlichen und mithin wirtschaftlichen Erfolges. Dann ist es dem Klub auch zuzumuten, bei Optionsausübung mehr Gehalt zu zahlen. Nach anderer Ansicht kann eine höhere Vergütung eine unangemessene Benachteiligung (durch eine einseitige Verlängerungsklausel) nicht rechtfertigen, da dem das sog. Preisargument entgegenstehe.[650] Bei dem „Preisargument" geht es um die Frage, ob unangemessene AGB zulässig sein können, wenn der Kunde dadurch einen Preisvorteil erlangt. Nach wohl h.M. kann die geringere Höhe des Entgelts (bspw. für Waren oder Dienstleistungen) grundsätzlich keine Rechtfer-

648 BGH, Urteil v. 03.11.1999 – VIII ZR 269/98, BB 2000, S. 323 (324).
649 BGH, Urteil v. 03.11.1999 – VIII ZR 269/98, BB 2000, S. 323 (324).
650 *Lindhorst*, SpuRt 2007, S. 215.

tigung für unangemessene AGB sein.[651] Das „Preisargument“ greift hier indes nicht, da es sich um den entgegen gesetzten Fall handelt. Hier wird eine unangemessene Klausel durch eine höhere Vergütung kompensiert. Insoweit ist anerkannt, dass bei einer Gesamtbetrachtung des Vertrags kompensierende Effekte zu berücksichtigen sind.[652] Bei einseitigen Verlängerungsoptionen wird ein kompensierender Effekt schon deshalb in Abrede gestellt, weil diese Option letztlich nur dem Klub Vorteile bringe. Denn dieser mache von der Option nur Gebrauch, wenn ihm dies einen sportlichen, vor allem aber wirtschaftlichen Vorteil bringe.[653]

(3) Gerechte Risikoverteilung

Prinzipiell hat der Arbeitgeber das Betriebs- und Wirtschaftsrisiko zu tragen, das er nicht ohne weiteres auf den Arbeitgeber abwälzen darf.[654] Das bedeutet, dass er das Entgelt auch dann zahlen muss, wenn die Arbeitsleistung aus Gründen nicht erbracht werden kann, die weder vom Arbeitgeber noch vom Arbeitnehmer zu vertreten sind.[655] Zum Betriebs- und Wirtschaftsrisiko eines Vereins zählt folglich vor allem die Verletzungsgefahr der Spieler. Die Gefahr einer Verletzung ist dem Profisport immanent und hat daher eine herausragende Bedeutung für Klub wie Sportler. In den Bereich des Betriebs- und Wirtschaftsrisikos ist auch die Gefahr mit einzubeziehen, dass sich der Spieler nicht wie gewünscht in das Mannschaftsgefüge einpasst. Ob dies dem Sportler gelingt hängt von Einflüssen ab, die – mit Ausnahme einer kaum denkbaren vorsätzlichen Leistungsverweigerung – nicht von ihm allein beherrschbar sind. So kann sich der Verein schon im Vorfeld der Vertragsanbahnung über die taktische Einsatzfähigkeit des Sportlers täuschen. Probleme können auch hervortreten, wenn der Spieler schlichtweg charakterlich nicht zum Mannschaftskader passt. All dies ist sicher nicht (alleine) vom Spieler zu vertreten und kann folglich nicht seiner Risikosphäre zugeordnet werden. Die Vereinbarung einseitiger Verlängerungsoptionen hat für den Verein unter anderem den Grund, die erhoffte Leistungsfähigkeit des Spielers zu überprüfen und ihn gegebenenfalls weiter in seinen Reihen zu halten. Werden die Erwartungen des Vereins nicht erfüllt, sei es durch Verletzungspech oder andere Faktoren, kann er sich unproblematisch von seinem Arbeitnehmer trennen, und ist nicht wie bei mehrjährigen Befristungen weiter an

651 Vgl. Palandt/*Grüneberg*, § 307, Rn. 14 m.w.N.

652 Vgl. BAG, Urteil v. 04.03.2004 – 8 AZR 196/03, AP BGB § 309 Nr. 3; ErfK/*Preis*, §§ 305-310 BGB, Rn. 47.

653 *Lange*, SpuRt 2011, S. 98 (100).

654 BAG, Urteil v. 12.01.2005 – 5 AZR 364/04, AP BGB § 308 Nr. 1, NZA 2005, S. 465 (467).

655 Moll/*Kolvenbach/Glaser*, § 22, Rn. 271 m.w.N.

diesen gebunden. Die angeführten Risiken können jedoch nicht alleine auf den Spieler verlagert werden. Eine diesbezügliche Abwälzung ist ebenfalls nur dann angemessen, wenn die Übernahme der Risiken entsprechend vergütet wird. Dabei kann aber nicht auf das gegebenenfalls schon hohe Gehalt des Spielers verwiesen werden. Dieses ist nicht zu berücksichtigen, weil es auch ohne einseitige Vertragsverlängerung schon bezahlt wird.

(4) Stellung des Spielers

Die Stellung des Profisportlers streitet gegen die Zulässigkeit der Option. Er hat nur eine begrenzte Lebensarbeitszeit zur Verfügung, um sich seinen Lebensunterhalt zu verdienen und für die Zukunft Vermögensrücklagen zu bilden.[656] Es kann nicht davon ausgegangen werden, dass der Profi nach seiner Spielerkarriere seinen Lebensunterhalt durch andere Tätigkeiten erwirtschaften kann. In vielen Fällen wird er keine Berufsausbildung haben. Die möglichen Tätigkeiten auf Vereins- und Verbandsebene – beispielsweise als Funktionär oder Trainer – sind begrenzt und stehen nicht jedem Profisportler offen. Eine wichtige Voraussetzung, sein Gehalt zu steigern, liegt in der Möglichkeit des Vereinswechsels oder der Aufnahme neuer Vertragsverhandlungen mit dem bisherigen Verein. Diese Option wird dem Spieler durch einseitige Verlängerungsklauseln genommen. Dass der Spieler womöglich gar keine Möglichkeit einer finanziellen Verbesserung hat, weil sich weder der bisherige Arbeitgeber noch ein neuer Klub für ihn interessiert, kann nicht als Gegenargument angeführt werden. Dann wird der Verein die ihm eingeräumte Option nämlich nicht ausüben. Sie ist also allein für ihn vorteilhaft.

(5) Verkehrssitte

Ein weiterer zu berücksichtigender Aspekt könnte die Verkehrssitte sein, wenn es im professionellen Mannschaftssport einer Verkehrssitte entspricht, einseitige Vertragsverlängerungsoptionen zu vereinbaren. Obwohl § 307 BGB Verkehrssitten nicht ausdrücklich erwähnt, sind auch diese im Rahmen der Interessenabwägung zu berücksichtigen.[657] Nach einer in der Rechtsprechung geläufigen Definition, ist Verkehrssitte die den Verkehr tatsächlich beherrschende Übung.[658]

656 Siehe dazu die Ausführungen unter 1. Teil, II.b) und 1. Teil, V.2.h)bb). Es gibt zum Teil Initiativen, dieser Misere zu begegnen. So propagiert die BBL auf ihrer Homepage eine IHK-Weiterbildung zum Sportfachmann bzw. Sportfachwirt, siehe dazu www.basketball-bundesliga.de/staticsite/staticsite.php?menuid=344&topmenu=5&keepmenu=inactive (06.12.2012).

657 Palandt/*Grüneberg*, § 307, Rn. 17 m.w.N.

658 MünchKommBGB/*Busche*, § 157, Rn. 16 m.z.w.N.

Die Verkehrssitte entsteht durch eine tatsächliche, von der Zustimmung der Beteiligten getragenen Übung einer Gruppe, die über einen längeren Zeitraum praktiziert wird und von sämtlichen, in dem betreffenden Verkehrsbereich beteiligten Kreisen getragen sein muss.[659] Wie schon aus den jüngsten instanzgerichtlichen Entscheidungen[660] zu ersehen ist, sind Vereinbarungen einer einseitigen Verlängerungsoption – zumindest im professionellen Fußball – durchaus üblich. Ob solche Vereinbarungen aber derartig häufig vorkommen, dass von einer beherrschenden Übung gesprochen werden kann, ist zweifelhaft. Zum Vergleich und als Beispiel einer beherrschenden Übung in diesem Bereich kann die Befristung von Arbeitsverträgen mit Spielern angeführt werden. Für die Annahme einer beherrschenden Übung der Vereinbarung einseitiger Optionen spricht allerdings § 6 Nr. 3 LOS, der die Vereinbarung einseitiger- wie zweiseitiger Optionen vorsieht.[661] Gegen eine beherrschende Übung lässt sich anführen, dass der Musterarbeitsvertrag der DFL[662] indes keine einseitigen-, sondern nur zweiseitige Optionen vorsieht. Nach alledem kann man die Vereinbarung einseitiger Optionen wohl nicht als Verkehrssitte bezeichnen. Dieser Gesichtspunkt ist in der Abwägung mithin weder zugunsten noch zulasten einer Vertragspartei zu berücksichtigen.

(6) Verfassungsrechtliche Wertungen

Im Rahmen der Angemessenheitskontrolle sind nach der Lehre von der Schutzgebotsfunktion der Grundrechte auch verfassungsrechtliche Wertungen zu berücksichtigen.[663] Zu denken wäre hier an eine unzulässige Beschränkung der Berufsfreiheit der Spieler aus Art. 12 Abs. 1 GG durch eine einseitige Vertragsverlängerungsoption. Wie unter II.3. oben bereits erläutert, wird diese Vertragsgestaltung jedoch zumeist nicht unverhältnismäßig die Berufsfreiheit der Sportler beschränken.[664]

---

659 MünchKommBGB/*Busche*, § 157, Rn. 22 m.z.w.N.

660 ArbG Ulm, Urteil v. 14.11.2008 – 3 Ca 244/08, NZA-RR 2009, S. 298 ff.; ArbG Nürnberg, Beschluss. v. 04.06.2007 – 3 Ga 32/07, SpuRt 2007, S. 213 f.

661 Siehe dazu 2. Teil, II.8.

662 Abgedruckt in PHB SportR, Anhang C. 2.

663 ErfK/*Preis*, §§ 305-310 BGB, Rn. 48; vgl. auch die Ausführungen unter 2. Teil, II.3.

664 Siehe dazu *Schulz*, Grundrechtskollisionen im Profisport, S. 143 ff., der die Zulässigkeit von Verlängerungsoptionen im Hinblick auf die Grundrechtspositionen der Vertragsparteien von der jeweiligen Verhandlungsmacht des Sportlers abhängig macht.

(7) Verbot einseitiger Kündigungserschwerungen

Der Aspekt der einseitigen Kündigungserschwerung kommt bei den einseitigen Verlängerungsoptionen nicht zum tragen. Wie unter II.4. oben ausgeführt, ist darin keine Kündigungserschwerung im Sinne des § 622 Abs. 6 BGB zu sehen.

(8) Weitere Kriterien

Es wird darauf hingewiesen, dass bei der Prüfung der Angemessenheit auch zu berücksichtigen sei, dass der aktuelle Musterarbeitsvertrag der DFL aufgrund der rechtlichen Diskussion um die Zulässigkeit einseitiger Verlängerungsoptionen im Gegensatz zum früheren Vertragsmuster diese nicht mehr vorsieht.[665] Dieser Punkt allein fällt bei der Abwägung nicht ins Gewicht. Ausschlaggebend ist die Gesamtbetrachtung des jeweiligen zu bewertenden Vertrags. Ob eine ähnliche oder inhaltsgleiche Regelung schon mal Bestandteil eines Musterarbeitsvertrags war, ist grundsätzlich unerheblich. Dass der Musterarbeitsvertrag der DFL einseitige Verlängerungsoptionen nicht mehr beinhaltet, ist lediglich eine verständliche Reaktion auf die unsichere Rechtslage und bei der Frage der Verkehrssitte zu berücksichtigen.

d) Besonderheiten des Arbeitsrechts, § 310 Abs. 4 Satz 1 BGB

Nach § 310 Abs. 4 Satz 1 BGB sind bei der Anwendung der §§ 305 ff. BGB auf Arbeitsverträge die im Arbeitsrecht geltenden Besonderheiten angemessen zu berücksichtigen. Im Schrifttum ist umstritten, ob neben allen rechtlichen Besonderheiten des Arbeitsvertragsrechts, wie etwa dem grundsätzlichen Ausschluss der ordentlichen Kündigung im befristeten Arbeitsvertrag nach § 15 Abs. 3 TzBfG im Hinblick auf die von § 309 Nr. 8a) BGB untersagte Ausschließung oder Einschränkung eines gesetzlichen Lösungsrechts[666], auch tatsächliche Besonderheiten, also Gewohnheiten und Gebräuche im Arbeitsleben, wie zum Beispiel die weite Verbreitung vertraglicher Ausschlussfristen zur Abkürzung der Verjährungsfristen[667], umfasst sind.[668] Die besseren Argumente sprechen hier wohl für die alleinige Berücksichtigung rechtlicher Besonderheiten. Es kann nämlich nicht sein, dass eine an sich anwendbare Norm mit dem Hinweis auf schlichte Gebräuche und Gewohnheiten im Arbeitsleben beiseite geschoben werden

665 *Lindhorst*, SpuRt 2007, S. 215.
666 ErfK/*Preis*, §§ 305-310 BGB, Rn. 11.
667 Ulmer/Brandner/Hensen/*Ulmer*, 10. Aufl., 2006, § 310 BGB, Rn. 148.
668 Siehe dazu die Auflistung bei ErfK/*Preis*, §§ 305-310 BGB, Rn. 11.

kann.[669] Für die Praxis ausschlaggebend ist aber, dass das BAG in etlichen jüngeren Entscheidungen ausdrücklich auch tatsächliche Besonderheiten im Arbeitsrecht berücksichtigt.[670] Demnach sind alle dem Arbeitsverhältnis innewohnenden Besonderheiten zu beachten. Dies deckt sich mit den in dieser Untersuchung verwendeten Prüfungskriterien im Rahmen der Angemessenheitskontrolle, die auch Gewohnheiten und Gebräuche im professionellen Mannschaftssport berücksichtigen.

e) Zwischenergebnis

Die Vereinbarung einer einseitigen Verlängerungsoption hält einer Inhaltskontrolle nach § 307 Abs. 1 BGB nach alldem wohl nicht stand. Eine Gesamtabwägung der widerstreitenden Interessen führt zu dem Ergebnis, dass die Option die Spieler unangemessen benachteiligt. Die Mehrzahl der Prüfungspunkte läßt einseitige Optionen als unangemessene Benachteiligung der Spieler erscheinen.

6. Umgehung von § 15 Abs. 4 TzBfG

Einseitige Verlängerungsklauseln könnten in gewissen Konstellationen zu einer Umgehung des § 15 Abs. 4 TzBfG führen. Nach § 15 Abs. 4 TzBfG kann das Arbeitsverhältnis vom Arbeitnehmer nach Ablauf von fünf Jahren mit einer Kündigungsfrist von sechs Monaten gekündigt werden, wenn es für längere Zeit als fünf Jahre eingegangen ist. Die Vorschrift greift nur dann ein, wenn das Vertragsverhältnis von vornherein auf mehr als fünf Jahre eingegangen wird.[671] Der wiederholte Abschluss von jeweils auf genau fünf Jahre befristeten Verträgen wird grundsätzlich nicht erfasst.[672] Wie ist aber die Situation bei befristeten Arbeitsverträgen mit einseitiger Verlängerungsoption zu bewerten, die nur zugunsten des Klubs besteht? Zur Veranschaulichung seien folgende Beispiele genannt:

> Beispiel 1: Ein auf fünf Jahre befristeter Vertrag enthält eine einseitige Verlängerungsoption seitens des Vereins über ein oder auch mehrere Jahre.

---

669 Vgl. ErfK/*Preis*, §§ 305-310 BGB, Rn. 11.

670 BAG, Urteil v. 14.08.2007 – 9 AZR 58/07, NZA-RR 2008, S. 129 (133); BAG, Urteil v. 11.04.2006 – 9 AZR 557/05, NZA 2006, S. 1149 (1151); BAG, Urteil v. 25.05.2005 – 5 AZR 572/04, NZA 2005, S. 1111 (1113).

671 MünchKommBGB/*Hesse*, § 15 TzBfG, Rn. 37.

672 *Dörner*, Der befristete Arbeitsvertrag, Rn. 926; ErfK/*Müller-Glöge*, § 15 TzBfG, Rn. 19.

Beispiel 2: Ein auf 3 Jahre befristeter Vertrag sieht eine einseitige Verlängerungsklausel über 3 Jahre zugunsten des Vereins vor.

In solchen Fällen liegt es nahe, eine Umgehung der Vorschrift zu sehen.[673] Von einer Umgehung des § 15 Abs. 4 TzBfG kann gesprochen werden, wenn durch die Verlängerungsklausel eine echte Bindung des Spielers für die Dauer von mehr als fünf Jahren eintritt. Dann läuft die vertragliche Regelung dem Normzweck des § 15 Abs. 4 TzBfG, den Arbeitnehmer vor einer übermäßigen Beschränkung seiner persönlichen Freiheit zu schützen[674], entgegen.

Anerkannt ist, dass der Schutzzweck des § 15 Abs. 4 TzBfG einer Verlängerung des Vertrages nicht entgegensteht, wenn der Arbeitnehmer über das Zustandekommen der Vertragsverlängerung entscheiden kann und dies innerhalb einer angemessenen Frist vor Ablauf der fünfjährigen Bindung erfolgt.[675] Für die Bestimmung der Angemessenheit der Frist ist dabei entscheidend, wann der Arbeitnehmer die für die Fortsetzung des Arbeitsverhältnisses wesentlichen Umstände übersehen kann und dadurch in der Lage ist, einen Entschluss über die Fortsetzung oder Kündigung des Vertrages zu treffen.[676] Eine angemessene Frist wurde vom BAG in einer einjährigen Kündigungsfrist gesehen.[677] Bei den befristeten Arbeitsverhältnissen der Sportler mit einseitiger Verlängerungsoption zugunsten der Klubs ist die ordentliche Kündigung allerdings regelmäßig ausgeschlossen bzw. nicht vereinbart, vgl. § 15 Abs. 3 TzBfG. Der Spieler kann das Arbeitsverhältnis also nicht vor Ablauf der – im ersten Beispiel genannten, fünfjährigen – Bindung kündigen. Ebenso wenig kann er der Vertragsverlängerung widersprechen. Bei diesen Vertragskonstruktionen hat der Sportler keinerlei Einfluss auf das Entstehen einer überlangen Bindung. Übt der Verein die Option wirksam aus, folgt daraus eine Bindung des Spielers über die zulässige Höchstdauer von fünf Jahren hinaus. Gleich verhält es sich mit dem zweiten Beispiel. Hier ist der Spieler bei Optionsausübung sechs Jahre an den Verein gebunden.

Zu klären bleibt, welche Rechtsfolge eine Umgehung des § 15 Abs. 4 TzBfG nach sich zieht. Sieht man in den obigen Beispielen ein klassisches Umgehungs-

---

673 So MHH/*Meinel*, § 15 TzBfG, Rn. 47; BeckOK ArbR/*Bayreuther*, § 15 TzBfG, Rn. 17, 17.1 (Stand: 01.09.2012); Laux/Schlachter/*Schlachter*, TzBfG, § 15, Rn. 22.

674 BAG, Urteil v. 24.10.1996 – 2 AZR 845/95, NZA 1997, S. 597 (600) zur wortgleichen Regelung des § 624 BGB; ErfK/*Müller-Glöge*, § 15 TzBfG, Rn. 14; MHH/*Meinel*, § 15 TzBfG, Rn. 43.

675 BAG, Urteil v. 19.12.1991 – 2 AZR 363/91, NZA 1992, S. 543 (545); RG, Urteil v. 25.10.1912 – Rep. III. 197/12, RGZ 80, S. 277 (280); Staudinger/*Preis*, § 624, Rn. 21; MünchKommBGB/*Hesse*, § 15 TzBfG, Rn. 38.

676 MünchKommBGB/*Hesse*, § 15 TzBfG, Rn. 38.

677 BAG, Urteil v. 19.12.1991 – 2 AZR 363/91, NZA 1992, S. 543 (545); kritisch KDZ/*Zwanziger*, § 624 BGB, Rn. 5, der eine Frist von sechs Monaten für angemessen hält; für Einschränkungen auch APS/*Backhaus*, § 15 TzBfG, Rn. 50.

geschäft, könnte die Nichtigkeit des gesamten Vertrages gemäß § 134 BGB die Folge sein.[678] Ein Umgehungsgeschäft ist ein Rechtsgeschäft, das bei einer eng am Gesetzeswortlaut haftenden Auslegung zwar nicht gegen ein gesetzliches Verbot verstößt, im Ergebnis aber ein dem Sinn des Verbotsgesetzes zuwiderlaufender Erfolg eintritt.[679] Dann müsste es sich bei § 15 Abs. 4 TzBfG um eine Verbotsnorm i.S.v. § 134 BGB handeln, was nicht der Fall ist. Die Regelung verbietet keine Handlung – weder ausdrücklich noch aus dem Gesetzeszusammenhang –, sondern gibt dem Arbeitnehmer ein Sonderkündigungsrecht. Insoweit ist die Formulierung einer „Umgehung" des § 15 Abs. 4 TzBfG etwas irreführend. Letztlich kommt es auf diese Einordnung aber nicht an. Auch bei einem Verstoß gegen § 15 Abs. 4 TzBfG als Verbotsnorm wäre nur die Verlängerungsoption selbst unwirksam. Denn die Norm bezweckt, den Arbeitnehmer vor einer überlangen Bindung zu schützen. Die harte Sanktion der Gesamtnichtigkeit des Arbeitsvertrages ist nicht gewollt. Rechtsfolge kann also stets nur sein, dass der Arbeitnehmer den Arbeitsvertrag mit sechsmonatiger Frist nach Ablauf von fünf Jahren kündigen kann. Für Spieler im professionellen Mannschaftssport sollte aufgrund der erheblichen Unterschiede zwischen deren Arbeitsverhältnissen gegenüber Normalarbeitsverhältnissen indes die Rechtsfolge sein, dass sie den Arbeitsvertrag bereits nach Ablauf von 3 Jahren mit einer Frist von zwei Monaten kündigen können.[680]

7. Zulässige Ausübungsfrist

Auch die Frist, bis zu welchem Zeitpunkt die Option „gezogen" werden kann (Ausübungsfrist), muss sich in einem zulässigen Rahmen bewegen. Einen Ansatzpunkt kann hier eine Entscheidung des LG München geben. Es hat eine Ausübungsfrist von 2 Wochen zur Annahme einer Vertragsverlängerung von weiteren 6 Monaten in einem ursprünglich auf sechs Monate befristeten Vertrag mit einem Freiberufler für zulässig erachtet.[681] An diesem Urteil wurde bemängelt, dass es für einen freien Mitarbeiter, der ein halbes Jahr lang an einem einzigen Auftrag gearbeitet hat, sehr schwer ist, innerhalb von nur zwei Wochen einen neuen Auftrag zu finden, weshalb im Fall eine Frist von 4 Wochen eingehalten werden sollte.[682] Im Profisport dürften Fristen angemessen sein, die es den Spie-

678 Palandt/*Ellenberger*, § 134, Rn. 13.

679 MünchKommBGB/*Armbrüster*, § 134, Rn. 11 m.w.N.

680 Siehe dazu *Vogt*, in: Facetten des Sportrechts, S. 163.

681 LG München I, Urteil v. 21.12.1995 – 7 O 19667/94, BB 1996, Beilage Nr. 9, S. 10 (10).

682 Anmerkung zu LG München I, Urteil v. 21.12.1995 – 7 O 19667/94, BB 1996, Beilage Nr. 9, S. 10 (10).

lern erlauben, rechtzeitig zu den – soweit bestehend[683] – Wechselperioden Gewissheit über die weitere Vertragbeziehung zu haben. So ist es gewährleistet, dass die Spieler einen neuen Verein finden können, falls der bisherige Arbeitgeber das Vertragsverhältnis nicht verlängern möchte. Zumindest wird man sich an der Grundkündigungsfrist des § 622 Abs. 1 BGB orientieren können, nachdem das Arbeitsverhältnis eines Arbeitnehmers mit einer Frist von vier Wochen zum Fünfzehnten oder zum Ende eines Kalendermonats gekündigt werden kann.

8. Exkurs: Verstoß gegen Verbandsregeln

Am Rande soll noch kurz beleuchtet werden, ob einseitige Vertragsverlängerungsoptionen im professionellen Fußballsport gegen einschlägiges Verbandsrecht verstoßen. Die Spieler der Fußball-Bundesligen müssen mit der DFL einen Lizenzvertrag[684] abschließen. Die DFL ist der Zusammenschluss der lizenzierten Vereine und Kapitalgesellschaften der Fußball-Lizenzligen Bundesliga und 2. Bundesliga, die bis zum 28.04.2001 als außerordentliche Mitglieder dem DFB unmittelbar angehörten. Aufgabe des Ligaverbandes ist es, die ihm zur Nutzung vom DFB durch den Grundlagenvertrag[685] exklusiv überlassenen Vereinseinrichtungen Bundesliga und 2. Bundesliga zu betreiben, und in Wettbewerben der Lizenzligen den deutschen Fußballmeister des DFB und die Teilnehmer an den internationalen Wettbewerben zu ermitteln.[686] Ohne den Lizenzvertrag darf ein Profispieler von seinem Verein in den Bundesligen nicht eingesetzt werden.[687] In diesem Lizenzvertrag unterwirft sich der Spieler den Statuten des Ligaverbands, die gemäß § 5 Nr. 1 a) der Satzung[688] unter anderem aus der Lizenzordnung Spieler (LOS)[689] bestehen. In § 6 Nr. 3 LOS[690] a.F. war geregelt, dass die Arbeitsverträge zwischen Verein und Spieler eine Optionsklausel enthalten können, wonach sich Klubs und/oder Spieler verpflichten, den Vertrag mindestens ein

683 Für Lizenzfußballspieler etwa schreibt § 4 LOS (Stand 01.07.2012, abrufbar unter www.dfl.de/de/dfl/interna/index.php, 06.12.2012) grundsätzlich zwei Wechselperioden vor. Wechselperiode I erstreckt sich vom Ende eines Spieljahres bis zum 31.08.; Wechselperiode II erstreckt sich vom 01.01. bis zum 31.01. eines Kalenderjahres.

684 Der Lizenzvertrag findet sich im Anhang der Lizenzordnung Spieler (LOS), abrufbar unter http://www.bundesliga.de/de/dfl/interna/ (06.12.2012).

685 Abrufbar unter www.dfb.de/uploads/media/Grundlagenvertrag.pdf (06.12.2012).

686 Vgl. Präambel der Satzung des Ligaverbandes vom 30.11.2010, abrufbar unter www.dfl.de/de/dfl/interna/index.php (06.12.2012).

687 PHB SportR-*Summerer*, 2/38.

688 Fn. 685.

689 Fn. 684.

690 Stand: 30.06.2009.

weiteres Jahr unter den bisherigen Bedingungen fortzusetzen, falls der Klub oder der Spieler dies verlangen. Die Vertragspartner mussten dann bis zum 30.04. des letzten Vertragsjahres erklären, ob sie von der Option Gebrauch machen wollen. Unterblieb diese Erklärung, so endete der Vertrag zum vereinbarten Zeitpunkt. Nach dieser – damals sicherlich bewusst offen gehaltenen – Formulierung war im Arbeitsvertrag zwischen Verein und Spieler sowohl eine einseitige- als auch eine zweiseitige Verlängerungsoption gemäß der LOS möglich. Vor der Gründung des Ligaverbands war das Lizenzspielerstatut des DFB maßgeblich. Dieses Statut hatte eine nahezu wortgleiche Formulierung zu Verlängerungsoptionen wie § 6 Nr. 3 LOS a.F.. Im Unterschied zur Regelung im Lizenzspielerstatut des DFB beinhaltete § 6 Nr. 3 LOS a.F. aber die Formulierung, dass sich Klub *und/oder* Spieler verpflichten können, den Vertrag fortzusetzen. Die Regelung in § 6 Nr. 3 LOS a.F. war also weiter gefasst.[691] Einseitige Vertragsverlängerungsoptionen verstießen daher bislang nicht gegen Verbandsrecht.[692] In der aktuellen Fassung der LOS[693] ist diese Optionsregelung nun nicht mehr enthalten. Mithin dürften einseitige Verlängerungsoptionen auch weiterhin nach Verbandsrecht zulässig sein.

9. Ergebnis zu II.

Die Vereinbarung einseitiger Verlängerungsoptionsklauseln zugunsten der Vereine ist unzulässig. Bei unterstellter Zulässigkeit solcher Optionen steht dem Spieler aber jedenfalls ein Kündigungsrecht nach § 15 Abs. 4 TzBfG zu, wenn die Vertragslaufzeit unter Ausübung der Option insgesamt mehr als fünf (drei)[694] Jahre beträgt.

III. Zweiseitige Verlängerungsoptionen

Im Gegensatz zu den einseitigen Verlängerungsklauseln steht es bei den zweiseitigen Verlängerungsklauseln beiden Parteien zu, das Vertragsverhältnis zu verlängern. Dabei gibt es mehrere Möglichkeiten, entsprechende Klauseln aus-

691 Vgl. zur alten Regelung *Kindler*, NZA 2000, S. 744 (747 f.), der einseitige Verlängerungsoptionen mit der alten Regelung zu Recht nicht für vereinbar hält.

692 Vgl. auch *Menke*, NJW 2007, S. 2820 (2822).

693 Stand: 01.07.2012

694 Siehe dazu *Vogt*, in: Facetten des Sportrechts, S. 163.

zugestalten. Zweiseitige Vertragsverlängerungsoptionen sind beispielsweise in § 10 Nr. 3 des Musterarbeitsvertrags der DFL[695] in zwei Varianten vorgesehen:

Variante 1 („passive Gestaltung"):

„Dieser Vertrag verlängert sich jeweils um [•] Jahr(e), es sei denn, eine der Vertragsparteien teilt der anderen bis zu dem jeweiligen Ablauf der Vertragszeit vorausgehenden 30. April schriftlich mit, dass sie an der Beendigung des Vertragsverhältnisses zum Ablauf der jeweiligen Vertragszeit festhalte. Geht eine solche Erklärung nachweislich fristgerecht ein, so endet das Vertragsverhältnis bei Ablauf der jeweils laufenden Vertragsperiode, ohne dass es einer Kündigung bedarf."

Variante 2 („aktive Gestaltung"):

„Der Spieler und der Klub verpflichten sich, diesen Vertrag unter den bisherigen Bedingungen um [•] Jahr(e) fortzusetzen, falls der jeweils andere es wünscht. Klub und Spieler müssen bis zu dem der Vertragsbeendigung vorausgehenden 30. April schriftlich erklärt haben, ob sie von der Option Gebrauch machen wollen. Geben weder der Klub noch der Spieler eine solche Erklärung fristgerecht ab, so endet der Vertrag an dem oben unter Ziffer 2)[696] bestimmten Datum."

1. Verstoß gegen Art. 45 AEUV und Art. 12 GG

Zum Teil wird – wie bei einseitigen Optionen – auch in zweiseitigen Verlängerungsoptionen ein Umgehungstatbestand zum Bosman-Urteil des EuGH und zur Kienass-Entscheidung des BAG gesehen.[697] Auf den ersten Blick stelle sich die jeder Seite eingeräumte Option als Bekräftigung der Vertragsabschlussfreiheit dar.[698] Bei genauerem Hinsehen zeige sich aber, dass für die Dauer der Verlängerung im Ergebnis eine Beschränkung der Freizügigkeit des Sportlers gem. Art. 45 AEUV bewirkt werde. Weil gerade der wechselwillige Sportler für nicht unerhebliche Zeit an seinem bisherigen Arbeitsplatz festgehalten werde, sei er an einer erneuten Berufswahl gehindert. Wie im Rahmen der einseitigen Optionen bereits dargestellt wurde, ist mit der hier vertretenen Ansicht aber schon bei den nur zugunsten der Klubs vereinbarten Verlängerungsoptionen weder ein Verstoß gegen Art. 45 AEUV noch eine Umgehung der Bosman-Entscheidung des EuGH gegeben.[699] Dies gilt erst recht auch hinsichtlich zweiseitiger Optionen.

695 Abgedruckt in PHB SportR, Anhang C. 2.

696 Die Verträge enden regelmäßig zum Ende eines Spieljahres. Dieses endet jeweils am 30.06, vgl. § 7 Nr. 1 DFB-Spielordnung, abrufbar unter http://www.dfb.de/index.php?id=11003 (06.12. 2012).

697 *Gramlich*, SpuRt 2000, S. 89 (96); *Weber*, S. 321 f.

698 *Gramlich*, SpuRt 2000, S. 89 (96).

699 Vgl. dazu die Ausführungen unter 2. Teil, II.1.

Art. 12 GG wird von zweiseitigen Optionen nach zutreffender Ansicht des LAG Köln nicht stärker beeinträchtigt, als eine von vornherein vereinbarte, entsprechend lange Befristung.[700] Zudem habe § 624 BGB (bzw. jetzt § 15 Abs. 4 TzBfG) die Frage der Grundrechtskollision durch arbeitsvertragliche Bindung bereits durch die Einräumung eines Kündigungsrechts nach Ablauf von fünf Jahren gelöst. Ein Verstoß liege letztlich auch deshalb nicht vor, weil die Einräumung des Gestaltungsrechts für beide Parteien eine sachgerechte Regelung der Risikostreuung herbeiführe. Es seien nämlich mehrere Fälle gerichtsbekannt, in denen sich die Fußballer das Optionsrecht gegen den Willen der Vereine zu Nutze gemacht hätten. Aus verfassungsrechtlichen Erwägungen ist folglich nichts gegen zweiseitige Optionen einzuwenden.

2. Verstoß gegen § 622 Abs. 6 BGB

Wie in den Ausführungen zur Zulässigkeit einseitiger Verlängerungsoptionen bereits festgestellt wurde, kommt das allgemeine Verbot von Kündigungserschwerungen schon nicht zur Anwendung.[701] Nichts anderes kann für zweiseitige Verlängerungsoptionen gelten. Ein Verstoß zweiseitiger Optionen gegen § 622 Abs. 6 BGB ist indes selbst bei unterstellter Anwendbarkeit nicht gegeben, da beiden Vertragsparteien dieselben Beendigungs- bzw. Verlängerungsmöglichkeiten zustehen.[702]

3. Verstoß gegen §§ 305 ff. BGB

Aus AGB-rechtlicher Sicht ergeben sich wesentliche Unterschiede zwischen einseitigen – und zweiseitigen Verlängerungsoptionen. Der Umstand, dass bei der zweiseitigen Option neben dem Verein auch der Sportler die Möglichkeit zur Vertragsverlängerung hat, wirkt sich positiv auf die Angemessenheitskontrolle aus und streitet für die Zulässigkeit dieses Klauseltyps.[703]

---

700 LAG Köln, Urteil v. 20.11.1998 – 11 Sa 125/98, LAGE § 611 BGB Berufssport Nr. 11.

701 Vgl. 2. Teil, II.4.

702 Ebenso *Blang*, S. 243.

703 So i.E. auch *Weber*, S. 319; in diesem Sinne auch schon *Poschenrieder*, S. 224, der feststellt, dass solche Optionen dem Arbeitgeber die Dienste seines Sportlers zu gleichen Bedingungen sichern und sie andererseits für den Arbeitnehmer einen gewissen Bestandsschutz seines Arbeitsplatzes bedeuten.

4. Vergleich mit Regelungen im Bühnenbereich

Im Bühnenbereich werden befristete Arbeitsverträge typischerweise automatisch befristet verlängert, wenn keine sog. Nichtverlängerungsmitteilung[704] seitens einer der Parteien des Arbeitsvertrags erfolgt. Die befristeten Arbeitsverhältnisse der Bühnen sowie deren Verlängerung sind im Gegensatz zum professionellen Mannschaftssport tariflich geregelt. Das Bühnenarbeitsrecht wird durch den Tarifvertrag „NV Bühne" (Normalvertrag Bühne) beherrscht. Dabei existieren für die verschiedenen Beschäftigungsgruppen Sonderregelungen. Von Interesse ist hier vor allem die Regelung in § 61 Abs. 1 und Abs. 2 NV Bühne (Solo):

„Das Arbeitsverhältnis endet mit dem im Arbeitsvertrag vereinbarten Zeitpunkt. Ein mindestens für ein Jahr (Spielzeit) abgeschlossener Arbeitsvertrag verlängert sich zu den gleichen Bedingungen um ein Jahr (Spielzeit), es sei denn, eine Vertragspartei teilt der anderen bis zum 31.10. der Spielzeit, mit deren Ablauf der Arbeitsvertrag endet, schriftlich mit, dass sie nicht beabsichtigt, den Arbeitsvertrag zu verlängern (Nichtverlängerungsmitteilung). Besteht das Arbeitsverhältnis am Ende einer Spielzeit ununterbrochen mehr als acht Jahre (Spielzeiten), muss die Nichtverlängerungsmitteilung der anderen Vertragspartei bis zum 31.7. der jeweils vorangegangenen Spielzeit schriftlich zugegangen sein."

An den Inhalt der Nichtverlängerungsmitteilung werden keine besonderen Anforderungen gestellt. Erforderlich ist, dass sich unzweifelhaft die Absicht ergibt, den (ohnehin zeitlich befristeten) Arbeitsvertrag nicht verlängern zu wollen.[705] Besonderheiten gelten in den Bereichen Solo und Tanz bei der Nichtverlängerungsmitteilung aus Anlass eines Intendantenwechsels (§§ 62, 97 NV Bühne). In diesem Fall erhält das betreffende Bühnenmitglied unter bestimmten Voraussetzungen eine Abfindung, die – gestaffelt nach der Dauer des Arbeitsverhältnisses – von drei monatlichen Vergütungen bei einer ununterbrochenen Beschäftigung von vier Spielzeiten bis zu sechs monatlichen Vergütungen bei einer ununterbrochenen Beschäftigung von zwölf Spielzeiten reicht.[706] Die Zulässigkeit dieser Befristungspraxis, die in nicht seltenen Fällen zu einer beachtlichen Anzahl von Kettenarbeitsverhältnissen führt, ist in langjähriger Rechtsprechung anerkannt.[707]

---

704 Siehe umfassend zu Nichtverlängerungsmitteilungen bei befristeten Bühnenarbeitsverhältnissen *Opolony*, NZA 2001, S. 1351 ff.

705 *Genenger*, NJW 2009, S. 714 (717).

706 *Genenger*, NJW 2009, S. 714 (717).

707 *Genenger*, NJW 2009, S. 714 (717); *Opolony*, ZfA 2000, S. 179 (189) m.w.N. zur Rechtsprechung.

Der Inhalt von § 61 Abs. 1 und Abs. 2 NV Bühne (Solo) ähnelt ersichtlich der zweiseitigen Verlängerungsoption in Variante 1 („passive Gestaltung").[708] Es stellt sich folglich die Frage, ob nicht für den professionellen Mannschaftssport gelten muss, was im Recht der Bühnen opportun und von der Rechtsprechung anerkannt ist. Das an anderer Stelle hinsichtlich der Zulässigkeit von Befristungen angeführte Argument, dass den Bühnen-Arbeitgebern im Gegensatz zu den Vereinen im Profisport ein spezielles Grundrecht (Art. 5 Abs. 3 GG) zur Seite steht[709], erlangt auch bezüglich der Verlängerungsoption Bedeutung und steht einer Übertragung der Rechtsprechung auf Sportleistungsverträge entgegen. Betrachtet man die Befristungspraxis im Bühnen- und Unterhaltungsbereich und deren Rechtfertigung, ermöglicht es dem Arbeitgeber neben der (wohl zulässigen) Befristung des Arbeitsverhältnisses vor allem die Konstruktion der automatischen Vertragsverlängerung mit Nichtverlängerungsmitteilung, die Beschäftigungsverhältnisse laufend (jährlich) seinem grundrechtlich geschützten künstlerischen Konzept anzupassen. Ein weiterer erheblicher Unterschied besteht in der tariflichen Grundlage der Regelung, die (bis dato) im Sportbereich fehlt. Die tariflich ausgehandelte Klausel lässt nämlich auf eine gewisse Verhandlungsparität der Parteien schließen und bietet so in gewissem Umfang eine Richtigkeitsgewähr[710], was für den individuell ausgehandelten Sportleistungsvertrag nicht in Anspruch genommen werden kann. Der Vergleich mit den von der Rechtsprechung nicht beanstandenden Vertragsverlängerungsregelungen im Bühnenbereich kann folglich nicht für die Zulässigkeit zweiseitiger Vertragsverlängerungsoptionen im professionellen Mannschaftssport fruchtbar gemacht werden.

5. Umgehung des § 15 Abs. 4 TzBfG

Wie bei einseitigen Verlängerungsoptionen sind auch bei zweiseitigen Optionen Vertragskonstellationen denkbar, die zu einer Vertragsbindung des Spielers führen, die über der in § 15 Abs. 4 TzBfG festgeschriebenen zulässigen Höchstdauer von fünf Jahren liegen.[711] Es ist allgemein anerkannt, dass der Schutzzweck des § 15 Abs. 4 TzBfG einer Verlängerung des Vertrages über die Gesamtdauer von fünf Jahren hinaus dann nicht entgegensteht, wenn der Arbeit-

---

708 Siehe 2. Teil, III.

709 Vgl. dazu die Ausführungen unter 1. Teil, III.10.c)dd)(1) und 1. Teil, IV.7.

710 Damit ist eine Art Vermutung für die Richtigkeit des ausgehandelten Ergebnisses gemeint, weil dieses gewollt ist und sich im allgemeinen auch auf die Legitimation durch die Tarifunterworfenen stützen kann, *Gamillscheg*, Kollektives Arbeitsrecht, S. 284 f.; vgl. auch BeckOK ArbR/ *Waas*, § 1 TVG, Rn. 13 (Stand: 1.09.2012).

711 Vgl. zu einseitigen Verlängerungsoptionen die Ausführungen unter 2. Teil, II.6.

nehmer über das Zustandekommen der Vertragsverlängerung entscheiden kann, und dies innerhalb einer angemessenen Kündigungsfrist (höchstens ein Jahr)[712] vor Ablauf der fünfjährigen Bindung erfolgt.[713]

In Variante 1 handelt es sich um eine automatische Vertragsverlängerung, die in ihrer Gesamtdauer je nach Ausgestaltung der Vertrags- und Verlängerungslaufzeiten eine Bindung von fünf Jahren übersteigen kann. Der Spieler hat bei dieser zweiseitigen Option aber jeweils vor Ablauf der Vertragszeit das Recht, einer Verlängerung zu widersprechen und somit aus dem Vertrag „rechtzeitig auszusteigen".[714] Die Vertragszeit wird regelmäßig zum Saisonende (im Fußball also zum 30.06. eines Jahres)[715] ablaufen. Nach der Regelung in Variante 1 hat der Spieler demnach bis kurz vor Vertragsablauf Zeit, den Vertrag zu beenden. Die Frist ist daher in jedem Fall als angemessen einzustufen. Eine Umgehung des § 15 Abs. 4 TzBfG ist in Variante 1 folglich nicht zu erkennen, soweit die Verlängerung nicht über den Zeitraum von fünf Jahren hinausgeht.

Die Regelung in Variante 2 ist ambivalent. Hier verpflichten sich Klub wie Spieler, den Vertrag unter den bisherigen Bedingungen zu verlängern, *falls der jeweils andere es wünscht.* Diese Formulierung beinhaltet, gleich einer einseitigen Verlängerungsklausel, die Möglichkeit einer Bindung des Spielers an den Verein über die Gesamtdauer von fünf Jahren hinaus, ohne dass der Spieler darauf Einfluss nehmen kann. Denn übt der Verein die – zwar beiden Parteien eingeräumte – Option fristgerecht zum 30.04. vor Vertragsablauf aus, verlängert sich das Vertragsverhältnis. Der Sportler kann dann nichts gegen die Vertragsverlängerung unternehmen. Hat die Ausübung der Option seitens des Vereins die Wirkung, dass das Vertragsverhältnis die Gesamtdauer von fünf Jahren überschreitet, liegt eine Umgehung von § 15 Abs. 4 TzBfG vor. Dann kann der Spieler den Vertrag dennoch nach Ablauf von fünf Jahren mit sechsmonatiger Frist (bzw. nach 3 Jahren mit zweimonatiger Frist)[716] kündigen. Falls der Spieler selbst die Option ausübt, bestehen keine Bedenken, da er dann selbst über eine Vertragsverlängerung entscheidet.

---

712 BAG, Urteil v. 19.12.1991 – 2 AZR 363/91, NZA 1992, S. 543 (545); kritisch KDZ/*Zwanziger*, § 624 BGB, Rn. 5; APS/*Backhaus*, § 15 TzBfG, Rn. 50.

713 BAG, Urteil v. 19.12.1991 – 2 AZR 363/91, NZA 1992, S. 543 (545); RG, Urteil v. 25.10.1912 – Rep. III. 197/12, RGZ 80, S. 277 (280); Staudinger/*Preis*, § 624, Rn. 21; MünchKommBGB/*Hesse*, § 15 TzBfG, Rn. 38; KR/*Fischermeier*, § 624, Rn. 23 f.; MHH/*Meinel*, § 15 TzBfG, Rn. 46.

714 KR/*Fischermeier*, § 624, Rn. 23.

715 Siehe Fn. 696.

716 Siehe dazu *Vogt*, in: Facetten des Sportrechts, S. 163.

6. Zulässige Ausübungsfrist

Die Ankündigungsfrist zur Ausübung der zweiseitigen Option hat sich im gleichen Rahmen zu halten wie bei einseitigen Optionen.[717] Insoweit gelten die dazu gemachten Ausführungen entsprechend. Die in § 10 Nr. 3 des Mustervertrags der DFL getroffene Regelung, nachdem die jeweilige Erklärung bis zum 30.04. und damit weit vor Beginn der Wechselperiode I mitgeteilt werden muss, ist damit jedenfalls nicht zu beanstanden.

7. Exkurs: Vereinbarkeit mit Verbandsrecht

§ 6 Nr. 3 LOS[718] a.F. regelte bislang, dass die Arbeitsverträge zwischen Verein und Spieler eine Optionsklausel enthalten können, wonach sich Klubs *und/oder* Spieler verpflichten, den Vertrag mindestens ein weiteres Jahr unter den bisherigen Bedingungen fortzusetzen, falls der Klub oder der Spieler dies verlangen. In der aktuellen Fassung der LOS[719] ist dieser Passus nicht mehr enthalten. Mithin dürften auch zweiseitige Optionsvereinbarungen mit Verbandsrecht vereinbar sein.[720]

8. Ergebnis zu III.

Zweiseitige Verlängerungsoptionen sind zulässig. Zu beachten ist lediglich, dass die vertragliche Höchstbindungsdauer gemäß § 15 Abs. 4 TzBfG durch die Optionsausübung nicht überschritten wird. Ist dies der Fall, kann der Spieler den Vertrag dennoch nach Ablauf von fünf Jahren mit sechsmonatiger Frist (bzw. nach 3 Jahren mit zweimonatiger Frist)[721] kündigen. Falls der Spieler die Option ausübt, bestehen hinsichtlich § 15 Abs. 4 TzBfG keine Bedenken, da er dann selbst über eine Vertragsverlängerung entscheidet.

---

717 Siehe dazu 2. Teil, II.7.

718 Stand: 30.06.2009.

719 Stand: 01.07.2012

720 Siehe zur Wirksamkeit zweiseitiger Optionsvereinbarungen im professionellen Jugendfußball *Nesemann*, S. 141 ff.

721 Siehe dazu *Vogt*, in: Facetten des Sportrechts, S. 163.

IV. Sonstige Optionsvereinbarungen

1. Einsatzabhängige Verlängerungsklauseln

Eine weitere mögliche Vertragsgestaltung in Sportleistungsverträgen ist die Aufnahme von einsatzabhängigen Verlängerungsklauseln in das Vertragswerk. Bei diesen Klauseln handelt es sich um eine Regelung im Arbeitsvertrag des Spielers, in der eine automatische Vertragsverlängerung von der Zahl der Einsätze des Spielers im Spielbetrieb abhängig gemacht wird. Eine derartige Verlängerungsklausel kann beispielsweise wie folgt formuliert sein:

> „Kommt der Spieler im Spieljahr XY in mindestens [18] Pflichtspielen (Meisterschaft oder Pokal) zum Einsatz (von Beginn an oder durch Einwechslung), verlängert sich der Vertrag um [ein] Jahr."

Die rechtliche Zulässigkeit solcher Klauseln ist fragwürdig und bis dato ungeklärt. Problematisch können einsatzabhängige Verlängerungsklauseln vor allem deshalb sein, weil der Verein – selbst oder durch Einwirkung auf den Trainer kraft des Weisungsrechts aus dem Arbeitsvertrag zwischen Trainer und Verein – Einfluss auf die Zahl der Einsätze nehmen, und dies zu einer einseitigen Bevorzugung der Interessen des Klubs führen kann. Die Zulässigkeit einsatzabhängiger Verlängerungsklauseln ist daher unter verschiedenen Gesichtspunkten zweifelhaft. So könnte sowohl ein Verstoß gegen das allgemeine Verbot einseitiger Kündigungserschwerungen aus § 622 Abs. 6 BGB als auch gegen das Benachteiligungsverbot aus § 307 Abs. 1 BGB gegeben sein.

a) § 622 Abs. 6 BGB

In der Literatur werden einsatzabhängige Verlängerungsoptionen wegen eines Verstoßes gegen § 622 Abs. 6 BGB gemäß § 134 BGB als nichtig angesehen.[722] Es wird darauf abgestellt, dass aufschiebende Verlängerungsbedingungen im Ergebnis die gleichen Wirkungen wie einseitige Verlängerungsoptionen haben, die ebenfalls gegen § 622 Abs. 6 BGB verstoßen sollen. Denn kurz vor Eintritt der Bedingung – im obigen Beispiel also nach dem 17. Einsatz – entscheide allein der Klub über die Verlängerung des Vertrages. Der Spieler habe keine Möglichkeit einzugreifen, da er verpflichtet sei, den Weisungen des Klubs im Hinblick auf den Einsatz zu folgen. Wie bereits dargelegt, verstoßen einseitige Verlängerungsoptionen indes nicht gegen den allgemeinen Grundsatz des Verbots von

---

722 *Wertenbruch*, SpuRt 2004, S. 134 (135); *Menke*, S. 123; *Rüsing*, Sportarbeitsrecht, S. 45 f.

Kündigungserschwerungen aus § 622 Abs. 6 BGB.[723] Gleiches gilt für einsatzabhängige Verlängerungsklauseln: Weder handelt es sich dabei um eine echte-, noch um eine faktische Kündigungsbeschränkung oder -erschwerung. Durch die Option wird es dem Verein ermöglicht, den Arbeitsvertrag zu verlängern, wenn der Spieler aufgrund guter Leistungen im Training und in den Spielen die vertraglich erforderliche Mindestanzahl an Einsätzen erreicht. Um eine irgendwie geartete Beeinflussung der Kündigungsentscheidung des Spielers geht es nicht. Mithin gibt es auch keine faktische Kündigungsbeschränkung und keinen Verstoß gegen den Rechtsgedanken aus § 622 Abs. 6 BGB. Zudem wird der Anwendungsbereich der Norm bei befristeten Arbeitsverträgen wegen des regelmäßigen Ausschlusses der ordentlichen Kündigung zumeist schon nicht eröffnet sein. Abgesehen davon ist auch hier – wie bei der Prüfung der Zulässigkeit einseitiger Vertragsverlängerungsoptionen – zu berücksichtigen, dass der dem § 622 Abs. 6 BGB entnommene allgemeine Grundsatz der Unzulässigkeit faktischer Kündigungsbeschränkungen heute seit dem Inkrafttreten des Schuldrechtsmodernisierungsgesetzes überholt ist.[724] Die Angemessenheit von Vereinbarungen, die faktisch eine Kündigungsbeschränkung darstellen, ist heute anhand der §§ 307 ff. BGB zu beurteilen, wobei § 622 Abs. 6 BGB zusammen mit anderen Normen dabei als gesetzliches Leitbild herangezogen werden kann.[725]

b) § 307 Abs. 1 BGB

aa) Anwendbarkeit der §§ 305 ff. BGB

Einsatzabhängige Verlängerungsklauseln werden zumeist als AGB einzustufen sein.[726] An der Einordnung der Klausel als AGB ändert es auch grundsätzlich nichts, wenn mehrere Varianten gewählt, oder Streichungen vorgenommen werden können.[727] Falls der Spieler zum Beispiel die Anzahl der Einsätze selbst und frei von jeglicher Beeinflussung wählen bzw. in einen dafür vorhandenen Leerraum selbst eintragen kann, ist allerdings nicht von einer AGB auszugehen.[728] Dies wird indes wohl nur in wenigen Ausnahmefällen zutreffen. Den Verein trifft als Verwender jedenfalls die Beweislast, wenn er sich darauf beruft, dass die Klausel ausgehandelt wurde.[729] Um diesbezügliche Unklarheiten auszuräu-

---

723 Siehe dazu 2. Teil, II.4.

724 ErfK/*Müller-Glöge*, § 622 BGB, Rn. 44.

725 ErfK/*Müller-Glöge*, § 622 BGB, Rn. 44; *Preis/Roloff*, ZfA 2007, S. 43 (84).

726 Vgl. dazu die Ausführungen unter 2. Teil, II.5.a), die hier entsprechend gelten.

727 BGH, Urteil v. 09.04.1987 – III ZR 84/86, NJW 1987, S. 2011 (2011).

728 Vgl. BGH, Urteil v. 13.11.1997 – X ZR 135/95, NJW 1998, S. 1066 (1067 f.).

729 BGH, Urteil v. 03.04.1998 – V ZR 6/97, NJW 1998, S. 2600 (2601).

men ist anzuraten, in den Vertrag den Hinweis mit aufzunehmen, dass die Klausel explizit ausgehandelt wurde bzw. der Spieler die Anzahl der erforderlichen Einsätze selbständig festgelegt respektive eingetragen hat.

bb) Inhaltskontrolle, § 307 Abs. 1 BGB

Nach § 307 Abs. 1 Satz 1 BGB sind Bestimmungen in AGB unwirksam, wenn sie den Vertragspartner entgegen Treu und Glauben unangemessen benachteiligen.[730]

(1) Einseitige Bevorzugung des Klubs

Einsatzabhängige Verlängerungsklauseln könnten wegen einseitiger Bevorzugung der Interessen der Klubs gegen § 307 Abs. 1 BGB verstoßen.[731] Die einseitige Bevorzugung wird darin gesehen, dass der Klub in jeder denkbaren Situation in einer günstigeren Position als der Spieler ist. Diesem käme eine automatische Vertragsverlängerung nur dann zugute, wenn er weder von seinem Arbeitgeber, noch von anderen Vereinen ein akzeptables Angebot bekomme. Gerade in diesem Fall greife die Verlängerungsoption dann aber nicht ein, da der Spieler in dieser Situation wahrscheinlich gar nicht oder zumindest weniger als für den Bedingungseintritt erforderlich eingesetzt würde. Der Verein kann sich dann problemlos von seinem Arbeitnehmer trennen. Für den Fall des regelmäßigen Einsatzes des Spielers habe der Klub ohnehin ein Interesse an einer Vertragsverlängerung und würde vor Vertragsende ein neues Angebot unterbreiten. Typischerweise hätten in dieser Situation aber auch andere Vereine Interesse an dem Spieler und würden ihm Vergütungsangebote unterbreiten. Auch in dieser Lage habe der Klub dann einen Vorteil, weil er den Spieler entweder – unter gleichen Konditionen – weiter an sich binden, oder zumindest eine Ablösezahlung des neuen Klubs erreichen könne. Dem Spieler sei es durch die Option verwährt zu versuchen, durch Parallelverhandlungen mit anderen potentiellen Vereinen günstige Bedingungen für eine etwaige Vertragsverlängerung mit dem bisherigen Arbeitgeber zu erzielen. Folglich sei der Spieler durch die Optionsklausel in jeder Variante gegenüber dem Verein benachteiligt.

Diese Überlegungen überzeugen, führen selbst aber nicht schon zu dem Ergebnis einer unangemessenen Benachteiligung der Spieler. Das Argument der einseitigen Bevorzugung der Vereine fließt in die Gesamtabwägung mit ein. Erst deren Ergebnis entscheidet über die Unwirksamkeit der Klausel.

730 Siehe dazu die Ausführungen unter 2. Teil, II.5.c)aa), die hier entsprechend Geltung haben.

731 *Wertenbruch*, SpuRt 2004, S. 134 (136); *Menke*, S. 123; *Rüsing*, Sportarbeitsrecht, S. 46.

(2) Verleitung zum Vertragsbruch

Die Klausel soll auch wegen einer Verleitung zum Vertragsbruch unwirksam sein.[732] Eine Verleitung zum Vertragsbruch sei besonders dann anzunehmen, wenn sich der Spieler – aus welchen Gründen auch immer – erst in der Rückrunde der benötigten Anzahl von Einsätzen nähere. Denn habe er am Saisonende bereits bessere Angebote von anderen Klubs, würde der die Bedingung auslösende letzte Einsatz erhebliche Nachteile für ihn mitbringen. Es bestünde daher ein gewisser Zwang des Spielers, in dieser Situation durch schlechte Spiel- und Trainingsleistungen oder durch Vortäuschen einer Verletzung bzw. Erkrankung nicht aufgestellt zu werden, was ein vereinschädigendes und besonders unsportliches Verhalten darstellen würde.

Diese Argumente überzeugen indes nicht. Die Bezeichnung „Verleitung zum Vertragsbruch" stammt aus der Rechtsprechung zu § 138 BGB und betrifft die Problematik der sittenwidrigen Vereitelung von Rechten Dritter.[733] Es handelt sich dabei beispielsweise um Fälle, wo eine zur Kreditsicherung vereinbarte Globalzession vereinbart wird, die auch solche Forderungen umfassen soll, die der Zedent seinen Lieferanten aufgrund verlängerten Eigentumsvorbehalts künftig abtreten muss und abtritt.[734] Der Terminus ist in dem hier zugrunde liegenden Sachverhalt deshalb etwas irreführend. Hier steht gegebenenfalls ein Vertragsbruch gegenüber dem Verein als Vertragspartner des Arbeitsvertrages, nicht ein Vertragsbruch gegenüber einem Dritten, in Frage. Insoweit ist die Lage nicht mit dem klassischen Verständnis einer Verleitung zum Vertragsbruch vergleichbar. Freilich ist in dem oben beispielhaft beschriebenen Verhalten des Spielers eine Verletzung des Arbeitsvertrages zwischen ihm und dem Klub zu sehen, wenn er es zielstrebig unterlässt, die vertraglich geschuldete Leistung zu erbringen, obwohl er dazu physisch und psychisch grundsätzlich fähig ist, nur um die Bedingung nicht eintreten zu lassen. Für solche Situationen hält das Gesetz aber schon die Regelung des § 162 BGB bereit.[735] Grundsätzlich hat der beschriebene Vertragsbruch des Spielers zwei mögliche Folgen. Entweder, der Vertrag verlängert sich entsprechend der Option wegen der Fiktionswirkung des § 162 Abs. 1 BGB, was aufgrund des zerstörten Vertrauensverhältnisses zwischen den Parteien wohl

---

732 *Wertenbruch*, SpuRt 2004, S. 134 (136 f.); *Menke*, S. 123; *Rüsing*, Sportarbeitsrecht, S. 46.

733 MünchKommBGB/*Armbrüster*, § 138, Rn. 96 m.w.N.; Bamberger/Roth/*Wendtland*, § 138, Rn. 76 m.w.N.

734 Vgl. dazu nur BGH, Urteil v. 21.04.1999 – VIII ZR 128/98, NJW 1999, S. 2588 (2589).

735 Siehe dazu die Ausführung unter 2. Teil, IV.1.c).

nicht gewollt ist[736], oder der Spieler muss dem Verein Schadensersatz leisten.[737] Bleibt man trotz allem auf der Wertungsebene des § 138 BGB, wäre vom Verein ein bewusstes Verleiten zum Vertragsbruch erforderlich.[738] Dieser beabsichtigt es aber sicher nicht, dass der Spieler nicht vertragsgemäß seine Leistung erbringt. Denn in der oben beschriebenen Situation wäre es gerade der Verein, dem an einer ordentlichen Vertragserfüllung liegt, um den Spieler für ein weiteres Jahr halten zu können. Die oben dargestellte Zwangslage, in die der Spieler theoretisch geraten kann, stellt sich eher als eine reine Reflexwirkung der Vertragsgestaltung dar.

(3) Einseitige Einflussnahme durch den Verein

Problematisch ist an den einsatzabhängigen Verlängerungsoptionen die immanente Möglichkeit der einseitigen Einflussnahme seitens des Vereins. Er allein hat es in der Hand, ob die Anzahl der erforderlichen Einsätze erreicht wird oder nicht. Dem Spieler bleibt nur die Möglichkeit, in Training und Spiel seine Leistung zu erbringen. Welche Auswirkung seine Leistungen auf die Häufigkeit der Einsätze hat, wird zumindest für ihn selbst oftmals im Ungewissen bleiben. Zu denken ist nur an das häufig vorkommende Dilemma, dass Spieler auf der Ersatzbank sitzen, obwohl sie subjektiv die Überzeugung haben, aufgrund ihrer guten Leistungen im Training spielen zu müssen. Die Erwägungen seitens des Klubs für oder gegen einen Einsatz der Spieler sind ebenso zahlreich wie nicht nachprüfbar.[739] Dies ist eine Erwägung, die gewichtig für die Unangemessenheit der einsatzabhängigen Option spricht.

(4) Gerechte Risikoverteilung

Der Gesichtspunkt einer gerechten Risikoverteilung ist auch hier zu berücksichtigen. Die Situation stellt sich ähnlich dar wie bei den einseitigen Vertragsverlängerungsoptionen, weshalb die dazu getroffenen Aussagen entsprechende Anwendung finden.[740]

---

736 Siehe die Ausführungen unter 2. Teil, IV.1.c)bb).

737 Vgl. die Darstellung bei *Vogt*, in: Facetten des Sportrechts, S. 167 ff. zum Schiedsspruch des CAS im Fall Webster.

738 BGH, Urteil v. 10.02.1988 – IVa ZR 268/86, BGHZ 103, S. 236 (241).

739 A.A *Kleinebrink*, ArbRB 2008, S. 14 (15), der einsatzabhängige Optionen dann für wirksam hält, wenn sportliche Gründe für die unterbliebenen Einsätze vorliegen.

740 Siehe dazu 2. Teil, II.5.c)bb)(3).

(5) Stellung des Spielers

Die Stellung des Profisportlers streitet ebenfalls gegen die Zulässigkeit der Option. Er hat nur eine begrenzte Lebensarbeitszeit zur Verfügung, um sich seinen Lebensunterhalt zu verdienen und für die Zukunft Vermögensrücklagen zu bilden.[741] Eine wichtige Voraussetzung, sein Gehalt zu steigern, liegt in der Möglichkeit des Vereinswechsels oder der Aufnahme neuer Vertragsverhandlungen mit dem bisherigen Verein. Diese Möglichkeit wird dem Spieler durch einsatzabhängige Verlängerungsklauseln ebenso genommen wie bei einseitigen Verlängerungsoptionen.

(6) Verkehrssitte

Obwohl § 307 BGB Verkehrssitten nicht ausdrücklich erwähnt, sind auch diese im Rahmen der Interessenabwägung zu berücksichtigen.[742] Von einer Verkehrssitte kann bei einsatzabhängigen Optionen nicht gesprochen werden. Indiz dafür ist, dass es keinerlei Rechtsprechung dazu gibt. Auch im Schrifttum existiert lediglich ein Aufsatz zu dieser Thematik.[743] Die besagten Klauseln haben eher exotischen Charakter.

(7) Verfassungsrechtliche Wertungen

Im Rahmen der Angemessenheitskontrolle sind auch verfassungsrechtliche Wertungen zu berücksichtigen.[744] Zu denken wäre hier an eine unzulässige Beschränkung der Berufsfreiheit der Spieler aus Art. 12 Abs. 1 GG durch einsatzabhängige Vertragsverlängerungsoptionen. Denn durch die Klausel bleibt der Spieler während einem nicht unerheblichen Zeitraum[745] über seine weitere berufliche Zukunft im Unklaren, was einer Beschränkung der Berufsfreiheit gleichkommt. Er wird von seinem Arbeitgeber durch die Klausel solange in weiteren Entscheidungen hinsichtlich seiner beruflichen Zukunft behindert. Ausschlaggebend für die Beantwortung der Frage, ob solche Klauseln gegen Art. 12 Abs. 1 GG verstoßen ist aber, ob ein besonders schwerwiegendes Ungleichgewicht der Vertragsparteien gegeben ist, weil ein Vertragspartner kraft seines

741 Siehe dazu die Ausführungen unter 1. Teil, II.b) und 1. Teil, V.2.h)bb).

742 Palandt/*Grüneberg*, § 307, Rn. 17 m.w.N.

743 *Wertenbruch*, SpuRt 2004, S. 134 (136 f.); der Beitrag beruht nach eigenen Angaben des Verfassers auf einer Anfrage aus der Praxis.

744 ErfK/*Preis*, §§ 305-310 BGB, Rn. 48; vgl. auch die Ausführungen unter 2. Teil, II.3.

745 In obigem Beispiel einer Klausel mit 18 benötigten Einsätzen, hätte der Spieler frühestens nach der Vorrunde Klarheit über den weiteren Vertragsverlauf, wenn er in jedem Meisterschaftsspiel (ohne Pokalspiele o.ä.) eingesetzt wird.

Übergewichts Vertragsbestimmungen einseitig setzen kann, und dies zu einer ungewöhnlich belastenden Regelung führt.[746] Die Frage, ob der Verein gegenüber dem Spieler die Option diktieren kann, und mithin ein schwerwiegendes Ungleichgewicht der Vertragspartner herrscht, entscheidet sich im Einzelfall. Gegen ein Ungleichgewicht spricht es, wenn der Spieler bei den Vertragsverhandlungen – so welche stattgefunden haben – durch einen Berater unterstützt wurde, was bei professionellen Mannschaftssportlern regelmäßig der Fall sein dürfte. Die Klausel verstößt dann nicht gegen verfassungsrechtliche Wertungen.

(8) Verbot einseitiger Kündigungserschwerungen

Der Aspekt der einseitigen Kündigungserschwerung kommt nicht zum tragen. Wie unter 2. Teil, IV.1.a) ausgeführt, ist in einsatzabhängigen Verlängerungsoptionen keine Kündigungserschwerung zu sehen.

(9) Zwischenergebnis

Ein Gesamtblick über die einzelnen Prüfungskriterien führt zu dem Ergebnis, dass einsatzabhängige Verlängerungsoptionen unzulässig, weil AGB-rechtlich unangemessen sind. Es ist die Mehrzahl der Prüfungskriterien, die hier für eine unangemessene Benachteiligung der Spieler spricht.

c) Verhinderung / Herbeiführung des Bedingungseintritts, § 162 BGB

Eine einsatzabhängige Verlängerungsoption stellt eine aufschiebende Bedingung gemäß § 158 Abs. 1 BGB dar. In der Beispielsklausel ist der Eintritt der Bedingung des Einsatzes in mindestens 18 Pflichtspielen ungewiss. Nimmt der Verein aber Einfluss auf die Häufigkeit des Einsatzes des Spielers und mithin auf den Eintritt der Bedingung, könnte er gegen die in § 162 BGB normierte Treuepflicht verstoßen. Nach § 162 Abs. 1 BGB darf derjenige, zu dessen Nachteil der Eintritt der Bedingung gereichen würde, den Eintritt nicht wider Treu und Glauben verhindern. Auf der anderen Seite darf derjenige, zu dessen Vorteil der Eintritt der Bedingung gereichen würde, den Eintritt nicht wider Treu und Glauben herbeiführen, § 162 Abs. 2 BGB. Zu berücksichtigen ist, dass die Vereinbarung einer Bedingung grundsätzlich aber keine Pflicht begründet, den Bedingungseintritt zu fördern.[747]

---

746 BVerfG, Beschluss v. 15.07.1998 – 1 BvR 1554/89, 963, 964/94, BVerfGE 98, S. 365 (395); Jarass/Pieroth/*Jarass*, Art. 12 GG, Rn. 18a, 56 f. m.w.N.

747 Staudinger/*Bork*, § 162, Rn. 1.

aa) Verhinderung des Bedingungseintritts durch den Verein

Setzt der Verein den Spieler weniger oft ein als für eine Vertragsverlängerung nötig, verhindert er zunächst den Eintritt der Bedingung. Die Rechtsfolge des § 162 Abs. 1 BGB – die Fiktion des Bedingungseintritts und damit eine Vertragsverlängerung um ein Jahr – tritt aber nur dann ein, wenn dem Verein treuwidriges Verhalten vorzuwerfen ist. In seinem Urteil vom 28.03.2006 hat das LAG Nürnberg[748] ausgeführt, dass der sich auf die Vertragsbeendigung berufende Verein nicht treuwidrig handelt, wenn sportliche Gründe für die unterbliebenen Einsätze vorliegen. Das Gericht erkannte als ausreichende sportliche Gründe an, wenn ein Stürmer in der Vorrunde kein einziges Tor schießt, oder sich Neuverpflichtungen in vergleichbaren Positionen besser in die Mannschaft einfügen und deshalb Stammspieler werden. Dann sei es auch unschädlich, wenn daneben zudem finanzielle Gründe wie ein besonders hoher Vergütungsanspruch des nicht eingesetzten Spielers bestehen. Bei der Prüfung des § 162 Abs. 1 BGB komme es maßgeblich auf die Frage an, ob derjenige, der den Eintritt einer Bedingung verhindert, sich rechtsmissbräuchlich verhält, er ein Recht nur als Vorwand für die Erreichung vertragsfremder oder unlauterer Zwecke ausübt, ein schutzwürdiges Eigeninteresse also fehlt.[749] Der nach allgemeinen Grundsätzen der Beweislastverteilung beweisbelastete Spieler[750] müsste schlüssig darlegen können, dass für seinen Nichteinsatz andere Gründe als sportliche ausschlaggebend waren oder gar keine sportlichen Gründe vorlagen. Dieser Beweis wird dem Spieler eher schwer fallen, da dem Trainer bezüglich der Mannschaftsaufstellung ein Ermessen einzuräumen ist.[751]

bb) Verhinderung des Bedingungseintritts durch den Spieler

Abstrakt sind auch Konstellationen denkbar, in denen der Spieler manipulierend in den Bedingungseintritt eingreift. So könnte ein Spieler kein Interesse an einer Vertragsverlängerung haben, weil ihm ein besseres Angebot eines anderen Vereins vorliegt, oder er schlichtweg aus privaten Gründen nicht mehr bei seinem arbeitgebenden Klub spielen möchte. Dann würde es einen Nachteil für ihn darstellen, wenn die Bedingung eintritt. Erbringt der Spieler eine schlechtere oder

748 LAG Nürnberg, Urteil v. 28.03.2006 – 7 Sa 405/05, FA 2006, S. 280 (lediglich kurze Zusammenfassung); Volltext abrufbar unter www.arbg.bayern.de/nuernberg/entscheidungen/arbeits recht/index.html (06.12.2012).

749 LAG Nürnberg, Urteil v. 28.03.2006 – 7 Sa 405/05, Entscheidungsgründe A. III. 2. c) aa).

750 Vgl. Thomas/Putzo/*Reichold*, Vorbem § 284, Rn. 23.

751 BAG, Urteil v. 19.01.2000 – 5 AZR 637/98, NZA 2000, S. 771 (773); LAG Nürnberg, Urteil v. 28.03.2006 – 7 Sa 405/05, Entscheidungsgründe A. III. 2. c) bb) (a).

gar keine Leistung, um nicht mehr eingesetzt zu werden, handelt er freilich treuwidrig, was zur Fiktion des Bedingungseintritts und damit zur Vertragsverlängerung führen würde. Der Verein hat aber sicher keinerlei Interesse an einer derartigen zwanghaften Bindung des Spielers. Weder wird dieser bei einer Vertragsverlängerung für den Verein zukünftig besonders wertvoll sein, noch kann mit einem gesteigerten Interesse anderer Klubs und damit mit der Erzielung von Ablösezahlungen gerechnet werden.

cc) Zwischenergebnis

Die Regelung des § 162 BGB spielt wegen ihrer Rechtsfolge bei einsatzabhängigen Verlängerungsoptionen eine untergeordnete Rolle. Sie wirkt sich nicht auf die Bewertung der Zulässigkeit dieser Optionen aus, sondern fingiert den Bedingungseintritt bei treuwidrigem Verhalten einer Vertragspartei. Aus rein praktischem Blickwinkel ist es am wahrscheinlichsten, dass der Verein den Bedingungseintritt durch Nichteinsatz vereitelt. Erfolgt der Nichteinsatz des Spielers aus sportlichen Gründen, handelt der Verein nicht treuwidrig. Der Spieler hätte ein treuwidriges Verhalten des Klubs zu beweisen, was ihm regelmäßig nicht gelingen dürfte.

d) Ergebnis

Einsatzabhängige Verlängerungsklauseln sind unzulässig, da sie die Spieler unangemessen i.S.v. § 307 Abs. 1 BGB benachteiligen.

2. Leistungsabhängige Verlängerungsklauseln

Abschließend soll an dieser Stelle noch kurz ein Blick auf Gestaltungen von Verlängerungsoptionen geworfen werden, die zwar nicht üblich, aber dennoch berücksichtigenswert sind. Eine Verlängerungsklausel könnte etwa auch von der individuellen Leistung des Sportlers oder der kollektiven Leistung der Mannschaft abhängig gemacht werden. Einschlägige Klauseln könnten beispielhaft wie folgt lauten:

Beispiel 1 (individuelle Leistung eines Spielers):

„Gewinnt der Spieler im Spieljahr XY [in Punktspielen] durchschnittlich mindestens [•] % der Zweikämpfe / Erzielt der Spieler im Spieljahr XY [in Punktspielen] mindestens [•] gültige Tore, verlängert sich der Vertrag um ein Jahr.“

Beispiel 2 (individuelle Leistung eines Trainers bzw. kollektive Leistung der Mannschaft):

„Erreicht die Mannschaft zum Ende des Spieljahres XY mindestens Tabellenplatz [•] / Qualifiziert sich die Mannschaft im Spieljahr XY für [ein europäisches Turnier], verlängert sich der Vertrag um ein Jahr."

Diese Klauseln ähneln teils stark den einsatzabhängigen Optionen. Wird wie in Variante 2 der Beispielsklausel 1 etwa auf die erzielten Treffer in einem Spieljahr abgestellt, hat es der Verein trotz der Möglichkeit des Sportlers, durch seine individuelle Leistung und Einsatzbereitschaft selbst maßgeblichen Einfluss auf den Bedingungseintritt auszuüben, wiederum durch die Anzahl der Einsätze in der Hand, ob der Sportler das vorgegebene Ziel erreicht. Insoweit kann auf die Ausführungen zu den einsatzabhängigen Verlängerungsklauseln verwiesen werden, die im Ergebnis zur Unzulässigkeit solcher Vereinbarungen führen.

Ein erheblicher Unterschied besteht indes in der Variante 1 der Beispielsklausel 1. Auch hier hat der Sportler selbst erheblichen Einfluss auf den Bedingungseintritt. Der Wert der gewonnenen Zweikämpfe hängt indes nicht von Faktoren ab, die der Verein bedeutend beeinflussen könnte. Die Zweikampfwerte können auch nach nur wenigen Einsätzen gut sein und so die Vertragsverlängerung herbeiführen. Insoweit ist diese Variante nicht zu beanstanden.

Im Beispiel 2 hat der Sportler nicht ausschließlich selbst Einfluss auf die Erreichung des Ziels. Dieses hängt nicht unwesentlich von Unwägbarkeiten ab, die vom Sportler nicht steuerbar sind, angefangen von der Einkaufspolitik der Vereinsführung bis zu verletzungsbedingten Ausfällen von Führungsspielern, was sich jeweils maßgeblich auf den Erfolg der Mannschaft auswirkt. Damit hätten besagte Klauseln vor allem die Abwälzung des vom Klub zu tragenden Betriebs- und Wirtschaftsrisikos auf den Sportler zur Folge, was im Ergebnis zu deren Unangemessenheit führt.

V. Zusammenfassung 2. Teil

Die Vereinbarung einseitiger Verlängerungsoptionsklauseln zugunsten der Vereine ist unzulässig. Dem Spieler steht aber jedenfalls ein Kündigungsrecht nach § 15 Abs. 4 TzBfG zu, wenn die Vertragslaufzeit unter Ausübung der Option insgesamt mehr als fünf (drei)[752] Jahre beträgt. Zweiseitige Verlängerungsoptionen sind dagegen zulässig, stellen sie doch gegenüber nur einseitigen Optionen zugunsten des Vereins eine Besserstellung des Sportlers dar. Zu beachten ist auch dort, dass die vertragliche Höchstbindungsdauer gemäß § 15 Abs. 4 TzBfG

---

752 Siehe den Vorschlag von *Vogt*, in: Facetten des Sportrechts, S. 163.

durch die Optionsausübung nicht überschritten wird, soweit sich der Sportler nicht ohnehin selbst zur Ausübung der Option entscheidet. Einsatz- und leistungsabhängige Verlängerungsklauseln verstoßen dagegen durchweg gegen das Benachteiligungsverbot aus § 307 Abs. 1 BGB. Lediglich solche leistungsabhängige Optionen, die ausschließlich vom Sportler zu beeinflussen und steuerbar sind, erscheinen zulässig.

Gesamtergebnis der Arbeit

Befristete Sportleistungsverträge mit Trainern wie auch mit Spielern sind im professionellen Mannschaftssport grundsätzlich als zulässig einzustufen. Dabei kommen zunächst mehrere rechtfertigende Sachgründe in Betracht. Für die Vertragspraxis mit am relevantesten dürfte die Befristung auf ausdrücklichen Wunsch des Sportlers nach § 14 Abs. 1 Satz 2 Nr. 6 TzBfG sein. Andere normierte bzw. anerkannte Befristungsmöglichkeiten – auch sachgrundlose, wie etwa die Erstanstellungsbefristung nach § 14 Abs. 2 TzBfG – spielen in der Vertragspraxis eine untergeordnete Rolle. Der ansonsten stets nach § 14 Abs. 1 Satz 1 TzBfG erforderliche rechtfertigende Sachgrund für die Befristung von Sportleistungsverträgen lässt sich nicht, wie verbreitet angenommen, unter den Sachgrund der Eigenart der Arbeitsleistung nach § 14 Abs. 1 Satz 2 Nr. 4 TzBfG einordnen, sondern folgt aus dem ungeschriebenen Sachgrund der *Besonderheiten des professionellen Mannschaftssports.*

Auflösende Bedingungen in Sportleistungsverträgen bedürfen aufgrund der Bestimmung des § 21 TzBfG zu ihrer Rechtfertigung ausnahmslos eines Sachgrundes. Bei der auflösenden Bedingung des Lizenzverlusts, des Abstiegs sowie der Insolvenz kommt jeweils lediglich der Sachgrund des § 14 Abs. 1 Satz 2 Nr. 6 TzBfG (Wunsch des Arbeitnehmers) in Betracht. Dieser Wunsch sollte im Hinblick auf etwaige Streitigkeiten unmissverständlich im Anstellungsvertrag niedergelegt werden. Ob ein Gericht diesen Nachweis in einem Rechtsstreit als hinreichend erachtet, ist indes ungewiss und hinge maßgeblich von dem weiteren Vorbringen der Parteien und der jeweiligen Berufssituation des Sportlers ab. Letztlich ist aufgrund dieser Unwägbarkeiten von der Vereinbarung solcher auflösender Bedingungen generell abzuraten und stattdessen gegebenenfalls von kürzeren Befristungen Gebrauch zu machen.

Die Vereinbarung einseitiger Vertragsverlängerungsoptionen ist – im Gegensatz zu zweiseitigen Optionen – unzulässig. Einsatz- und leistungsabhängige Optionen benachteiligen die Sportler in aller Regel ebenfalls unangemessen. Leistungsabhängige Verlängerungsoptionen sind nur dann zulässig, wenn es allein im Einflussbereich des Sportlers liegt, das vereinbarte Leistungsziel zu erreichen.

Literaturverzeichnis

Adolphsen, Jens/*Nolte*, Martin/*Lehner*, Michael/*Gerlinger*, Michael: Sportrecht in der Praxis, Stuttgart 2012, zitiert: Adolphsen/Nolte/Lehner/Gerlinger/Bearbeiter

Adomeit, Klaus/*Mohr*, Jochen: Kommentar zum Allgemeinen Gleichbehandlungsgesetz, 2. Aufl., Stuttgart 2011

Annuß, Georg/*Thüsing*, Gregor: Teilzeit- und Befristungsgesetz, 3. Aufl., Frankfurt am Main 2012, zitiert: Annuß/Thüsing/Bearbeiter

Arens, Wolfgang/*Jaques*, Chris: Rechtliche Überlegungen zu § 11 der Spielerverträge im Berufsfußball, in: SpuRt 1997, S. 41 ff.

Arnold, Manfred/*Gräfl*, Edith: Teilzeit- und Befristungsgesetz, 3. Aufl., Freiburg 2012, zitiert: Arnold/Gräfl/Bearbeiter

Ascheid, Reiner/*Preis*, Ulrich/*Schmidt*, Ingrid: Kündigungsrecht, Großkommentar zum gesamten Recht der Beendigung von Arbeitsverhältnissen, 4. Aufl., München 2012, zitiert: APS/Bearbeiter

Bader, Peter: Sachgrundlose Befristungen mit älteren Arbeitnehmerinnen und Arbeitnehmern neu geregelt (§ 14 III TzBfG), in: NZA 2007, S. 713 ff.

Bamberger, Heinz Georg/*Roth*, Herbert: Kommentar zum Bürgerlichen Gesetzbuch, Band 1, §§ 1 – 610, CISG, 2. Aufl., München 2007, zitiert: Bamberger/Roth/Bearbeiter

– Beck'scher Online-Kommentar BGB, München, zitiert: BeckOK BGB/Bearbeiter (Stand)

Bauer, Jobst-Hubertus: Anm. zum Urteil des BAG v. 23.08.2006, in: NZA 2007, S. 208 f.

– Befristete Verträge mit älteren Arbeitnehmern ab 1.5.2007 – oder der neue § 14 III TzBfG, in: NZA 2007, S. 544 f.

Bauer, Jobst-Hubertus/*Göpfert*, Burkard/*Krieger*, Steffen, Allgemeines Gleichbehandlungsgesetz, 3. Aufl., München 2011

Bauer, Kilian/*Pulz*, Fabian: Die Befristung von Trainerverträgen im Spitzensport, in: SpuRt 2001, S. 56 ff.

Bayreuther, Frank: Die Neufassung des § 14 Abs. 3 TzBfG – diesmal europarechtskonform?, in: BB 2007, S. 1113 ff.

Beathalter, André: Das Ende befristeter Trainerverträge?, in: Sportler, Arbeit und Statuten, Herbert Fenn zum 65. Geburtstag, Berlin 2000, S. 27 ff., zitiert: Bearbeiter, in: Sportler, Arbeit und Statuten

Beckmann, Paul-Werner: Der Profi: Sonderarbeitsrecht für Sportler?, in: Arbeitsgemeinschaft Arbeitsrecht im Deutschen Anwaltverein, Festschrift zum 25-jährigen Bestehen, Bonn 2006, S. 1145 ff., zitiert: Bearbeiter, in: Festschrift zum 25-jährigen Bestehen der Arbeitsgemeinschaft Arbeitsrecht im Deutschen Anwaltsverein

Beckmann, Paul Werner/*Beckmann*, Jan F.: Die Befristung von Arbeitsverträgen – Bereichsausnahme für den Profisport?, in: SpuRt 2011, S. 236 ff.

Bepler, Klaus: Lizenzfußballer: Arbeitnehmer mit Beschäftigungsanspruch?, in: Sportler, Arbeit und Statuten, Herbert Fenn zum 65. Geburtstag, Berlin 2000, S. 43 ff., zitiert: Bearbeiter, in: Sportler, Arbeit und Statuten

Berkemeyer, Michael: Zur Befristung von Spielerverträgen auf Grund abnehmender Leistungsfähigkeit im Alter, SpuRt 2010, S. 8 ff.

Blang, Ulrich: Befristung von Arbeitsverträgen mit Lizenzspielern und Trainern, Hamburg 2009

Blanpain, Roger: Geschichte und Hintergründe des Bosman-Urteils, in: AuR 1996, S. 161 ff.

Boecken, Winfried/*Joussen*, Jacob: Teilzeit- und Befristungsgesetz, 3. Aufl., Baden-Baden 2012; zitiert: Boecken/Joussen/Bearbeiter

Böhm, Wolfgang: Anmerkung zum Urteil des BAG v. 09.07.1981 – 2 AZR 788/78, in: BB 1982, S. 371 f.

Boewer, Dietrich: Teizeit- und Befristungsgesetz (TzBfG) – Kommentar für die Praxis –, Frechen 2002

Borggräfe, Julia: Der Sporttrainervertrag, Frankfurt am Main 2006

Bork, Reinhard/*Kohler*, Jürgen/*Roth*, Herbert/*Sack*, Rolf: J. von Staudingers Kommentar zum Bürgerlichen Gesetzbuch mit Einführungsgesetz und Nebengesetzen, Buch 1, Allgemeiner Teil, §§ 134-163 (Allgemeiner Teil 4), Berlin 2003

Breucker, Marius: Die Druckkündigung im Sport, in: NZA 2008, S. 1046 ff.

Breucker, Marius/*Thumm*, Frank/*Wüterich*, Christoph: Der Fall Webster – Konsequenzen für Lizenzspieler in Deutschland, in: SpuRt 2008, S. 102 ff.

Bruns, Patrick: Befristung von Arbeitsverträgen mit Sporttrainern, in: NZA 2008, S. 1269 ff.

Burgi, Martin: Mitgliedstaatliche Garantenpflicht statt unmittelbare Drittwirkung der Grundfreiheiten, in: EWS 1999, S. 327 ff.

Busch, Anu Elina: Das Arbeitsverhältnis des Fußballtrainers, Berlin 2006

Calliess, Christian/*Ruffert*, Matthias: EUV/AEUV, Das Verfassungsrecht der Europäischen Union mit Europäischer Grundrechtecharta, Kommentar, 4. Aufl., München 2011, zitiert: Calliess/Ruffert/Bearbeiter

Casper, Matthias: Der Optionsvertrag, Tübingen 2005

Coester, Michael/*Coester*-Waltjen, Dagmar/*Schlosser*, Peter: J. von Staudingers Kommentar zum Bürgerlichen Gesetzbuch mit Einführungsgesetz und Nebengesetzen, Buch 2, Recht der Schuldverhältnisse, §§ 305-310; UKlaG (Recht der Allgemeinen Geschäftsbedingungen), Berlin 2006

Crezelius, Georg/*Hirte*, Heribert/*Vieweg*, Klaus: Festschrift für Volker Röhricht zum 65. Geburtstag, Köln 2005, zitiert: Bearbeiter, in: FS Röhricht

Dalichau, Gerhard: Kurzkommentar zum Urteil des BAG v. 29.10.1998 – 7 AZR 436/97, in: EWiR 1999, S. 589 f.

Däubler, Wolfgang/*Bertzbach*, Martin, Allgemeines Gleichbehandlungsgesetz, 2. Aufl., Baden-Baden 2008, zitiert: Däubler/Bertzbach/Bearbeiter

Däubler, Wolfgang/*Hjort*, Jens Peter/*Schubert*, Michael/*Wolmerath*, Martin: Arbeitsrecht, Handkommentar, 2. Aufl., Baden-Baden 2010, zitiert: HK-ArbR/Bearbeiter

Däubler, Wolfgang: Das geplante Teilzeit- und Befristungsgesetz, in: ZIP 2000, S. 1961 ff.

Dieterich, Thomas: Die Befristung von Trainerverträgen im Spitzensport, in: NZA 2000, S. 857 ff.

– Unternehmerfreiheit und Arbeitsrecht im Sozialstaat, in: AuR 2007, S. 65 ff.

Dörner, Hans-Jürgen: Der befristete Arbeitsvertrag, München 2004

– Die Befristung von Arbeitsverträgen nach § 620 BGB und § 1 BeschFG 1996 – Rückblick und Ausblick, in: ZTR 2001, S. 485 ff.

Dörner, Klemens/*Luczak*, Stefan/*Wildschütz*, Martin: Handbuch Arbeitsrecht, 4. Aufl., München 2004, zitiert: DLW/Bearbeiter

Dornbusch, Gregor/*Fischermeier*, Ernst/*Löwisch*, Manfred: Fachanwaltskommentar Arbeitsrecht, 2. Aufl., Köln 2009, zitiert: DFL/Bearbeiter

Dreier, Horst: Grundgesetz Kommentar, Band II, Artikel 20-82, 2. Aufl., Tübingen 2006, zitiert: Bearbeiter, in: Dreier, Grundgesetz-Kommentar

Ebeling, Antje: Anmerkung zum Urteil des ArbG Ulm vom 14.11.2008 – 3 Ca 244/08, in: jurisPR-ArbR 2/2009 Anm. 1

Eicher, Wolfgang/*Schlegel*, Rainer: SGB III Sozialgesetzbuch Drittes Buch – Arbeitsförderung –, Band 2, §§ 97-182, 2009, zitiert: Bearbeiter, in: Eicher/ Schlegel

Etzel, Gerhard/*Bader*, Peter/*Fischermeier*, Ernst/*Friedrich*, Hans-Wolf/*Gallner*, Inken/*Griebeling*, Jürgen/*Kreft*, Burghard/*Link*, Christian/*Lipke*, Gert-Albert/ *Rost*, Friedhelm/*Spilger*, Andreas Michael/*Treber*, Jürgen/*Vogt*, Norbert/*Weigand*, Horst: KR, Gemeinschaftskommentar zum Kündigungsschutzgesetz und zu sonstigen kündigungsschutzrechtlichen Vorschriften, 10. Aufl., Köln 2013, zitiert: KR/Bearbeiter

Fenn, Herbert: Einmal Bundestrainer – immer Bundestrainer Oder: Hat sich der Verschleißtatbestand im Sport verschlissen?, in: JZ 2000, S. 347 ff.

Feuerborn, Andreas: Sachliche Gründe im Arbeitsrecht – Konkretisierung eines normativen Rechtsbegriffs zwischen Vertragsfreiheit und Arbeitnehmerschutz, München 2003

– Gemeinsame Anmerkung zu den Urteilen des BAG vom 15. April 1999 – 7 AZR 437/97 (EzA § 620 BGB Nr. 164) und vom 28. Juni 2000 – 7 AZR 100/99 (EzA § 1 AÜG Nr. 10), in: EzA § 1 AÜG Nr. 10

Fiebig, Stefan/*Gallner*, Inken/*Mestwerdt*, Wilhelm/*Nägele*, Stefan: Kündigungsschutzrecht, Handkommentar, 4. Aufl., Baden-Baden 2012, zitiert: HaKo-Bearbeiter

Fischer, Ulrich: Europäischer Profi – Mannschaftssport oder: Arbeitskampfrecht gegen Wettbewerbsrecht – Eine Konferenzschaltung, in: SpuRt 2004, S. 251 f.

Fitting, Karl/*Engels*, Gerd/*Schmidt*, Ingrid/*Trebinger*, Yvonne/*Linsenmaier*, Wolfgang: Betriebsverfassungsgesetz Handkommentar, 26. Aufl., München 2012, zitiert: Fitting

Fritzweiler, Jochen/*Pfister*, Bernhard/*Summerer*, Thomas: Praxishandbuch Sportrecht, 2. Aufl., München 2007, zitiert: PHB SportR-Bearbeiter

Füllgraf, Lutz: Die auflösende Bedingung im Arbeitsvertrag, in: NJW 1982, S. 738 f.

Gamillscheg, Franz: Kollektives Arbeitsrecht, Band I: Grundlagen/Koalitionsfreiheit/Tarifvertrag/Arbeitskampf und Schlichtung, München 1997, zitiert: Gamillscheg, Kollektives Arbeitsrecht

– Anmerkung zum Urteil des BAG v. 26.08.1998 – 7 AZR 349/97, in: EzA § 620 BGB Nr. 154

– Die Grundrechte im Arbeitsrecht, Berlin 1989

Genenger, Angie: Das Bühnenarbeitsrecht oder Hai già vinta la causa?!, in: NJW 2009, S. 714 ff.

Gerken, Lüder/*Rieble*, Volker/*Roth*, Günter/*Stein*, Torsten/*Streinz*, Rudolf: „Mangold" als ausbrechender Rechtsakt, München 2009

Grabitz, Eberhard/*Hilf*, Meinhard/*Nettesheim*, Martin: Das Recht der Europäischen Union, Band I, EUV/EGV, 37. Ergänzungslieferung November 2008, München, zitiert: Grabitz/Hilf/Bearbeiter

Gramlich, Ludwig: Vertragsfreiheit für Sportler in EG-Mitgliedstaaten am Beispiel Deutschlands, in: SpuRt 2000, S. 89 ff.

Grimm, Detlef/*Brock*, Martin: Sachgrundlose Befristung der Arbeitsverhältnisse älterer Menschen in § 14 Abs. 3 TzBfG, in: ArbRB 2007, 154 ff.

Gutzeit, Martin: Auswirkungen des Allgemeinen Gleichbehandlungsgesetzes auf das Sportrecht. Erste Gedanken zu sportarbeitsrechtlichen Konsequenzen, in: Facetten des Sportrechts, Berlin 2009, S. 55 ff.

Hansen, Jessica/*Kelber*, Markus/*Zeißig*, Rolf: Neues Arbeitsrecht, München 2002

Hausch, Tobias: Langfristige Arbeitsverträge bei Lizenzfußballspielern, 2002
– Zulässigkeit der Befristung von Lizenzspielerverträgen – ein Tummelfeld von Begründungsversuchen, in: SpuRt 2003, S. 103 f.
Heermann, Peter W.: Anwendung des europäischen Kartellrechts im Bereich des Sports, in: WuW 2009, S. 394 ff.
Heising, Dominique: Der Bestandsschutz des Trainervertrages im Spitzensport, Hamburg 2006
Henssler, Martin/*Willemsen*, Heinz Josef/*Kalb*, Heinz-Jürgen: Arbeitsrecht Kommentar, 4. Aufl., Köln 2010, zitiert: HWK/Bearbeiter
Herbert, Manfred/*Oberrath*, Jörg-Dieter: Rechtsprobleme des Nichtvollzugs eines abgeschlossenen Arbeitsvertrags, in: NZA 2004, S. 121 ff.
Herschel, Wilhelm: Anmerkung zum Urteil des BAG vom 09.07.1981 – 2 AZR 788/78, in: AP BGB § 620 Bedingung Nr. 4
Hertzberg, Martin: Zulässigkeit der Befristung von Sporttrainerverträgen – Neue BAG-Rechtsprechung zur Verschleißgefahr, in: FA 2000, S. 110 ff.
Hesse, Konrad: Grundzüge des Verfassungsrechts der Bundesrepublik Deutschland, 20. Aufl., Heidelberg 1999
Hilf, Meinhard/*Pache*, Eckhard: Das Bosman-Urteil des EuGH, in: NJW 1996, S. 1169 ff.
Hilpert, Horst: Sport und Arbeitsrecht, in: RdA 1997, S. 92 ff.
Hobe, Stephan/*Tietje*, Christian: Europäische Grundrechte auch für Profisportler – EuGH, NJW 1996, 505, in: JuS 1996, S. 486 ff.
Horst, Johannes/*Persch*, Sven: Zur Anwendung des Verschleißtatbestandes im Sport, in: RdA 2006, S. 166 ff.
Hoß, Axel/*Lohr*, Martin: Befristete Arbeitsverhältnisse, in: MDR 1998, S. 313 ff.
Hromadka, Wolfgang: Arbeitnehmer, Arbeitnehmergruppen und Arbeitnehmerähnliche im Entwurf eines Arbeitsvertragsgesetzes, in: NZA 2007, S. 838 ff.
– Befristete und bedingte Arbeitsverhältnisse neu geregelt, in: BB 2001, S. 621 ff.
– Das neue Teilzeit- und Befristungsgesetz, in: NJW 2001, S. 400 ff.
Hümmerich, Klaus: Arbeitsrecht, Vertragsgestaltung/Prozessführung, 6. Auflage, Baden-Baden 2007
Humberg, Andreas: Die Aufnahme des Sports in das Grundgesetz, in: ZRP 2007, S. 57 ff.
Imping, Andreas: Die arbeitsrechtliche Stellung des Fußballspielers zwischen Verein und Verbänden, 1995
Isensee, Josef/*Kirchhof*, Paul: Handbuch des Staatsrechts der Bundesrepublik Deutschland, Band IV, Aufgaben des Staates, 3. Aufl., Heidelberg 2006, zitiert: Bearbeiter, in: HStR IV

Jarass, Hans D./*Pieroth*, Bodo: Grundgesetz für die Bundesrepublik Deutschland, Kommentar, 10. Aufl., München 2009, zitiert: Jarass/Pieroth/Bearbeiter

Jungheim, Stephanie: Vertragsbeendigung bei Arbeitsverträgen von Lizenzfußballspielern, in: RdA 2008, S. 222 ff.

Kamanabrou, Sudabeh: Die arbeitsrechtlichen Vorschriften des Allgemeinen Gleichbehandlungsgesetzes, in: RdA 2006, S. 321 ff.

Kania, Thomas/*Moritz*, Norbert: Der praktische Fall – Arbeitsrecht: Ein bedingter und befristeter Vertrag, in: JuS 1996, S. 517 ff.

Karsch, Tobias: Der Fußballbundesligaverein als Wirtschaftsunternehmen und Arbeitgeber, Baden-Baden 2006

Kast, Matthias/*Herrmann*, Rajko: Altersdiskriminierung und erleichterte Befristung gemäß § 14 Abs. 3 TzBfG: ein Praxistest, in: BB 2007, S. 1841 ff.

Kelber, Markus: Die Transferpraxis beim Vereinswechsel im Profifußball auf dem Prüfstand, in: NZA 2001, S. 11 ff.

Kindler, Peter: Einseitige Verlängerungsoptionen im Arbeitsvertrag des Berufsfußballers, in: NZA 2000, S. 744 ff.

Kirchhof, Hans-Peter/*Lwowski*, Hans-Jürgen/*Stürner*, Rolf: Münchener Kommentar zur Insolvenzordnung, Band 2, §§ 103-269, 2. Aufl., München 2008

Kirschenhofer, Matthias: Sport als Beruf, Frankfurt am Main 2002

Kittner, Michael/*Däubler*, Wolfgang / Zwanziger, Bertram: Kündigungsschutzrecht, 8. Auflage 2011, zitiert: KDZ/Bearbeiter

Kittner, Michael/*Zwanziger*, Bertram: Arbeitsrecht, Handbuch für die Praxis, 5. Aufl., Frankfurt am Main 2009, zitiert: Kittner/Zwanziger/Bearbeiter

Kleinebrink, Wolfgang: Vertragsgestaltung bei Befristung von Arbeitsverhältnissen mit älteren Menschen, in: MDR 2007, S. 762 f.

– Besonderheiten bei der Vertragsgestaltung mit einem Lizenzspieler im Profifußball – Begründung des Arbeitsverhältnisses und Pflichten des Spielers, in: ArbRB 2008, S. 14 ff.

Köhler, Matthias: Der Arbeitnehmerbegriff im Sport, Hamburg 2009

Kohte, Wolfhard: Zur Rechtmäßigkeit einer erneuten Änderung des § 14 Abs. 3 TzBfG im Gesetz zur Verbesserung der Beschäftigungschancen älterer Menschen v. 19.04.2007 (BGBl. I S. 538), in: AuR 2007, S. 168 ff.

Kops, Manfred: Ist der Markt ein geeignetes Verfahren zur Bestimmung der Einkommen von Fußballspielern?, in: Arbeitspapiere des Instituts für Rundfunkökonomie an der Universität zu Köln, Heft 140, Köln 2000

Krogmann, Mario: Grundrechte im Sport, Berlin 1998

Küpperfahrenberg, Peter: Die arbeitsrechtliche Stellung von Spielern und Trainern im Lizenzfußball, Hamburg 2004

Küttner, Wolfdieter/*Röller*, Jürgen: Personalbuch 2012, 19. Aufl., München 2012, zitiert: Küttner/Bearbeiter

Lakies, Thomas: Befristete Arbeitsverträge, 3. Aufl., Berlin 2012

Lange, Björn: Die arbeitsgerichtliche Befristungskontrolle als Angemessenheitskontrolle – Eine Untersuchung zur Zulässigkeit befristeter Arbeitsverträge nach § 14 Abs. 1 TzBfG, Aachen 2009

– Einseitige Verlängerungsoptionen in Lizenzspielerverträgen und Handlungsoptionen, in: SpuRt 2011, S. 98 ff.

Latz, Hermann: Anmerkung zu den Urteilen des BAG v. 29.10.1998 – 7 AZR 436/97 und v. 15.04.1999 – 7 AZR 437/97, in: SpuRt 1999, S. 256

Laux, Helga/*Schlachter*, Monika: Teilzeit- und Befristungsgesetz, 2. Aufl., München 2011, zitiert: Laux/Schlachter/Bearbeiter

Lindhorst, Hermann: Anmerkung zum Beschluss des ArbG Nürnberg v. 04.06. 2007 – 3 Ga 32/07, in: SpuRt 2007, S. 215

Lipke, Gert-Albert: Offene Fragen zur Neuregelung der sachgrundlosen Befristung älterer Arbeitnehmer, in: Festschrift für Hansjörg Otto, Berlin 2008

Löwisch, Manfred/*Falkenkötter*, Thomas: Anmerkung zum Urteil des LAG Hamm v. 10.06.1998 – 14 Sa 883/98, in: LAGE § 611 BGB Berufssport Nr. 9, S. 9 ff.

Löwisch, Manfred/*Spinner*, Günter: Kommentar zum Kündigungsschutzgesetz, 9. Aufl., Heidelberg 2004

Maunz, Theodor/*Dürig*, Günter/*Herzog*, Roman/*Scholz*, Rupert/*Herdegen*, Matthias/*Klein*, Hans H.: Grundgesetz Kommentar, Band II, Art. 6-16a, 55. Lieferung Mai 2009, zitiert: Maunz/Dürig/Bearbeiter

Maunz, Theodor/*Schmidt-Bleibtreu*, Bruno/*Klein*, Franz/*Bethge*, Herbert: Bundesverfassungsgerichtsgesetz, Kommentar, Band 2, München, Stand Juli 2012, zitiert: Maunz/Schmidt-Bleibtreu/Bearbeiter

Meinel, Gernod/*Heyn*, Judith/*Herms*, Sascha: Teilzeit- und Befristungsgesetz, 4. Aufl., München 2012, zitiert: MHH/Bearbeiter

Menke, Johan-Michel: Profisportler zwischen Arbeitsrecht und Unternehmertum, Ein Beitrag zum Arbeitnehmerbegriff am Beispiel des Berufsfußballers, Hamburg 2006

– Zulässigkeit einseitiger Verlängerungsoptionen in Arbeitsverträgen von Berufsfußballern, in: NJW 2007, S. 2820 ff.

Meyer-Cording, Ulrich: Die Arbeitsverträge der Berufsfußballspieler, in: RdA 1982, S. 13 ff.

Mickel, Wolfgang W./*Bergmann*, Jan: Handlexikon der Europäischen Union, 3. Aufl., Stuttgart 2005

Moll, Wilhelm: Münchener Anwalts Handbuch Arbeitsrecht, 2. Aufl., München 2009, zitiert: Moll/Bearbeiter

Müller-Glöge, Rudi/*Preis*, Ulrich/*Schmidt*, Ingrid: Erfurter Kommentar zum Arbeitsrecht, 13. Auflage, München 2013, zitiert: ErfK/Bearbeiter

Musielak, Hans-Joachim: Kommentar zur Zivilprozessordnung, 9. Aufl., München 2012, zitiert: Musielak/Bearbeiter

Nesemann, Tim: Arbeitsvertragliche Grenzen im professionellen Jugendfußball, Baden-Baden 2012

Neuß, Jörg: Neuregelung des Transferwesens im professionell betriebenen Fußballsport, in: RdA 2003, S. 161 ff.

Neumann, Dirk/*Oetker*, Hartmut/*Preis*, Ulrich: J. von Staudingers Kommentar zum Bürgerlichen Gesetzbuch mit Einführungsgesetz und Nebengesetzen, Buch 2, Recht der Schuldverhältnisse, §§ 616-630, Berlin 2002

Niemeyer, Beatrix: Begrenzte Auswahl – Berufliche Orientierung von Jugendlichen mit schlechten Startchancen, in: Schudy, Jörg: Berufsorientierung in der Schule. Grundlagen und Praxisbeispiele, Bad Heilbrunn 2002, S. 207 ff.

Nolte, Martin: Sport und Recht, Ein Lehrbuch zum internationalen, europäischen und deutschen Sportrecht, Schorndorf 2004

Oberthür, Nathalie: Die Entschädigungsregelung im internationalen Spielertransfer – Eine europarechtliche und nationalrechtliche Bestandsaufnahme, in: NZA 2003, S. 462 ff.

– Das Transfersystem im Lizenzfußball – Untersuchung der Zulässigkeit internationaler Transfer- und Entschädigungsregelungen nach arbeits-, verfassungs- und europarechtlichen Aspekten und deren Umsetzbarkeit im deutschen Lizenzfußball, Frankfurt am Main 2002

Opolony, Bernhard: Die Nichtverlängerungsmitteilung bei befristeten Bühnenarbeitsverhältnissen, in: NZA 2001, S. 1351 ff.

– Die Befristung von Bühnenarbeitsverhältnissen, in: ZfA 2000, S. 179 ff.

Orth, Jan Friedrich: Vereins- und Verbandsstrafen am Beispiel des Fußballsports, Frankfurt am Main 2009

Otte, Gerd J.H.: Zeitvertrag und Kündigungsschutz – Eine Untersuchung zur Zulässigkeit befristeter Arbeitsverhältnisse, Frankfurt am Main 1980

Palandt, Otto: Palandt Bürgerliches Gesetzbuch, 71. Aufl., München 2012, zitiert: Palandt/Bearbeiter

Partikel, Andrea M.: Formularbuch für Sportverträge, 2. Aufl., München 2006

Poschenrieder, Franz-Joachim: Sport als Arbeit – Konsequenzen aus arbeitsrechtlicher Sicht unter Einbeziehung der Grundrechte, München 1977

Preis, Ulrich/*Roloff*, Sebastian: Die neueste Entwicklung der Vertragsinhaltskontrolle im Arbeitsrecht – Zwischenbilanz und Ausblick –, in: ZfA 2007, S. 43 ff.

Preis, Ulrich: Grundfragen der Vertragsgestaltung im Arbeitsrecht, Neuwied 1993

– Flexibilität und Rigorismus im Befristungsrecht, in: NZA 2005, S. 714 ff.

– Verbot der Altersdiskriminierung als Gemeinschaftsgrundrecht, in: NZA 2006, S. 401 f.

Prokop, Clemens: Trainer auf Abruf – Die Zulässigkeit der zeitlichen Begrenzung von Trainerverträgen, in: SpuRt 1995, S. 263 f.

Reichold, Hermann: Kurzkommentar zum Urteil des BAG v. 20.11.1996 – 5 AZR 518/95, in: EWiR 1997, S. 439 f.

Rein, Michael: Kontrolle einseitiger Verlängerungsoptionen in einem Spielervertrag – Besprechung von ArbG Ulm, NZA-RR 2009, 298, in: NZA-RR, S, 462 ff.

Richardi, Reinhard/*Wlotzke*, Otfried: Münchener Handbuch zum Arbeitsrecht, Band 2, Individualarbeitsrecht II, 2. Aufl., München 2000, zitiert: MünchHbArbR/Bearbeiter

Richardi, Reinhard/*Wlotzke*, Otfried/*Wißmann*, Hellmut/*Oetker*, Hartmut: Münchener Handbuch zum Arbeitsrecht, Band 1, Individualarbeitsrecht, 3. Aufl., München 2009, zitiert: MünchHbArbR/Bearbeiter

Rittner, Fritz: Die wirtschaftsrechtliche Ordnung der EG und das Privatrecht, in: JZ 1990, S. 838 ff.

Röthel, Anne: Anmerkung zum Urteil des EuGH v. 13.04.2000 – Rs. C-176/96 (Lehtonen), in: EuZW 2000, S. 379 f.

Rolfs, Christian/*Giesen*, Richard/*Kreikebohm*, Ralf/*Udsching*, Peter: Beck'scher Online-Kommentar Arbeitsrecht, München, zitiert: BeckOK ArbR/Bearbeiter (Stand)

Roloff, Sebastian: Das Beschränkungsverbot des Art. 45 AEUV (Freizügigkeit) und seine Auswirkungen auf das nationale Arbeitsrecht, Berlin 2003

Rüsing, Jörg: Sportarbeitsrecht, Berlin 2006

Sachs, Michael: Grundgesetz, Kommentar, 4. Aufl., München 2007, zitiert: Sachs/Bearbeiter

Säcker, Franz Jürgen/*Rixecker*, Roland: Münchener Kommentar zum Bürgerlichen Gesetzbuch, Band 1, Allgemeiner Teil, §§ 1-240, ProstG, AGG, 6. Aufl., München 2012, zitiert: MünchKommBGB/Bearbeiter

Säcker, Franz Jürgen/*Rixecker*, Roland/*Oetker* Hartmut:Münchener Kommentar zum Bürgerlichen Gesetzbuch, Band 4, Schuldrecht, Besonderer Teil II, §§ 611-704, EFZG, TzBfG, KSchG, 6. Aufl., München 2012, zitiert: MünchKommBGB/Bearbeiter

Schamberger, Michael: Die arbeitsrechtliche Zulässigkeit langfristiger Vertragsbindung bei Berufsfußballspielern, in: SpuRt 2002, S. 228 ff.

– Die arbeitsrechtliche Zulässigkeit langfristiger Vertragsbindung bei Berufsfußballspielern – Teil 2, in: SpuRt 2003, S. 52 ff.

Schaub, Günter/*Koch*, Ulrich/*Linck*, Rüdiger/*Vogelsang*, Hinrich: Arbeitsrechtshandbuch, 13. Aufl., München 2009, zitiert: Schaub/Bearbeiter

Schaub, Günter/*Koch*, Ulrich: Arbeitsrecht von A-Z, 18. Aufl., München 2008, zitiert: Schaub/Koch

Schiefer, Bernd/*Köster*, Hans-Wilhelm/*Korte*, Walter: Befristug von Arbeitsverträgen – Die neue Altersbefristung nach § 14 Abs. 3 TzBfG, in: DB 2007, S. 1081 ff.

Schimke, Martin/*Menke*, Johan-Michel: Vertragstypen-Freiheit im Profi-Mannschaftssport, in: SpuRt 2007, S. 182 ff.

Schlachter, Monika: Minderjährigenschutz bei langzeitbefristeten Arbeitsverträgen im Berufssport, in: FamRZ 2006, S. 155 ff.

Schmidt-Bleibtreu, Bruno/*Klein*, Franz/*Hofmann*, Hans/*Hopfauf*, Axel: GG, Kommentar zum Grundgesetz, 12. Aufl., 2011, zitiert: Schmidt-Bleibtreu/Hofmann/Hopfauf/Bearbeiter

Schneider, Markus H.: Die Aufnahme des Sports in das Grundgesetz, in: ZRP 2007, S. 202 ff.

Schrader, Peter: Olympischer Zyklus und Befristung, in: FA 2006, S. 232 ff.

Schulz, Sebastian: Grundrechtskollisionen im Berufssport, Baden-Baden 2011

Schwab, Brent: Arbeitsrecht-Blattei, Systematische Darstellungen, Ordner 10, Heidelberg 2007, zitiert: Bearbeiter, in: AR-Blattei SD

Schwab, Norbert/*Weth*, Stephan: Arbeitsgerichtsgesetz, Kommentar, 3. Aufl., Köln 2011, zitiert: Schwab/Weth/Bearbeiter

Schwarze, Jürgen/*Becker*, Ulrich/*Hatje*, Armin/*Schoo*, Johann: EU-Kommentar, 3. Aufl., Baden-Baden 2012, zitiert: Schwarze/Bearbeiter

Schwarze, Jürgen/*Hetzel*, Philipp: Der Sport im Lichte des europäischen Wettbewerbsrechts, in: EuR 2005, S. 581 ff.

Sievers, Jochen: Kommentar zum Teilzeit- und Befristungsgesetz, 4. Aufl., Köln 2012

– Befristungsrecht, in: RdA 2004, S. 291

Steiner, Udo: Verfassungsfragen des Sports, in: NJW 1991, S. 2729 ff.

Streinz, Rudolf: EUV/AEUV, Vertrag über die Europäische Union und Vertrag über die Arbeitsweise der Europäischen Union, 2. Aufl., München 2012, zitiert: Streinz/Bearbeiter

Streinz, Rudolf/*Leible*, Stefan: Die unmittelbare Drittwirkung der Grundfreiheiten – Überlegungen aus Anlass von EuGH, EuZW 2000, 468 – Angonese, in: EuZW 2000, S. 459 ff.

Stückemann, Wolfgang/*Flesch*, Oliver: Zeitliche Begrenzung von Sporttrainerverträgen im Bundesligasport, in: FA 2002, S. 101 ff.

Temming, Felipe: Der Fall Palacios: Kehrtwende im Recht der Altersdiskriminierung?, in NZA 2007, S. 1193 ff.

Thomas, Heinz/*Putzo*, Hans: Zivilprozessordnung, 33. Aufl., München 2012, zitiert: Thomas/Putzo/Bearbeiter

Tschöpe, Ulrich: Anwalts-Handbuch Arbeitsrecht, 7. Aufl., Köln 2011, zitiert: Tschöpe/Bearbeiter

Ulmer, Peter/*Hensen*, Horst-Diether/*Christensen*, Guido/*Fuchs*, Andreas/ *Schmidt*, Harry: AGB-Recht, Kommentar zu den §§ 305 – 310 BGB und zum Unterlassungsklagengesetz, 11. Aufl., Köln 20011, zitiert: Ulmer/Brandner/ Hensen/Bearbeiter

Vieweg, Klaus: Prisma des Sportrechts, Referate der sechsten und siebten interuniversitären Tagung Sportrecht, Berlin 2006, zitiert: Bearbeiter, in: Prisma des Sportrechts

– Facetten des Sportrechts, Referate der achten und neunten interuniversitären Tagung Sportrecht, Berlin 2009, zitiert: Bearbeiter, in: Facetten des Sportrechts

Vogel, Jörg: Kündigungsschutz leitender Angestellter, in: NZA 2002, S. 313 ff.

Vogt, Aegidius: Vertragliche Höchstbindungsdauer im professionellen Mannschaftssport – Überlegungen aus Anlass der Webster-Entscheidung des CAS, in: Facetten des Sportrechts, Berlin 2009, S. 157 ff.

von der Groeben, Hans/*Schwarze*, Jürgen: Kommentar zum Vertrag über die Europäische Union und zur Gründung der Europäischen Gemeinschaft, Band 2, Art. 81-97 EGV, 6. Aufl., Baden-Baden 2003, zitiert: von der Groeben/ Schwarze/Bearbeiter

v. *Hoyningen-Huene*, Gerrick/*Linck*, Rüdiger: Kündigungsschutzgesetz, Kommentar, 14. Aufl., München 2007

v. *Mangoldt*, Hermann/*Klein*, Friedrich/*Starck*, Christian: Kommentar zum Grundgesetz, Band 1: Präambel, Artikel 1 bis 19, 6. Aufl., München 2010, zitiert: Bearbeiter, in: v. Mangoldt/Klein/Starck

Walker, Wolf-Dietrich: Arbeitsrechtliche Mitbestimmung im professionellen Mannschaftssport, in: Wolf-Dietrich Walker: Recht und Sport (Band 27), Mitbestimmung im Sport, 2001, S. 11 ff., zitiert: Bearbeiter, in: Recht und Sport (Band 27)

Wank, Rolf: Zum Stand der Diskussion um ein Arbeitsvertragsgesetz, in: RdA 2009, S. 122 f.

Weber, Claus: Anmerkung zum Urteil des EuGH v. 06.06.2000 – Rs. C-281/98, in: RdA 2001, S. 183 ff.

Weber, Lars: Rechtliche Strukturen und Beschäftigungsverhältnisse im Fußballsport – am Beispiel von Spielern, Trainern und Schiedsrichtern im Bereich der Bundesligen und der Regionalliga, Hamburg 2008

Wendeling-Schröder, Ulrike: Der Prüfungsmaßstab bei Altersdiskriminierungen, in: NZA 2007, S. 1399 f.

Wertenbruch, Johannes: Anmerkung zum Urteil des EuGH v. 15.12.1995 – Rs. C-415/93 (Bosman), in: EuZW 1996, S. 91 f.

– Einsatzabhängige Verlängerungsbedingungen in Lizenzspielerverträgen, in: SpuRt 2004, S. 134 f.

Westermann, Harm Peter: Zum Vertragsrecht im bezahlten Fußballsport, in: JA 1984, S. 394 ff.

Wiedemann, Herbert: Zur Typologie zulässiger Zeitarbeitsverträge, in: Festschrift für Heinrich Lange, München 1970, S. 395, zitiert: Bearbeiter, in: Festschrift für Heinrich Lange

Wiese, Günther/*Kreutz*, Peter/*Oetker*, Hartmut/*Raab*, Thomas/*Weber*, Christoph/*Franzen*, Martin: Betriebsverfassungsgesetz, Band I: §§ 1 – 73b mit Wahlordnungen, Gemeinschaftskommentar, 9. Aufl., Köln 2010, zitiert: GK-BetrVG/Bearbeiter

Wolf, Manfred/*Lindacher*, Walter F./*Pfeiffer*, Thomas: AGB-Recht, Kommentar, 5. Aufl., München 2009, zitiert: Wolf/Lindacher/Pfeiffer/Bearbeiter

Wroblewski, Andrej: Sachstand „Arbeitsvertragsgesetz“ – Verwirklichungschancen einer Kodifikation, rechtspolitische Gemengelage und Positionen, in: NZA 2008, S. 622 ff.

Würdinger, Markus: Die Analogiefähigkeit von Normen – Eine methodologische Untersuchung über Ausnahmevorschriften und deklaratorische Normen, in: AcP 206 (2006), S. 946 ff.

Wüterich, Christoph/*Breucker*, Marius: Das Arbeitsrecht im Sport, Stuttgart 2006

Zindel, Thomas: Die Befristung von Arbeitsverhältnissen mit Trainern im Spitzensport, Berlin 2006

www.ingramcontent.com/pod-product-compliance
Ingram Content Group UK Ltd.
Pitfield, Milton Keynes, MK11 3LW, UK
UKHW021234031026
15588UKWH00001B/77

9 783631 608067